KB250127

쓰고
상상하고
실행하라

쓰고
상상하고
실행하라

문준호 지음

21세기북스

Chapter
One

운명을 바꾸는 스케치
-그들만의 비밀 일기

Chapter
Two

꿈의 매뉴얼
- 꿈의 시각화 훈련

프로페셔널의 훈련 일지
-실행이라는 이름의 마침표

운명을 바꾸는 스케치

"그들만의 비밀 일기"

Success Diary Success Diary Success Diary Success Diary Success Diary Success Diary

꿈이 가리키는 방향대로 먼 길을 가려면
출발점에서의 꿈의 크기도 중요하지만 사실 그것을 이루기 위해
매일 필요한 행동을 실행하는 것이 중요하다.
어떻게 하면 나의 시간들을 꿈을 이루기 위한 노력들로 채울 것인가?
어떻게 하면 끊임없는 자기계발을 하여 꿈을 이룰 것인가?

꿈을
특실로 모셔라

성공한 사람들은 한결같이 말한다. 꿈을 가지라고.

진정으로 성공하고 싶은 사람들은 누구나 꿈을 지켜나가려고 노력한다.

꿈이 삶을 아름답고 의미 있게 만들며 삶의 최고의 동력임을 의심하는 사람은 거의 없을 것이다. 꿈이 있는 사람의 매일매일은 그러지 못한 사람의 그것과 다르다. 꿈이 있는 사람은 자신의 하루를 소중하게 다루고 늘 활기차며 주변 사람들에게도 긍정의 힘을 전달한다. 꿈이 갖고 있는 에너지 때문이다. 꿈의 에너지는 힘든 하루의 일정에 포도당을 공급하듯이 불가능해 보이는 목표에 도전할 수 있는 동기부여를 하고 원천적 활력을 불어넣는다. 꿈을 가지고 그 꿈을 향해 꾸준히 전진하는 사람들은 매일 자신의 목표를 위한 특별한 점을 찍으며, 그 특별한 점들이 모여 결국 하나의 커다란 획을 긋게 만드는 것이다.

문제는 꿈을 갖기에는 자신의 처지가 부족하다는 지레짐작으로 꿈

 쓰고 상상하고 실행하라

을 포기하거나, 꿈을 가슴에 품었다 하더라도 그 꿈을 이루기 위한 실제적인 노력은 하지 않고 꿈이란 먼 나라의 이야기라고 생각해 버리는 것이다. 생각보다 많은 사람들이 아예 꿈을 가지지 않거나 혹은 꿈을 이루기 위한 100퍼센트의 에너지를 쏟아 붓지 않고서 쉽게 꿈을 포기한다.

앙드레 지드Andre Gide는 '오랫동안 꿈을 그리는 사람은 마침내 그 꿈을 닮아간다'고 말했다. 중요한 것은 자신의 꿈을 분명하게 그린 다음, 그 꿈을 특별하게 여기는 것이다. 꿈을 삶의 방향의 지향점으로 삼고 차근차근 앞으로 나가는 것이다.

무엇을 하고 싶은가에 대해 마음속에 확실히 심어두라.
그러고 나서는 옆길로 새지 말고 곧장 전진해 나아가라.
당신이 하고 싶은 위대하고 찬란한 일들에 대해 생각하라.
보이지 않는 과녁은 맞출 수 없으며, 이미 존재하지 않는 목표는 볼 수 없다.

『정상에서 만납시다』 등의 세계적인 베스트셀러 작가이자 '최고의 동기부여가'로 알려진 지그 지글러Zig Ziglar의 이 말에서 우리는 꿈과 목표의 가치, 그리고 그것을 이루기 위해 필요한 실행력의 중요성을 정확히 깨달을 수 있다.

꿈을 갖는 것만으로 꿈이 이루어지는 것은 아니다. 꿈을 미래의 현실로 만들기 위해 매일매일, 매시간 실행해야 한다.

「이웃집 토토로」라는 일본 애니메이션 영화에는 토토로라는 이름의 몸은 산더미처럼 크지만 귀여운 캐릭터가 주인공의 이웃 친구로 등장한다. 그런데 이 영화에는 하늘을 나는 토토로만큼이나 특별한 능력을 지닌 고양이 버스라는 캐릭터가 나온다. 이 고양이 버스는 주인공을 원하는 목적지까지 책임지고 무사히 데려다준다. 특히 힘들고 난처한 상황에 처했을 때 나타나 곤경에 빠진 친구를 마치 특실로 모시듯 태우고서 편안하게 원하는 곳으로 데려다준다.

집을 나간 어린 동생이 실종되자 언니는 토토로에게 도움을 청하고 토토로는 고양이 버스를 부른다. 결국 고양이 버스는 언니를 태우고 길을 잃고 울고 있는 동생 메이가 있는 곳으로 찾아가 두 자매를 태우고 산을 넘어 엄마가 입원해 있는 병원까지 데려다준다.

원하는 목적지까지 특급으로 편안하게 데려다주는 고양이 버스. 현실에도 이런 멋진 버스가 있으면 좋겠다는 사람들의 상상에 「이웃집 토토로」의 감독이자 일본 애니메이션계의 거장인 미야자키 하야오宮崎駿는 이렇게 대답을 했다.

자신이 정말로 좋아하는 일을 7년 동안 한다면 다른 부수적인 문제들은 모두 해결된다.

자신이 원하는 미래의 목적지가 어디인가에 따라, 혹은 집중하는 시간의 밀도에 따라 예정 도착 시간은 각각 다르겠지만 평균 5년 이상 정진해야 한다. 7년이나 10년을 분기점으로 생각하는 거장들도 적지 않다. 그

 쓰고 상상하고 실행하라

만큼 한 분야에서 전문성을 쌓으려면 시간을 밀도 있게 활용해야 하고, 또한 평균적으로 5년 이상의 장기적 안목으로 먼 길을 갈 각오를 해야 한다는 뜻이다.

꿈이 가리키는 방향대로 먼 길을 가려면 출발점에서의 꿈의 크기도 중요하지만 사실 그것을 이루기 위해 매일 필요한 행동을 실행하는 것이 중요하다. 어떻게 하면 나의 시간들을 꿈을 이루기 위한 노력들로 채울 것인가? 어떻게 하면 끊임없는 자기계발을 하여 꿈을 이룰 것인가? 그 실행 방법의 열쇠로 나는 '기록'을 제안한다.

자신의 꿈을 특실로 모셔야 계속 성장하고 실력자로 대접받을 수 있다. 그리고 꿈을 특실로 모시는 가장 간단하고도 효과저인 방법은 꿈을 담는 전용 노트를 마련하는 일이다. 노트 한 권만 지속적으로 잘 기록하는 습관을 들여도 자기계발은 저절로 실행된다.

펜을 들고 노트에 기록을 시작하는 순간에 그대는 이미 꿈 전용 특실에 탑승한 것이다. 그 노트에 기록을 멈추지 않는 한, 강력한 실행이라는 이름의 고양이 버스를 만나 목적지까지 도착할 일만 남았다.

그럼 어떻게 해야 기록하는 습관을 들일 수 있을까?

직장인의 경우를 보자. 업무에 바쁜 직장인은 매일 훈련 일지를 쓰는 일이 자기계발의 시작이다. 직장인의 자기계발은 현실과 동떨어진 무인도에서 단기적으로 특수 훈련을 하는 방식보다는 자신의 꿈과 목표에 자긍심을 갖고 장기적으로 동기부여를 하는 방법이 효과적이다.

매일 꾸준하게 업무 일지를 쓰는 지속성을 유지하면서 현실적으로 자신에게 적합한 실행 항목을 하나 둘씩 발견해야 한다. 가령 '매일 아침 30분 먼저 출근하기' '항상 최고의 컨디션으로 업무에 임하기' '술 담배 멀리하기' '불평불만을 말로 하지 않고 일단 적어보기' 등 실행 가능하고 유익한 목표들을 글로 적는 훈련을 해나가야 한다.

말콤 글래드웰Malcolm Gladwell은 『아웃라이어』에서 천재적인 전문가로 성장하기 위해서는 경쟁자보다 먼저 1만 시간의 훈련 시간을 확보하고 노력하는 것이 성공으로 향하는 지름길이라 설명했다. 시간적 한계가 분명한 직장인에게, 그가 제시한 '1만 시간의 법칙'은 현실에 적용할 수 있는 통찰이 담겨 있다.

그런데 직장인이 무슨 수로 별도의 1만 시간을 확보할 수 있을까? 언뜻 생각하면 직장을 그만두지 않는 한 1만 시간을 따로 확보하는 것은 어려워 보인다. 하지만 실제로는 자신의 현실에 이 법칙을 적용하는 것은 크게 어렵지 않다. 해보기도 전에 불가능할 것이라 생각해버리는 사람들에게만 불가능한 일이다. 앞에서 말한 5년을 시간으로 환산하면 약 4만 3800시간이다. 그중 출퇴근 시간이나 퇴근 후 저녁 시간을 제외하도록 하자. 아마 직장에 출근해 자신의 업무를 주로 처리하는 주중 근무 시간만 합산해도 5년 정도면 어렵지 않게 '1만 시간의 훈련 시간'을 확보할 수 있다. 즉 누구나 현재 하는 일에 스스로 전문가다운 태도와 자세로 성장하려는 꿈을 키우면 5년 내에 자동으로 '1만 시간의 훈련'을 마치고 자기 분야의 전문가가 될 수 있는 것이다.

무슨 일을 하건 5년 정도의 중장기적인 꿈과 목표에 대한 계획이 있다면 분명 남다른 성장 결과를 맛볼 수 있다. 즉 자신이 현재 하는 일에 구체적인 꿈과 목표를 가지고 5년 이상 남다른 집중력을 지속적으로 발휘하면 그 일에서 전문성을 쌓는 것이 가능하다. 다만 중요한 문제는, 시간은 누구에게나 있지만 대부분 사람들에게는 꿈이 없다는 사실이다.

시간은 누구에게나 공평하게 주어진다. 하지만 어떤 이의 미래는 복리로 성장하는 반면, 어떤 이의 미래는 겨우 현상 유지에 만족하거나 심지어 부채로 쌓이기도 한다. 시간을 얼마나 효율적으로 투자했고 또 얼마나 완전연소의 삶을 살았는가에 따라 삶의 모습은 전혀 다른 양상으로 나타난다.

시간의 복리를 충분하게 보답 받고 있는가? 만약 스스로 성장이 더뎌지는 자각 증상을 느끼고 있다면 이미 꿈의 에너지가 고갈되고 있다는 증거이며, 자신의 꿈에 대한 특별한 관리가 필요하다는 신호이다. 즉 '기록(일기)의 필요성이 절실한 시점이다. 기록하지 않으면 꿈과 비전은 현실에 에너지를 공급하지 못한다.

자신의 꿈을 특별하게 다루어라. 그리고 그 꿈을 이루기 위해 현실 속에서 필요한 것들을 하나씩 실행하라. 무언가를 특별하게 대우하면 원하는 결과는 반드시 돌아온다. 더욱이 그것이 자신의 꿈을 위한 투자라면 확률은 훨씬 높아진다.

근육질 배우의 대명사인 아놀드 슈왈제네거Arnold Schwarzenegger. 어린 시절 그는 허약하고 소심한 아이였다. 그의 어머니는 그런 아들을 항상 특별하게 대우해주었다고 한다.

"애야, 너는 금방 뭔가 해낼 거야. 너는 크게 성공할 거야."

어머니의 특별 대우를 받으며 성장한 그는 자신을 정말 특별하게 만들기 위해 노력했다. 무명배우 시절 온종일 보디빌딩에 매달리며 육체를 단련하던 그에게 기자가 물었다.

"그렇게 열심히 보디빌딩을 해서 앞으로 뭘 할 생각이죠?"

둔해 보일 정도로 근육질의 몸매를 지닌 그는 이렇게 대답했다.

"할리우드 최고의 스타가 될 겁니다."

약간 어눌한 영어 발음에 뛰어난 미남도 아닌 그가 할리우드 최고 스타가 되겠다고 대답하자 기자는 미심쩍은 반응을 보였다.

"무슨 수로 할리우드 최고의 스타가 되겠다는 거죠?"

"저는 제 미래의 모습을 상상하면서 이미 모두 다 이룬 것처럼 삽니다."

그는 단 한순간도 자신이 쓸모없다는 의심을 품지 않았고 자신만의 독창적인 개성을 발휘해 할리우드 최고의 스타가 될 수 있었다. 그의 어머니 덕분에 자신을 특별한 사람으로 대우하며 노력했기 때문이다.

우리 회사가 위치한 강남 신사동 사거리 대로변을 지나다 보면 날마다 활기찬 표정으로 토스트를 굽는 작은 가게를 볼 수 있다. 길거리 노점상을 300여 개의 토스트 전문 체인점으로 키워낸, 김석봉 대표의 이름을 딴 '석봉토스트 체인점'이다. IMF시절 김석봉 대표는 길거리에서 토스트를 팔면서 외국인들에게 대한민국을 대표하는 서비스와 미소를 제공하겠다고 마음먹었다. 단지 토스트를 파는 것이 아니라 좋은 아침을 선사하겠다는 생각을 가진 것이다. 그래서 외국인에게는 미소뿐만 아니라 그 나라

 쓰고 상상하고 실행하라

의 언어로 말해주려고 각 나라 문장을 20개씩 외워서 말을 걸었다.

그가 제공한 특별 대우 서비스는 얼마 지나지 않아 결실이 되어 돌아오기 시작했다. 외국 잡지, 신문사, 가이드북에 소개되고 그의 토스트를 맛보려고 주변 호텔을 예약하는 외국인들이 늘어나면서 사업도 확장일로에 접어들게 됐다.

우리가 여기서 주목할 대목은 그의 남다른 서비스 비결 역시 기록에서 나왔다는 사실이다.

그는 9년째 플래너를 쓰면서 자신의 꿈과 목표를 특별 서비스로 대우해왔나. 고객들만 특별 서비스로 대우한 것이 아니다. 자신의 꿈, 삶의 채취가 담긴 그 플레너를 지식들에게 물려줄 계획이라는 김석봉 대표. 중학교 때부터 드넓은 대지에 어린이를 위한 캠프장을 만들고 싶다는 꿈을 지녔던 그는 자신의 꿈을 담은 플래너를 통해 자녀들에게 아버지의 삶과 꿈을 고스란히 전달하고자 한다.

아이들에게 전해줄 아버지의 삶과 일에 대한 기록들, 무엇보다 꿈이 담긴 이 소중한 흔적은 세상에 단 하나밖에 없는 매우 특별한 유산이 될 것이다. 자식에게 물려주고 싶을 만큼 가치 있는 꿈을 이루기 위해서는 꿈을 꾸준히 특급으로 대우해야 한다. 그러기 위한 가장 확실한 방법은 꿈을 전용 다이어리에 지속적으로 기록하는 일이다. 시간은 많은 것들을 부식시키지만 기록이라는 유리병의 코르크 마개와 같은 무기가 있다면 시간의 복리를 얻게 될 것이다.

꿈이 없다면
스크랩부터 시작하라

:

　모든 사람이 자기 안에 성공의 모습을 갖고 있다. 그러나 그것을 믿는 사람은 단 1퍼센트도 되지 않는다. 대부분 자신의 삶을 성공으로 이끌 꿈이 무엇이며 어떤 모습인지 찾아내려는 노력을 하지 않는다. 당연히 그 꿈을 생생한 이미지로 떠올리려는 시도는 시작조차 하지 못한다. 나 역시 그런 사람이었다. 적어도 서른 살 직전, '꿈'을 주제로 한 1박 2일 세미나에 참석하기 전까지는 말이다.

　그때까지 미래에 대한 구체적인 모습을 상상하기엔 나 자신이 스스로를 너무도 평범하고 밋밋한 사람이라고 생각하고 있었다. 대학 졸업 후 사회에 나와 평범한 직장생활을 하던 나에게 가까운 미래는 대리가 되는 것이었고 그 다음은 과장이었다. 부장이나 사장이라는 직함은 마치 건너기 힘든 강 너머에 있는 아주 까마득히 높고 먼 미래라고 생각했다.

　그날 저녁에 진행된 세미나에서 강사는 참석자 모두에게 하나의 과제를 부여했다. 자신의 꿈을 다이어리에 적거나 그림으로 그려서 다음날 아침 발표하는 일이었다. 그림을 그리는 것이 힘들면 잡지에서 원하는 사진을 오려서 붙여도 좋다고 했다.

　누군가 뒤에서 근심이 가득 찬 목소리로 물었다.

　"꿈이 없는 사람은 어떻게 하죠?"

　조용하던 강의실 여기저기서 웃음이 터져 나왔다. 자신이 하고 싶은 질문을 용감하게 대신해준 것에 대한 감사의 표현이었을 것이다. 그때 강사는 한 치의 망설임도 없이 대답했다. 마치 우리에게 필요한 대답을 미리 준비해두고 있었던 것처럼 말이다.

"현재 구체적인 꿈이 없는 분들도 분명히 되고 싶은 모습, 살고 싶은 라이프스타일은 있을 것이고 갖고 싶은 것도 있을 것입니다. 구체적인 꿈이 없다면 대신 그런 것들에 대해 발표하면 됩니다."

누구에게나 갖고 싶은 것 하나쯤은 존재한다. 당신이 현재 CEO이건, 주부나 직장인이건, 혹은 운동선수거나 글을 쓰는 사람이건 상관없이 말이다. 마찬가지로 어느 분야건 나도 저런 사람이 될 수 있다면 좋겠다는 생각 역시 누구나 품을 수 있는 본능적인 욕망이다. 또 드라마나 영화에 등장하는 주인공의 라이프스타일을 보면서 나도 저렇게 살고 싶다는 동경심을 한번쯤 가져보았을 것이다.

32평 정원이 딸린 초록빛 주택, 벤츠를 타고 봄날 눈부신 햇살을 질주하는 모습, 007 가방을 들고 공항에서 커피 한 잔을 마시는 동안 메일을 체크하는 역동적인 비즈니스맨과 같은 이미지 말이다.

이렇게 생각하자 어렵게만 여겨지던 과제는 약간의 시간만 투자하면 누구든 할 수 있는 아주 손쉬운 것으로 변해버렸다. 잡지에서 자신이 갖고 싶은 것이나 살고 싶은 라이프스타일에 알맞은 사진 몇 장을 오려 붙이는 일이니 말이다.

막막하게 느껴지던 꿈에 접근하는 길이, 앞이 보이지 않는 칠흑 같은 바다에서 등대를 발견한 것처럼 갑자기 희망의 불빛으로 밝혀지기 시작했다.

다음날 아침, 우리는 각자의 다이어리에 오려 붙인 미래의 필기도구, 미래의 차, 미래의 휴양지, 미래에 자신이 도달할 직업적 성취 등을 미리 펼쳐놓고 서로 활발하게 얘기를 나누었다. 모두가 아이처럼 함께 웃고 서로의 미래 이야기를 들어주면서 시간 가는 줄 모르게 즐거운 시간을 보낼 수 있었다. 잡지에서 발견한 사진 몇 장을 수첩에 오려 붙여서 발표하는 일이 우리 모두에게 그토록 의미 있고 유쾌한 자극이 될 수 있음을 예전엔 미처 발견하지 못했다. 아주 특별한 경험이었다.

자신이 원하는 성공의 모습은 누구에게나 있다. 다만 그것을 스스로 발견해서 하나의 이미지로 가꾸고 성장시키지 못할 뿐이다. 혹 꿈을 갖고 있다 하더라도 그 꿈과 미래의 모습에 대한 이미지가 없으면 뜨거운 열정으로 발휘되지 않는다. 그 꿈이 어떤 것이든 그것을 성취해낸 미래의 자신의 모습을 발견하고 상상하지 못한다면 더 이상 꿈의 세포들은 성장하지 않는다.

꿈을 특실로 옮겨왔다면, 절실하고 간절하게 도달하고 싶은 미래의 모습, 가슴 떨리는 성공의 모습을 이미지로 분명하게 떠올려보자. 처음부터 잘 그려지지 않는다고 해서 실망할 필요는 없다.

자신이 아직 꿈을 글로 쓰고 이미지로 상상하는 훈련이 되어 있지 않을 뿐이라는 사실, 즉 꿈의 문맹자나 다름없다는 사실을 받아들이고 훈련을 시작하면 누구에게나 가능한 일이다. 돌이켜보라. 우리가 태어나자마자 글을 읽고 쓸 수 있었던 것은 아니다.

꿈을 이루는 데 중요한 기록에는 글만이 아니라 이미지도 포함해야 그 효과가 극대화 된다. 소망의 이미지도 글과 마찬가지로 읽어내고 표현하는 연습, 그것도 주기적이고 지속적으로 연습하는 것이 필요하다.

상상과 자극을 통해 자신의 성공 이미지를 강화하기 위한 주기적인 훈련을 시작하기 전에 반드시 필요한 것이 하나 있다. 그것은 바로 내 안에 이미 성공의 모습이 존재한다는 강력한 믿음이다. 그러한 강력한 믿음을 갖기 위해 매일 자신에게 필요한 콘텐츠와 느낌들을 기록하는 습관을 들여야 한다.

마우스보다
펜이 강하다

여러분은, 여러분에게 진정으로 가장 중요한 것이 무엇인지 찾아야만 합니다. 잠시라도 아날로그적인 삶을 살아보면서 말입니다. 컴퓨터를 끄십시오. 컴퓨터를 꺼버리고 휴대전화를 내려놓으면 여러분 주위의 사람과 삶을 발견할 수 있을 것입니다.

— 펜실베이니아대 졸업연설에서, 에릭 슈미트

세계적인 인터넷 검색 회사인 구글의 CEO가 대학 졸업 연설에서 한 '컴퓨터를 꺼라'라는 발언은 당시 상당한 센세이션을 불러일으켰다. 물론 핵심 메시지는 '아날로그적인 삶의 가치'에 대한 재발견이었지만 다른 사람도 아닌 구글 CEO의 발언이라는 점이 언론의 주목을 끌었다. 만약 컴퓨터가 없다면 오늘날 기업의 사업 모델과 실체를 결코 상상조차하기 어려웠을 대표적인 회사가 바로 구글이기 때문이다.

그런 구글의 전 CEO 에릭 슈미트Eric Schmidt 회장조차도 젊은 세대의 디지털 편향적인 삶에 대해 우려하여 사람에게서 진정 중요한 가치를 발견할 것을 주문한 것이다. 진짜 중요한 것들을 발견하기, 그리고 그것을 찾아내 놓치지 않고 자신의 삶에서 현명하게 관리하는 것은 궁극적으로 개인의 행복과 연결된 문제이다.

무술의 고수나 경지에 이른 운동선수의 신체 동작은 유연하다. 어떤 예기치 못한 상황에도 재빨리 대응하기 위해 몸에 힘을 빼고 상시 부드러운 준비 자세를 취한다. 반면 초보자나 하수들은 몸에 잔뜩 힘이 들어가 작은 변화에도 종종 균형이 흐트러지고 중심을 잃는다. 한쪽으로만 너무 치우쳐 있으면 반대쪽에 약점이 생기는 법이다.

정신적인 측면에서도 항상 균형감을 유지하는 사람은 고수이다. 그들은 대개 자성적 리더의 수준에 오른 사람들이다. 아무리 나이가 어려도 스스로 균형 잡힌 사고와 행동을 추구하고 남보다 자기 자신에게 먼저 납득할만한 리더십을 발휘하는 사람이 있다. 그들은 무언가 일이 생각대로 풀리지 않으면 역지사지의 관점에서 생각하고 행동해보는 사고의 유연성을 발휘한다.

◆ 모두가 안해본 일에 노라고 대답할 때 예스라고 말하고 도전하기

 쓰고 상상하고 실행하라

◆ 모두가 연봉 인상을 찾아 이직할 때 참고 남아서 실력 쌓으며 버티기

◆ 모두가 눈앞의 이익을 생각할 때 먼 훗날 자신의 엄청난 브랜드 가치를 고려하기

◆ 모두가 스마트Be smart를 외칠 때 바보 감성으로 살아보기Be stupid

◆ 모두가 디지털 감각에 매달릴 때 아날로그적 감성을 잃지 않고 생활하기

◆ 모두가 마우스로 시간을 보낼 때 펜과 노트를 집어 들고 버킷 리스트 적어보기

요즘처럼 컴퓨터나 디지털 기기들이 제공하는 간편함과 편리함이 우리 생활에 크고 막대한 영향을 미치던 시절은 과거 어디에도 존재하지 않았다. 그것들은 정보 저장이나 검색 등 기능적인 모든 면에서 비교할 수 없을 만큼 빠른 속도의 처리 능력과 스마트한 기능을 자랑한다. 하지만 그토록 빠른 속도나 편리한 기능에도 불구하고 이전보다 우리의 삶은 시간적으로 더 여유롭거나 스마트하지 못한 것 같다.

여전히 현대인들이 가장 흔하게 사용하는 공식적인 핑계는 '바빠서'이다. 바빠서 해야 할 일을 못했고, 바빠서 인간관계를 못 챙겼고, 바빠서 독서할 틈이 없다. 하지만 중요한 일을 미처 챙기지 못한 진짜 이유는 자기관리에 실패했기 때문이다. 우선순위가 뒤엉켜서 눈앞에 보이는 순서대로 처리하다보면 시간은 금방 지나가버린다. 특히 학교를 졸업하고 사회에 진출하고부터 시간은 마치 롤러코스터를 탄 것처럼 어지러울 정도로 가속도가 붙는다.

바쁘다는 핑계로 20~30대에 자신의 꿈과 목표를 방치해두면 40대나 50대가 되어 반드시 후회하고 만다. 하루 중 마우스를 잡는 시간의 30

퍼센트만이라도 펜을 들고 자신의 꿈과 목표를 적는 일에 투자해보라. 그리고 매일 자신이 기록한 콘텐츠를 토대로 꿈의 동선이 원하는 방향으로 움직이고 있는지 점검한다면 아무리 나이가 어려도 당신은 이미 훌륭한 자기경영자이다. 그 어떤 값비싼 디지털 기기를 자랑하는 사람보다 시간은 당신의 편에서 원하는 방향으로 움직여줄 것이다.

"컴퓨터를 *끄고* 휴대전화를 내려놓아라!"

에릭 슈미트 회장의 졸업 연설은 대학생만을 위한 외침이 아니라 삶의 중요한 가치를 발견하고자 하는 모든 이들에게 적용될 수 있다. 일과 중 많은 시간을 마우스를 쥐고서 가십거리를 찾아 방황하는 디지털 유목민들을 향한, 인생 경험이 풍부한 전직 CEO의 애정 어린 조언이다. 인터넷에 떠도는 시시콜콜한 사안에 열중하다가 충혈이 된 눈동자를 잠시 쉬게 하자. 하루 중 일정 시간은 의도적으로 컴퓨터를 *끄고* 세상에서 가장 중요한 자신에게 관심을 집중해야 한다. 눈을 감고 느껴보자. 지금 당신은 꿈을 만지고 있는가, 디지털 기기를 만지고 있는가?

컴퓨터는 인류가 발명한 최고의 발명품 중 하나이다. 하지만 아무리 스마트한 기기도 아날로그적 가치와 결합해야 위력을 발휘한다. 그저 편리함만 쫓다가는 컴퓨터 앞에 앉아 있는 진짜 중요한 자신, 자신의 삶에 참의미가 있는 가치들을 놓치고 만다. 기계와 친해질수록 상상력이 떨어지기 쉽기 때문이다.

내 주위에 한 달에 한 번은 일부러 두껍고 어려운 책에 도전하는 동료가 있다. 그는 홍보 분야의 전문가인데 평소 좋아하고 필요한 분야의 책만 읽다 보면 생각이 편협해지고 사고력이 떨어질까봐 의도적으로 그런 시도를 한다고 한다. 직업상 인터넷을 자주 확인하고 댓글도 꼼꼼히 읽어야 하니 자신의 지적 능력을 지키기 위한 자구책이나 다름없는 선택이었다.

편리함을 쫓아 짧은 댓글만 읽고 지내다가는 지적 능력에 문제가 생기기 십상이다. 당장은 편리함이 유용해 보이지만 장기적으로는 지적 능력이 훨씬 중요한 경쟁력이다. 지적 능력이 떨어지는 개인이나 사회의 미래는 희망적이지 못하다. 아무리 스마트한 기기도 우리의 지적 능력을 책임져주지 않는다. 결국 아날로그적 가치를 지키기 위한 의도적인 노력이 필요하다.

디지딜 기기가 아무리 막강한 기능을 선보여도 삶의 유익함 측면에서는 직접 적고 느끼고 생각을 정리하는 노트 한 권만 못하다 펜으로 종이에 기록하는 것은 실천하는 데 중요한 생각이나 자신의 소중한 꿈을 담는 행위이다. 꿈의 에너지를 활성화시키고 잠재력을 깨우는 것도 아날로그적인 감성이 요구되는 일이다. 하얀 노트의 여백은 인간의 영혼을 담는 그릇이다.

그래서일까. 위대한 사람들은 대부분 특별한 노트를 가지고 있다. 그들은 노트에 아이디어를 기록하는 과정에서 자신의 이론과 생각이 구체적으로 명료해진다는 사실을 너무도 잘 알고 있었다. 에디슨, 칸트, 뉴턴, 아인슈타인, 레오나르도 다 빈치 등 인류의 천재들은 작업에 열중하는 동안 끊임없이 무언가를 글과 그림으로 기록하면서 생각을 정리했다. 자신들의 특별한 노트에 적거나 그림으로 그리고 휘갈긴 흔적들이 결국 오래도록 살아남아 인류사에 위대한 정신적 유산이 됐다.

지금은 컴퓨터를 끄고 노트를 펼칠 시간이다. 마우스 대신 펜을 들고 가슴으로 느낀 하루의 생각을 하얀 여백에 직접 생생하게 적어야 한다. 꿈은 기체라 증발성이 있어 방치해두면 쉽게 날아가버린다. 또한 꿈은 어둠을 밝히는 반딧불처럼 아날로그적 감성이 있어야 눈에 보이고 채집할 수 있다. 결코 대량으로 복사할 수 없고 유포되지 않는다. 생생한 꿈의 이미지는 개인별 맞춤형이므로 자신의 노트에 손으로 직접 적어야 한다. 그래야 매일 실천할 수 있는 구체적 행동 강령이 되어 뇌세포에 각인된다.

책을 읽고 마음에 드는 구절을 적는 일, 꿈을 꾸고 자신의 하루를 기록하는 일은 아날로그적인 삶과 영혼의 가치에 눈을 뜨는 행위이다. 꿈을 구체화하기에는 컴퓨터보다 노트가 훨씬 유리하다. 그것이 펜과 노트에 의도적으로 더욱 친숙해져야 할 이유이다.

컴퓨터를 꺼라. 그리고 석세스 다이어리로 당신의 성공을 준비하라!

몰입의
콘텐츠 만들기

:

무엇인가를 기록하고 시각화함으로써 생각을 조직화하는 이유는 꿈과 목표에 대한 집중력을 유지하기 위해서이다. 잠들기 직전에 진정으로 원하고 꿈꾸는 일에 대해 노트에 기록하는 행위는 몰입으로 무의식을 단련시키는 좋은 훈련법이다.

 쓰고 상상하고 실행하라

고도의 몰입 단계는 평소 생활하면서 잠자기 직전까지 온통 의식을 한 가지에 집중하는 것이다. 너무나 집중도가 깊은 나머지 꿈속에서도 자신이 원하는 것을 보고 소리로 듣는 수준이다. 자기 분야에서 최고의 전문가 자리에 올라선 대가들은 자기 일에 푹 빠져 지낼 때 어떤 풀기 힘든 문제에 봉착해 깊은 사색을 시작했다가 이런 높은 수준의 몰입 단계를 경험하곤 한다.

깊은 생각의 몰입을 자주 경험하는 사람들은 대개 머리맡이나 주변에 메모장과 펜을 준비해둔다. 언뜻 스치는 위대한 영감을 놓치지 않기 위해서이다. 실리콘밸리의 독특한 사업 모델이나 신규 서비스 아이디어도 처음엔 식탁 위에 불현듯 띠오른 생각이있다. 탁사 위에 있던 냅킨에 그린 뒤 나중에 더 구체적으로 체계화하고 조직화해 실행으로 연결된 경우가 많다.

냅킨에서 출발한 대표적인 창업 사례로 사우스웨스트 항공을 꼽을 수 있다. 1967년, 텍사스에서 사업을 하던 롤린 킹Rollin King과 허브 켈러허Herbert D. Kelleher는 레스토랑에서 식사를 기다리면서 냅킨에 낙서를 하며 새로운 저가 항공사 설립에 대한 꿈을 이야기하기 시작했다. 냅킨에 샌안토니오, 휴스턴, 댈러스, 이 3개 도시의 이름을 적고 삼각형을 그리며 보다 싼 가격에 고객들을 만나는, 대형 항공사들이 운영하는 방식과는 전혀 다른 방식의 항공사 설립을 꿈꿨다. 대형 항공사가 미처 생각하지 못한 외곽 지역의 공항을 활용해 특정 지역을 연결하는 전용 노선을 운항하는, 새로운 틈새 시장을 열고자 의기투합한 것이다. 이렇게 기록은 몰입을 발전시키고 완성한다. 이렇게 냅킨에 그려진 오늘의 보잘 것 없어 보이는 생각이 훗날 엄청난 밑그림이 된다. 미국 사우스웨스트 본사에는 아직도 삼각형이 그려진 그때의 냅킨이 걸려 있다고 한다.

늘 세계 최고의 회사를 꿈꾸며, CEO 재직기간 중 거대 GE를 개혁하고자 노력했던 잭 웰치John Frances Welch Jr 회장 역시 평소 한 가지 문제에 빠져들면 깊은 몰입을 통해 고도의 집중력을 발휘하는 경영자였다. 그는 몰입의 결과물을 머리에서 끄집어내 기록으로 쉽게 표현하고 직원들에게 자신의 생각을 명확하게 설명하고자 애썼다. 그래서 그는 글로 쓴 텍스트보다 그림이나 도형으로 기록해두고 훗날 그것을 알기 쉽게 전달하는 표현 방식을 선호했다.

조직 체계에 대한 구상으로 오랫동안 몰입에 잠겨 있던 잭 웰치 회장은 어느 날 식당에서 냅킨 위에 3개의 도형을 그렸다. 그것은 3개의 사업 본부 체제로 GE를 재편하고 모두 통합하겠다는 결심을 스케치한 것이다. 냅킨 위에 그가 남긴 몰입의 흔적은 결국 거대 공룡 GE의 새로운 조직 형태의 밑그림이 됐다.

물론 다른 형태의 몰입도 있다. 가령 대학 시절 처음 당구를 배우고 빠져들 때면 흔히 일어나는 현상이다. 친구들과 당구장으로 짜장면을 배달시켜 먹으며 당구를 치다가 집에 돌아와 잠자리에 누우면 천장이 초록색으로 변하고 그 위로 빨간 당구공들이 떠다닌다. 눈을 감아도 당구공의 환영은 쉽게 사라지지 않는다. 이 과정을 거치면 당구 실력이 비약적으로 상승한다. 이 또한 대상이 다를 뿐 일종의 몰입이다.

분명한 것은 미래의 우리 모습은 지금 몰입하고 있는 콘텐츠에 영향을 받아 많은 부분이 결정된다는 점이다. 그래서 세계적인 경영학자 피터 드러커Peter Ferdinand Drucker는 그의 저서 『프로페셔널의 자기경영 노트』에서 자주 동선을 점검하라는 위대한 조언을 던진 것이다.

당신은 지금 당신의 꿈을 이루기 위해 무엇을 기록하고 어떤 콘텐츠에 몰입해 있는가? 매일 만나는 사람과 머무는 공간이 당신의 꿈을 이루기 위해 적합한 것인가?

부디 당신의 현재 몰입이 꿈을 이루기 위한 것이기를 기원한다. 기록은 무의식중에 자신의 시선이 향하는 곳, 머무는 공간과 시간을 보여준다. 그 몰입의 동선을 따라가면 미처 발견하지 못한 당신의 희미했던 꿈이, 이미 예정된 미래의 이미지가 보인다.

유난히도 한국외국어대 통역번역대학원에는 뛰어난 어학 실력자들이 즐비하다. 하지만 더욱 놀라운 것은 그들 중에는 미국에서 생활한 경험이 전혀 없음에도 영어와 한국어를 동시에 통역하는 엄청난 실력자들이 존재한다는 사실이다. 그들이 어학에 천재이기 때문에 가능한 것일까? 천만의 말씀이다.

그것은 부단한 노력과 몰입의 소산이다. 예전에 내가 만나본 동시통역사는 주로 IT와 경영컨설팅 분야를 전문으로 한국어와 영어를 동시에 통역하는 실력자였다. 그녀는 그 흔한 미국 어학연수 경험도 없었다. 영어 공부의 비결을 묻는 내 질문에 한창 영어 공부를 할 때는 자면서도 영어로 대화하는 꿈을 꿨다고 대답했다. 엄청난 몰입의 결과였던 것이다.

꿈속에서 TV나 라디오를 틀어도 오직 영어만 나오는 것이 가능한가? 물론 두 가지 경우에 가능하다. 첫째, 당신이 영어권 사람이라면 가능하다. 둘째, 자나 깨나 영어라는 목표 한 가지에만 미치도록 몰입한 사람도 가능하다.

동시통역사를 준비하는 사람들은 주로 밤늦게까지 AFKN 5분 뉴스를 받아 적는 훈련을 한다. 잠자리에서도 눈을 감고 5분 뉴스의 대본을 외운다. 그렇게 영어 뉴스를 암송하다 잠이 들면 꿈속에서도 DVD를 보는 것처럼 공식 언어가 자연스레 영어로 상영되는 수준에 도달한다는 것이다.

이처럼 잠들기 전에 소망하는 것들을 글로 적는 힘은 종종 믿기지 않는 마법같은 스토리를 만들어낸다. 당신이 잠들었을 때 무의식과 의식 사이의 경계선, 꿈과 한계를 이어주는 멋진 다리를 놓아주기 때문이다.

그래서 몰입의 콘텐츠를 작성하는 과정은 숨어 있던 잠재력을 자극하고 현실과 상상을 교류시키는 훈련이 된다. 간절히 바라고 소망하는 것들을 직접 글로 쓰면 머릿속에 방치해두는 것보다 이루어질 확률이 몇 배나 높아진다는 연구 결과에 주목할 필요가 있다. 그렇다면 과연 어떤 몰입의 콘텐츠를 만들 것인가? 개인마다 각각 몰입의 대상이 다르고 추구하는 방향도 여러 갈래겠지만 공통적으로 자신에게 의미 있는 콘텐츠는 자신의 꿈과 관련된 직업적 구체성이 있어야 한다.

나는 30대 초반부터 자기계발에 관심이 많았다. 그래서 퇴근 후 저자 강연이나 외부 교육 및 세미나에 참석해 개인의 비전과 마인드를 성장시키는 셀프 리더십 교육과 IT 트렌드나 재테크 세미나 등에 참여해 관심 콘텐츠 수집에 열을 올렸다. 스스로 선택한 몰입의 콘텐츠가 결국 자신의 미래를 형성한다.

특히 전문 직업인에게 태도와 자세, 마인드의 방향은 장기 레이스에서 결정적인 역할을 한다. 당장은 모두 비슷한 것 같지만 시간이 지나면 역량과 그릇의 크기에서 큰 차이가 발생한다. 평소 어떤 몰입의 콘텐츠에 집중하고 있는지, 또 어떤 기록을 생성하는가에 따라 개인과 조직의 미래는 전혀 다른 모습으로 나타나게 된다.

현재 우리 회사에서 활용하고 있는 몰입의 콘텐츠 사례를 소개하고자 한다. (주)아이파트너즈는 웹 구축 운영 및 온라인 광고마케팅 대행사이다. 구성원의 연령대가 평균적으로 30대에 속하는 온라인 전문가 집단이며, 변화의 트렌드가 빠른 분야이다.

'평생학습을 통한 자기계발'은 회사가 추구하는 핵심 가치이다. 고객에게 최적의 서비스를 제공하기 위해 구성원 모두가 연간 진행되는 전문 분야의 기술 교육과 자기 리더십 등의 소양 교육을 의무적으로 이수해야 한다. 그래서 수년 전부터 사내 대학원을 설립해 전문 기술 교육과 일반 소양 교육, 북 리뷰 독서 활동과 외부 초청 강사 세미나 등 다양한 형태의 교육 프로그램을 운영해왔다.

그중에서 직원들이 직접 참여해 스스로 만들어내는 창의적인 콘텐츠가 있다. 바로 북 리뷰 독서 활동을 위해 매달 만들어내는 북 리뷰 발표 자료이다. 매달 사내 필독서가 정해지면 도서를 공동구매하고 각기 정해진 기간까지 책을 읽고 파워포인트 2페이지 이내로 요약해 조별로 북 리뷰 발표를 진행한다.

책을 읽고 느낀 좋은 점이나 소감 등을 먼저 발표하고 자신의 업무나 생활에 적용할 점을 발표하는 형식이다. 자료 만들기에 부담을 주지 않으려 가급적 1페이지로 요약할 것을 권장하지만 동료들 앞에서 하는 발표이다 보니 다소 경쟁적으로 자료에 공을 들이는 경우도 있다. 조별로 동료들에게 발표한 자료는 조장들이 취합해 팀장급 이상이 참여하는 리더십 북 리뷰에서 전체 자료를 모두가 공유할 수 있도록 발표한다.

온라인 광고마케팅 대행사 직원들의 창의적인 아이디어와 이미지들이 발표 자료에 고스란히 담겨져 있어 매달 전체 직원들의 발표 자료를 공유하는 시간은 상상 이상으로 즐겁다. 회사의 미래 방향이 보이는 시간이기에 모두에게 더 설레고 흥미진진한 시간이다. 임직원이 하나가 되어 같은 책을 읽고 북 리뷰 자료를 작성하는 독서 활동을 통해 조직 구성원이 함께할 수 있는 지속적인 몰입의 콘텐츠를 만들 수 있었다.

물론 초기 정착 단계에는 발표 자료 작성이 행여 업무 외적으로 부담이 되지 않을까 걱정하기도 했다. 하지만 창의적인 업무를 하는 전문가들에게 어떤 형태로든 몰입의 콘텐츠를 만드는 일은 직업적 숙명과 같은 것이다. 몰입과 친구가 돼야 남다른 발상이 가능하고 창의적인 아이디어를 기획하거나 디자인 콘텐츠를 개발해낼 수 있기 때문이다.

글쓰기는 대표적인 몰입의 작업이며 훈련이다. 직업 작가뿐 아니라

 쓰고 상상하고 실행하라

대부분의 사람들도 글을 쓰는 순간에 최고조의 몰입을 경험할 때가 있다. 집중하지 않으면 제대로 된 글을 쓰기조차 어렵고 몰입의 과정이 생략된 상태에서 좋은 글이 나오기 또한 힘들다. 그래서 대부분의 사람들은 글을 쓸 때 종종 자신에게 숨어 있던 최고의 집중력을 발휘한다.

그래서 잠들기 직전 꿈이나 목표를 글로 쓰고 목록으로 만들어보는 것은 창조적 메커니즘을 작동시키고 무의식을 단련하는 최고의 몰입 훈련이 된다. 글로 쓴 목표는 인간의 무의식을 지배하고 선택의 순간에 망설임을 줄여준다. 리더에게 신념을 불어넣고 스스로의 결심과 행동에 자긍심과 확신을 부여한다. 이런 훈련을 스스로 실행하는 과정에서 몰입이 이루어진다. 이것이 바로 일기 하나만 꾸준히 작성해도 훌륭한 자기계발이 되는 이유이다.

무의식은 예상보다 힘이 훨씬 세다. 본능에 충실하면 실천은 자동으로 진행되게 마련이기 때문이다. 의식적으로 통제하지 않아도 본능은 언제나 진행형이다. 그래서 필요할 때 무의식의 힘을 끄집어내서 활용할 수 있는 사람은 무서운 실행력의 소유자이다. 또한 스스로 세운 목표에 대한 몰입 수준과 내적 동기가 강한 사람이다.

잠들기 직전 다이어리를 쓰면서 꿈과 목표를 되새기는 일은 창조적 실행의 메커니즘에 스위치를 켜고 몰입의 문으로 들어서기 위한 준비 동작이다. 잠들기 전 영어로 말하는 상상을 하면서 영어로 꿈꾸기 위한 준비를 하는 단계와 유사하다. 깊은 몰입을 통해 진정 스스로 원하는 성공 자아 이미지를 발견하고 미래의 모습을 상상하라. 또 그런 몰입의 체험을 글

로 적어 생생하게 간직하고 자주 그 기록을 들여다보는 것이야말로 무의
식을 단련시키는 강력한 훈련이다.

스포츠 스타들의 비밀 일기와 이미지트레이닝

:

1976년, 캐나다 퀘벡 주州에 있으며 캐나다에서 두 번째로 큰 도시
인 몬트리올에서 제21회 하계올림픽이 개최됐다. 단체, 개인, 종합, 이단
평행봉, 평균대 종목을 모두 휩쓸며 여섯 경기에서 10점 만점을 얻었고,
금·은·동메달을 각각 3, 1, 1개 획득해 여자 체조계의 새로운 요정이 된
14세 신예 나디아 코마네치Nadia Comaneci의 등장이 특히 기억에 남는 이
올림픽에서, 구소련은 종합 1위라는 성적을 거두었다.

구소련 선수들은 올림픽에 참가하기 전부터 매일 몬트리올의 모습
과 경기장 사진을 보면서 그곳에서 경기를 어떻게 풀어나갈 것인지 생각
했다. 즉 생각을 이미지화한 것이다. 그 결과 선수들은 몬트리올에 있는
낯선 경기장에 도착했을 때 마치 자신이 자주 들렀던 곳 같은 편안함을 느
꼈고, 그 결과 종합 1위라는 좋은 결과를 이끌어낼 수 있었다.

이 사례는 꿈의 이미지화가 꿈이 현실에서 이루어지는 데 얼마나 큰
영향을 미치는지 잘 보여주고 있다. 이미지는 회상과 창조의 힘을 갖고 있
다. 많은 스포츠 선수들이 시합이 끝난 후 시합에서 자신이 잘한 장면을 머

릿속에 그려보면서 다음에도 그 동작이 잘되기를 바라고, 자신이 부족했던 부분을 그려보면서 다음번 경기에서는 그러지 않겠다고 결심한다. 이런 경우는 이미지를 회상의 목적으로 이용하는 것이다. 하지만 만약 이미지가 회상으로만 가능하다면 이미지트레이닝의 효과는 훨씬 줄어들 것이다.

이미지를 이용하면 회상뿐만 아니라 창조도 가능하다. 우리의 기억 속에 있는 장면들을 모으면 아주 새로운 이미지도 창조할 수 있는 것이다. 스포츠 선수를 예로 들어 말하면, 상대 선수의 시합 장면을 비디오로 보고 나서 그 선수를 대상으로 공격이나 수비 전략을 미리 머릿속에서 펼쳐볼 수도 있는 것이 바로 창조이다. 이미지트레이닝은 이처럼 회상과 창조를 동시에 함으로써 탁월한 효과를 발휘하는 것이다.

미켈란젤로 효과

미켈란젤로는 대리석 덩어리에서 이미 다비드의 이미지를 발견한 뒤 그 생생한 모습을 대중들에게 보여주고자 했다. 그래서 그 속에 갇힌 가엾은 천사의 모습을 찾아내 그를 자유롭게 만들어주기 위해 쉬지 않고 대리석의 필요 없는 부분들을 깎아내는 반복적 작업을 진행했다. 그 결과 마침내 다비드 상을 완성할 수 있었다.

미켈란젤로가 대리석을 다듬어 이상적인 형태를 만드는 것처럼 연인이나 부부가 서로의 관계에서 상대방을 이상적으로 여기고 최선의 것들을 이끌어내고자 노력하면 긍정적 효과가 더 커진다는 연구 발표가 있다. 미국 노스웨스턴대, 영국의 런던대, 네덜란드의 암스테르담대 연구진이 공동으로 미켈란젤로 현상에 대해 각각 연구한 논문 7개를 재검토한 결과였다.

　연구에 참여한 커플은 서로가 가진 특징과 특기를 방해하기보다는 증진시켜줌으로써 서로의 목표 성취를 도왔다. 또 파트너의 이상적 목표가 막연한 생각이든, 비교적 명확하든 이를 지지해주면 현실과 이상의 괴리를 줄이는 데 조금이라도 기여하는 것으로 나타났다.

　이러한 특징이 바로 '미켈란젤로 효과'이며 사람들은 상대방이 자신의 이상적인 모습에 긍정적인 반응을 보이고 동조해줄 때 자신의 목표를 더 명확하게 바라보고 그것을 성취해가는 결과를 보였다. 그리고 미래의 모습을 단순하게 지지하는 차원을 넘어서 서로가 그리는 이상형의 모습을 함께 공유하고 노력을 기울일 때 그 효과는 더 커지는 것으로 나타났다.

　이 미켈란젤로 효과는 상대방으로 인해서만 얻을 수 있는 것이 아니다. 스스로에게도 미켈란젤로 효과를 일으킬 수 있다.

　우리가 알고 있는 많은 스포츠 스타들 중에 실제로 미켈란젤로 효과를 자신들의 경기력 향상을 위한 방법으로 삼아 '석세스 다이어리'에 기록한 사례들을 어렵지 않게 찾아볼 수 있다. 자신의 종목에서 탁월한 경기력을 펼쳤던 선수들은 대부분 어렸을 때부터 훈련 일지를 석세스 다이어리 방식으로 꾸준히 쓰고 있는 경우가 많다. 매일 하루에 있었던 훈련 내용, 잘했던 점이나 잘못했던 점을 기록하고 그날의 훈련을 정리하는 기록 습관을 지니고 있었던 것이다.

　그리고 많은 경우 단순한 기술적 보완점, 훈련 내용을 정리하거나 기

 쓰고 상상하고 실행하라

술하는 데 그치지 않고, 다음 경기에 더 나은 플레이를 펼치는 자신의 모습에 대한 구체적인 상상이나 다짐을 기록하고 있음을 볼 수 있다. 스스로 가까운 미래의 성취 목표를 설정하고 주문을 외우는 자성적 예언은 미켈란젤로 효과로 나타나고 발휘됐다.

매일 일과를 정리하고 잠자리에 들기 전에 오늘보다 향상된 기량을 펼치는 내일의 이미지와, 긍정적인 내일의 경기 모습을 기대하는 문구를 석세스 다이어리에 적는다. 규칙적인 반복성과 긍정적 기대, 이것은 인간의 위대한 잠재력을 흔들어 깨우는 주문이다. 하루의 훈련 내용을 기술적으로 빠짐없이 정리하는 동시에 잘할 수 있다는 마음속 외침을 적는 것은 의심할 여지없는 최고의 이미지 트레이닝이다. 무의식적인 놀입을 통해 간절하게 원하는 모습을 매일 반복적으로 상상하면 언젠가 반드시 현실에서 그대로 이루어진다. 바로 이런 믿음이 챔피언의 정신 상태이다. 그리고 이러한 정신 상태가 실제로 챔피언을 탄생시킨다.

여민지의 축구 일기

2010년 국제축구연맹FIFA 17세 이하 여자월드컵에서 8골을 터뜨리며 첫 우승컵과 득점왕, 최우수선수상을 차지했던 여민지 선수의 훈련 일기는 당시 언론 보도를 통해 많은 사람들에게 소개됐고 나중에 책으로 출간됐다. 그녀가 중학교 시절부터 꾸준하게 써온 일기에는 자신의 롤 모델이자 우상인 박지성 선수의 사진이 붙어 있었고 그날의 훈련 내용과 함께 이런 다짐이 적혀 있다.

그저 출전 명단에 이름을 올린 하나의 선수 정도로 만족한다면 너는 여기에서 더 이상 노력할 필요가 없다. 그것이 아니라면 상대팀에 악몽과 같은 선수가 되어라. 돌아가는 버스 안을 싸늘한 침묵이 아닌 귀청 터질 듯한 자축의 노래로 넘치게 하는 자. 증오와 존경의 감정을 동시에 느끼게 하는 자. 감히 막을 수도 없고 오직 두려워할 수밖에 없는 자가 되라. 모든 경기 매 순간마다 너의 존재를 각인시켜라. 오늘도 내일도 훈련 중에도.

–2009년 9월 21일 여민지의 일기

축구에서 공격수, 특히 여민지 선수와 같은 최전방 공격수는 경기 중에 찾아오는 한두 차례 짧은 슛 찬스에서의 골 결정력으로 모든 것을 말해야 한다. 그녀의 일기에 나타난 문구에는 스스로에게 주문을 거는 강력한 메시지가 담겨 있다.

그렇게 매일 골을 넣는 장면을 상상하고 스스로에게 주문을 거는 방식은 세계 정상급 최전방 공격수들에게서 찾아볼 수 있는 마인드 훈련법과 일맥상통한다. 박지성 선수의 팀 동료로 맨체스터 유나이티드에서 활약한 네덜란드 국적의 뤼트 판 니스텔로이 Ruud van Nistelrooy 라는 최종 공격수가 있었다. 잉글랜드 프리미어리그와 스페인 프리메라리그, 세계 최고 수준의 이 양대 리그에서 모두 득점왕에 올랐던 그는 경기 중에 공을 오래 몰거나 드리블로 수비수를 제치고 대포알 같은 슛을 날리는 유형의 선수가 아니었다. 그는 골에 대한 집념, 짧은 볼터치 순간에 보여주는 골 결정력에서 세계 최고로 인정을 받는 선수였다.

   쓰고 상상하고 실행하라

그는 그날 경기에서 승리했어도 자신이 골을 넣지 못한 날은 동료들이 버스 안에서 말도 건네기 힘들 정도로 골에 대한 갈망과 집착이 강한 선수였다. 평소에도 항상 골을 넣는 자신의 모습을 상상하고 기대하면서 생활했고 골을 넣기 전까지는 남들이 아무리 잘했다고 칭찬을 해도 쉽게 만족하는 경우가 드물었다.

이처럼 세계적인 골잡이는 평소 끊임없는 상상과 기대로 골을 향한 고도의 집중력을 유지하고 골을 기록하는 아름다운 자신의 이미지를 형성했다. 대한민국의 어린 소녀는 일찌감치 이런 정신력으로 경기장을 지배하는 선수를 꿈꾸며 매일 훈련을 마치고 축구 일기를 적으며 마치 조각하듯이 꾸준히 이미지트레이닝을 했다. 사신삼이 부족해 우물쭈물 방설이다가 안전한 지역에 있는 동료에게 패스하기 일쑤인 그저 그런 정신력으로는 결코 상대팀에 악몽과 같은 선수가 될 수 없다.

Ms 59, 그리고 바람의 아들

여민지 선수 이외에 다른 스포츠 스타들에게서도 석세스 다이어리와 같은 형태의 일기로 자신의 하루 훈련을 기록하고 한 단계 도약한 자신의 모습을 상상하는 이미지트레이닝을 활용한 사례를 어렵지 않게 찾아볼 수 있다. 성공한 프로페셔널에게는 자신만의 훈련 일지가 존재한다. 그리고 그 일지는 기술적인 내용에만 국한되지 않고 정신적인 훈련 과정에 해당하는 이미지트레이닝이 함께 포함된다.

많은 스포츠 종목 중 꾸준한 훈련과 기록이 필수적인 경기가 바로 골프다. 골프 황제 타이거 우즈Tiger Woods, 아시아 최초 메이저 대회 우승자인 바람의 아들 양용은 선수, 59타로 여자 골프 세계신기록을 달성해 'Ms 59'이라 불리며 세계 여자 골프계를 지배했던 애니카 소렌스탐Annika Sorenstam, 이들 모두 매일 철저하게 자기를 성찰하는 훈련 일기를 통해 꿈을 성취한 이미지트레이닝의 신봉자들이다.

골프 여제 애니카 소렌스탐은 세계적인 컴퓨터 회사인 IBM에서 근무한 부친의 영향 탓에 어릴 적부터 데이터와 기록에 자연스럽게 관심이 많았다. 처음엔 데이터 수집을 위한 목적으로 기록을 정리하는 과정에서 출발했으나 훈련 일기를 쓰는 과정에서 점점 꿈의 크기도 성장하는 과정을 자연스럽게 겪었다.

꼼꼼하게 작성된 훈련 일기는 자신의 기록을 점검하는 데이터인 동시에 미래의 모습을 발견하는 단서가 됐다. 매일의 그날 경기 내용과 잘한 점, 보완할 점들을 기록으로 남기고 그 기록들을 바탕으로 석세스 다이어리를 작성하는 과정에서 컴퓨터처럼 일관되고 정교한 스윙 이미지에 보다 강력한 파워 업그레이드를 결심했다. 그리고 미국 무대에 진출해 이미 확보한 LPGA Top 3(박세리, 캐리 웹 포함) 위치에 만족하지 않고 역사상 최고의 여성 골퍼라는 새로운 꿈을 위한 차별화된 변신을 꿈꿨다.

나는 10여 년 전 한국여자오픈에 참가했던 그녀의 모습을 레이크사이드 골프장에서 직접 봤다. 대회 마지막 날까지 한국의 강수연 선수와 우승을 놓고 치열한 승부를 펼쳤던 그녀의 첫인상은 운동선수치고는 다소 가녀린 체격의 여성스러운 모습이었다. 비록 준우승을 하며 우승은 놓쳤지만 경기장에서 한국 관중들의 일방적인 응원에도 아랑곳하지 않고 정확하고 흔들림 없이 경기하는 모습이 인상적이었다. 특히 매 홀 순서를 기다리는 동안 무엇인가 계속 열심히 메모하던 그녀는 매우 섬세하고 이지적인 선수였다. 그녀가 머지않은 미래에 그토록 오랫동안 LPGA의 강력한 지배자로 군림할 수 있었던 밑바탕에는 바로 섬세한 메모의 기록이 숨겨져 있었다.

2009년 PGA 챔피언십에서 타이거 우즈를 물리치고 아시아 최초 남자 골프 메이저 우승자로 기록된 양용은 선수도 역경을 이겨내고, 그 과정들을 기록을 통한 꿈의 이미지트레이닝으로 전환시킴으로써 정상에 오른 대표적인 선수이다. 제주도 출신인 그는 1991년 골프장에서 공 줍는 일을 하면서 골프를 접했고 불리한 환경에도 불구하고 5년 후 1996년에 프로 테스트에 통과하면서 자신의 첫 번째 꿈을 달성했다. 평범하지 않았던 그의 골프 인생은 인터뷰를 통해 고스란히 드러났다.

◆ 암울한 상황이 10년 넘게 계속되더라도 꿈을 포기하지 말아야 한다.
◆ 허황된 꿈보다 실현 가능한 작은 꿈을 하나씩 하나씩 이뤄나가는 것이 좋다.
◆ 출발점에서 꿈의 크기도 중요하지만 매일 그 꿈을 지키는 일이 중요하다.

그는 이러한 자신의 말들을 몸소 실천으로 보여준 선수이다. 매일 훈련 내용에 대한 꼼꼼한 기록과 자성적인 예언, 이미지트레이닝을 통해 그는 날마다 챔피언의 꿈을 향해 조금씩 껍질을 깨고 날아오를 준비를 했다.

다른 선수들과 달리 어린 나이에 골프를 접한 특별한 행운이나 천부적 재능 대신에 그는 자신에게 주어진 하루를 챔피언답게 생활했다. 주위에서 어떤 부정적인 말을 해도 성공할 것을 조금도 의심하지 않았다. 그럴 수 있었던 것은 이미지트레이닝을 통해 파이널 라운드에서 세계 최강자를 누르고 챔피언에 등극해 마침내 그린재킷을 입는 꿈을 매일 생생하게 상상하며, 꿈의 날개를 키우는 노력을 멈추지 않았기 때문이다.

프로 선수로 데뷔해 14년이 지난 어느 날, 그는 늘 꿈꾸던 PGA 무대에서 플레이하는 자신을 발견했다. 바람에 강한 제주도 출신의 무명 선수는 놀랍게도 세계인들이 지켜보는 가운데 메이저 대회인 PGA챔피언십의 파이널 라운드에서 세계 최강 타이거 우즈와 피 말리는 접전을 치른다. 반짝 선두권으로 치고 올라왔던 무수한 경쟁자들은 마지막 날 타이거 우즈와의 승부에서 엄청난 중압감을 견디지 못하고 스스로 무너졌다. 아직 챔피언이 되기 위한, 챔피언에 걸맞은 마인드가 준비되어 있지 않았던 탓이다.

타이거 우즈와의 경기 날, 대부분의 TV 시청자들은 매우 익숙하게 반복됐던 시나리오를 머릿속에 그리고 있었다. 오로지 한 사람만이 다른 시나리오를 그리고 있었다. 바로 양용은 선수였다. 그는 아주 오래전부터 선명하게 그려온 플레이를 통해 과거의 다른 선수들이 보여준 경기와는 차별화된 경기를 치를 작정이었다.

양용은 선수는 매일매일 준비해온 챔피언의 이미지처럼 전혀 동요하지 않는 모습으로 마지막 라운드, 그 큰 무대에서 타이거 우즈를 압도하는 정신력을 펼쳐 보였다. 도전자의 시나리오대로 경기가 펼쳐지자 조급

 쓰고 상상하고 실행하라

해진 타이거 우즈의 긴장된 표정이 자주 카메라에 잡히기 시작했다. 결국 전 세계 시청자들은 극적인 반전 드라마를 지켜볼 수 있었다.

메이저 최초의 아시아인 챔피언이 탄생하는 역사적인 순간이었다. 아시아인으로서는 최초로 메이저 대회 우승이라는, 영원히 불가능하다고 여겨졌던 위업을 무명의 한국 골퍼가 달성한 것이다. 챔피언은 과정에서 부터 이미 챔피언이다. 로마가 하루아침에 이루어지지 않은 것처럼 골프 와 같은 기록 경기에서 세계 챔피언은 긴 세월에 걸친 치열한 준비 없이는 쉽게 탄생할 수 없다.

물론 대부분의 골프선수들에게 기록은 일상생활이다. 연습 라운딩 을 미치고 그날의 잘된 점과 반성할 점을 꼼꼼히 메모하고 매일 훈련 일지 에 기록을 남긴다. 양용은 선수도 마찬가지로 하루의 일과를 훈련 일지 형 태로 기록했지만 단지 기술적인 내용만을 정리하는 차원이 아니었다. 그는 남보다 늦게 출발한 자신의 꿈을 지키고 진화시키는 결정적 도구로 석세스 다이어리를 활용해 이미지트레이닝을 실행했다. 그것이 바로 무명의 선수 가 세계 제일의 선수를 극복하고 챔피언의 자리에 우뚝 서게 된 비밀이다.

프로페셔널 마인드와 정신 자세

지금 당신의 두뇌는 어떤 장면을 상상하고 무엇을 이미지로 그리고 있는가? 또 그 꿈의 이미지는 당신의 욕망을 자극하고 분연히 실행에 나 서도록 스스로를 일깨우고 재촉하고 있는가? 본능적이고 순수한 욕망들이 당신의 삶 속에서 포도당이 되어 흘러다니며 지칠 줄 모르는 꿈의 에너지를 공급하고 있다면, 당신은 살아 있음에 감사해야 한다.

직업상 매일 훈련 일지를 쓰면서 꿈의 시각화를 가장 열심히 실천하는 사람들로 스포츠 선수가 많이 소개된다. 그 이유는 그들은 다른 어떤 분야의 사람들보다 꿈을 향한 훈련을 매일 몸으로 실천하는 사람들이기 때문이다. 그들은 오늘 경기를 치르고 또 내일도 변함없이 경기장에 나서야 하는 절박한 위치에 있는 사람들이며, 매 경기마다 자신이 합당한 몸값을 받을 자격이 있음을 스스로 증명해야 하는 프로페셔널들이다. 그리고 그 과정에서 꿈의 시각화, 즉 이미지트레이닝이 갖는 효과가 무척 크다는 것을 경험하기 때문에 그것을 게을리 하지 않는다.

잉글랜드의 최전방 공격수이자 세계적인 명문 구단 맨체스터 유나이티드의 골게터인 웨인 루니Wayne Rooney. 그는 마치 복서처럼 다부진 몸집으로 그라운드에서 거친 플레이도 마다하지 않고 심판의 판정에 강하게 어필하는 악동과 같은 이미지로 유명하다. 사생활에서도 자주 말썽을 일으켜 영국 언론의 가십거리에도 종종 오르내리는 선수이지만 골에 대한 그의 집념과 열정은 모두가 인정하는 사실이다.

비록 악동같은 이미지의 말썽꾸러기 축구 선수로 팬들에게 널리 알려져 있지만 그럼에도 그는 잉글리시 프리미어리그의 대표적 공격수이다. 지속적인 득점력을 보여주는 그의 몸값은 주급으로만 약 25만 파운드, 우리 돈으로 약 4억 5000만 원이다. 그는 경기에 나서기 전 머릿속으로 골을 넣는 상황을 미리 그려보고 수없이 자신의 득점 장면을 연상하는 등 시각화 트레이닝을 하는 것으로 유명하다.

바람을 잔뜩 넣은 축구공에 강한 회전까지 걸리면 언제 어디로 튈지 아무도 모른다. 부지불식 간에 눈앞에 찬스가 왔다가도 아차 하는 순간에 사라진다. 축구공은 탄력의 왕자이다. 달리면서도 끝없이 상상하고 머릿속으로 다음 상황을 예측하지 않으면 거친 수비수들을 순간 동작으로 제치고 슈팅을 날릴 수 없다. 그것도 거칠기로 소문난 영국 프리미어리그에서 최종 공격수가 공을 받고 주저하다가는 곧장 태클이 들어오기 때문이다. 그래서 웨인 루니 선수는 누가 억지로 시켜서 하는 것이 아니라 필요에 의해 거의 본능적으로 시각화 트레이닝을 반복하고 있다.

이러한 이미지트레이닝이 프로페셔널로서 본인의 자산적 가치를 극대화하는 방법이라는 것을 누구보다 절실하게 깨닫고 있기 때문이다. 아무 생각 없이 그저 공을 향해 뛰고 발로 차는 것만으로도 숨이 차고 힘들다. 그런데도 그토록 시각화 훈련을 반복하는 이유는 우리 몸이 만들어내는 꿈의 에너지와 잠재력에 대한 확신을 가지고 있기 때문이다.

무언가 절실한 목표를 지닌 사람은 따지고 의심하지 않는다. 그러기에 앞서 우선적으로 실천하는 특징을 가지고 있다. 특히 자신의 전문성이 곧 프로페셔널로서의 자산적 가치와 연결되는 경우라면 더욱 그럴 것이다. 가령 일반인들이 복근 만들기에 도전하는 것과 모델이나 배우와 같은 연예인이 자신의 상품 가치를 높이기 위해 복근 만들기에 도전하는 것은 결과에서 큰 차이가 난다.

자기 일에 죽을 각오로 덤비는 사람이 프로이다. 프로페셔널의 가치

상승에는 다양한 형태의 보상이 뒤따르기 때문이다. 프로는 절실한 실행력을 갖추었기에 아마추어와는 출발점에서부터 큰 차이가 난다. 프로 선수치고 여유롭고 한가로운 마음으로 자기 일에 임하는 사람을 본 적이 있는가? 조금이라도 자신의 기대보다 성적이 부진하면 엄청난 스트레스를 받는다. 그리고 그 스트레스를 어떻게 이겨내는가에 따라 향후 경기력이 좌우된다.

2010년 미국 LPGA 투어 상금왕과 최소 타수상(베어트로피)을 받은 여성 골퍼 최나연 선수는 시합 중에 좀처럼 표정에 변화가 없기로 유명하다. 그녀는 늘 꾸준한 기량을 펼친다. 최근 성적만 놓고 보면 오히려 신지애 선수를 능가하는 결과를 거두어, 자신의 절정기를 맞은 듯 천재적 재능의 꽃을 활짝 피우고 있는 선수이다. 이렇게 잘나가는 선수에게도 스트레스는 피할 수 없는 동반자이다.

상금왕을 차지한 2010년 초반에 처음으로 메이저 대회(웨그먼스 LPGA 챔피언십) 예선에서 떨어진 뒤 최나연 선수는 극심한 스트레스에 시달렸다고 한다. 그때 그녀가 택한 극복 방법은 바로 '일기'였다. 그런 심리적 어려움을 일기로 쓰면서 마음을 달랬고, 객관적 시각으로 자신을 돌아봤다. 그러는 과정에서 마음을 비우는 법도 알게 되면서 정신적으로 성숙해지고 덩달아 성적도 오르기 시작했다.

LPGA에서 우승하는 데 필요한 것 중 실력이 20퍼센트라면 정신력은 70퍼센트 이상이에요. 운은 5~10퍼센트 정도랄까요. 매일매일 꾸준한 성적을 낼 수 있는 정신력이 있어야 우승을 할 수 있습니다.

그녀가 말하는 정신력은 바로 이미지트레이닝을 통해 강화된 것이다. 그녀는 일기를 쓰며 자신이 바라는 미래의 모습을 구체적으로 이미지화 시키면서 스트레스를 오히려 성공 에너지로 전환시킬 수 있었다. 한층 성숙한 모습으로 '프로다운 마인드와 정신자세'를 강화하는 데 역량을 집중한 것이다.

반복적인 기술 훈련은 기록에 의한 꿈의 이미지트레이닝을 통해 마침내 최고의 무대에서 빛을 발하는 순간을 맞이한다. 자신이 간직했던 아름나운 다비느 상의 모습이 실제를 느러내고 결국 시상대 앞에 서게 되는 것이다. 세계적인 명성과 업적을 성취한 대부분의 스포츠 스타들이 그랬던 것처럼 말이다.

지속적인
기록의 힘

인류에게 변화하는 자연현상은 하나의 신비로움이자 새로운 우주의 발견이다. 인간은 변화하는 자연현상에 대한 지속적인 기록을 통해 진정한 우주의 모습을 밝혀내고자 노력했다. 그 덕분에 새롭고 위대한 발견들이 계속 이어졌다.

인류는 밤하늘에 쏟아지는 무수한 별들을 그저 바라보는 것에 그치지 않고 매일 별들이 변화하는 모습과 위치를 기록했다. 그 덕분에 밤하늘에 흩어진 별들이 정리되고 별자리와 역사 속의 신화들이 서로 결합해 아름다운 이야기들이 탄생했다. 또 매일 날씨를 기록한 꾸준함 덕에 절기의 규칙성을 둘러싼 베일을 벗겨낼 수 있었고, 날씨의 기록이 쌓여 정보가 되고 농업 기술과 결합되면서 후손들에게 농업 지침서가 전해지기 시작했다.

지속적인 기록의 힘은 보통 우리들이 생각하는 것보다 훨씬 강력하고 위대하다.

많은 위대한 리더십에는 위대한 기록이 함께했다는 것은 분명히 검증된 역사적 사실이다. 역사 속의 위대한 리더들은 모두가 메모광이었다. 하지만 그들이 위대한 리더가 될 수 있었던 것은 그들이 매일매일 꿈을 실행했고, 그 실행을 기록함으로써 꿈을 더욱 구체화하고 조직화했기 때문이다.

머릿속에 떠오른 위대한 생각 때문에 그들이 위대한 리더가 된 것은 결코 아니다. 보통 사람들이 아하 하며 스치는 생각들을 아무렇게나 흘려보내지 않고 기록으로 간직하고 그것을 끝내 실행해 남다른 결과물로 남겼다. 위대함의 비밀은 거기에 숨어 있다. 뇌리를 스치는 수많은 생각들 중에서 선택과 집중을 하는 능력이 탁월했고 그것을 구체화시키는 방법이 훌륭했다. 순간적으로 떠오르는 좋은 아이디어나 발상을 결코 시간의 강물에 흘려보내지 않으려 메모하거나 편지로 적어두는 방식을 택한 것이다.

하지만 무엇보다 눈여겨볼 점은 기록한 행위의 의미를 실천으로 완

 쓰고 상상하고 실행하라

성하려고 노력한 점이다. 그들에게 책이나 일기와 같은 기록은 마음을 다스려 꿈을 실현하기 위한 가장 현명한 선택이었다. 구체적인 성찰의 기록을 통해 리더십을 말이 아닌 행동으로 몸소 실천하는 일, 결국 그것이 위대한 업적의 기반이 된 것이다.

사회생활에서 성공하려면 출발 지점에서부터 기록을 습관화해라. 그 이전에 기록하는 것이 습관이 되어 있는 사람들도 기록에 대한 인식을 새롭게 하고 그것을 자신만의 노하우가 되도록 해야 한다. 기록이 곧 자기계발의 시작이다. 그래서 내게는 휘갈겨 쓴 꿈의 흔적들이 자기계발의 시작을 알리는 서곡이었다. 아무것도 확실하게 내세울 것 없던 사회생활 초기에 회사라는 거대 조직에서 이미 인정받고 소위 잘나가는 선배들을 보고 배운 것들을 잘 기록함으로써 스스로의 위치를 돌아보고 미래의 나를 계획할 수 있었다.

사회생활 초기부터 기록하는 습관을 생활화하면 나중에 큰 힘이 된다. 특히 시간이 지날수록 쌓이는 힘은 엄청난 위력을 발휘한다. 눈덩이가 처음에는 잘 뭉쳐지지 않고 크기도 대수롭지 않아 보이지만 눈덩이 효과에 의해 나중에 엄청난 크기로 변모하는 것과 마찬가지의 이치다.

나는 처음 사회생활을 시작하는 신입 사원들에게 무엇이건 기록하는 습관을 갖도록 주문한다. 특히 직장에서 퇴근 전에 그날의 업무 일지를 기록하도록 조언한다. 그것이 업무적으로 자신의 기본기를 가장 잘 형성하는 훈련이고, 시간이 지난 후에 결국 성공의 바탕이 되기 때문이다.

매일 무슨 일을 했는지, 어떤 업무를 어떻게 처리했으며, 그 일에 시간을 어느 정도의 비중으로 투자했는지 등을 기록으로 남기는 사람은 무엇보다 자기 인생에 애착이 강한 사람이다. 자신이 무엇이 되고 싶은지, 어떤 방향으로 나아가야 할지를 분명하게 인식하고 있기에 시간이 흐르면 결국 진정한 자신의 바다를 발견하게 된다. 남들이 주저하고 망설일 때 자신이 좋아하고 잘할 수 있는 일을 향해 위험을 무릅쓰고 그곳으로 거침없이 나아갈 수 있다.

또 매일 업무 일지를 쓰는 습관을 갖게 되면 자연스럽게 기록에 친숙해지고 자기만의 감각이 생긴다. 회사 외부에서건 내부에서건 회의에 참석하면 반드시 회의록을 작성해 상위 매니저가 먼저 물어오기 전에 회의 내용을 공유하는 사람들이 있다. 그렇게 업무적 기본기를 잘 갖춘 젊은 직원들이 누구나 함께 일하고 싶어 하는 인재로 성장한다.

반면 누군가는 자신이 작성한 제안서에 대해 바쁜 동료들이 모여앉아 수정 사항들을 얘기해주는데도 감사히 받아 적기는커녕 손가락 하나 까딱하지 않고 가만히 앉아서 듣기만 하는 사람들이 있다. 왜 적지 않느냐고 물어보면 다 기억한다고 호기 있게 대답한다. 하지만 마지막 결과물을 확인해보면 여전히 회의에서 나온 지적 사항들을 놓치고 반영하지 못한다. 연차가 낮거나 어린 직원이라면 붙잡고 가르치기라도 할 텐데 직장생활을 어느 정도 경험한 사람이 이 정도 수준이면 대책이 없다.

선배 직원들이 후배들에게 베풀 수 있는 가장 큰 선물은 거나하게 2차까지 이어지는 성대한 환영식같은 것이 아니다. 누구에게 보이기 위해서가 아니라 본인을 위해 당연히 그날 한 일을 자발적으로 업무 일지에 쓰도록 독려해주는 일이다. 행여 그런 선배를 여태껏 만나지 못해 업무적으로 기록하는 습관이 아직 몸에 배지 않았다면 자발적으로 업무 일지와 회의록을 반드시 남길 것을 권하고 싶다.

기록에 미쳐라. 우선 기록을 남기는 일이 사회생활에서는 기본기에 해당하기 때문이다. 기본기는 누가 지시하거나 시키지 않아도 반사적으로 그렇게 행동하는 것이다. 그런 기본 자세를 잘 갖추어야 계속 성장할 수 있다. 그래서 기본기가 중요하다. 자신의 직업과 관련된 업무 일지와 회의록도 작성하지 않는 사람이 자신의 꿈을 기록할 리 만무하다. 아무나 자신의 꿈과 목표를 노트에 기록하지 않는다. 기록에 미쳐야 새로운 단계로의 도약이 가능하다.

나의 경우, 업무 일지와 회의록 작성에 한창 익숙해질 무렵 한 권의 흥미로운 책을 발견했다. 『포스트잇 지적 생산술』이라는 제목으로 출판된 일본인 저자의 책이었다. 그 책을 읽고서 포스트잇을 활용한 다양한 형태의 메모 방식에 큰 관심을 갖게 됐다. 특히 주요 회의나 비즈니스 상황에서 구체적이고 논리적인 근거나 반드시 언급해야 할 사항에 대해 포스트잇을 활용해 미리 준비하는 치밀함을 갖게 된 것이다.

또 포스트잇을 활용해서 평소에도 틈틈이 프레젠테이션 자료의 핵심 시나리오를 프로토타입Prototype의 형태로 만들어볼 수 있었다. 이를테면 20페이지 분량의 발표 분량을 20개의 포스트잇으로 연결해 핵심 메시지를 미리 구성했다가 자유롭게 순서를 바꿔보기도 하고 주요 메시지를 수정하면서 간결한 핵심 메시지 전달 시나리오에 집중하는 방식이다.

포스트잇을 이용해 핵심 메시지를 시나리오로 구성해 전달하는 훈련은 내게 업무적으로 큰 성과와 자신감을 가져다주었다. 대기업 근무 시절 정부 영업을 담당했던 나는 대리 때부터 자주 사장을 비롯한 임원진 앞에서 새로운 사업 기회에 대해 15분 정도의 프레젠테이션을 진행했다. 직원 수가 4000명이 넘는 대기업의 최고 경영진들 앞에서 직접 발표를 한다는 것은 매우 긴장되고 가슴 떨리는 기회였다.

처음 발표를 준비하던 순간부터 귀에 못이 박히도록 들었던 요긴한 충고는 '요점만 말하라'였다. 얼핏 듣기엔 아주 간단한 충고였는데 그 속에 모든 비밀이 숨어 있었다. 이 간단한 원칙을 지키지 않아서 발표장에서 엄청난 시련을 겪은 타 부서의 부장님을 직접 보면서 새삼 요점의 중요성을 실감할 수 있었다. 또 평소 아무리 똑똑하고 언변이 좋은 사람이라도 잠시라도 이 원칙을 잊거나 방심한 상태로 고위 경영진들 앞에 나섰다가는 낭패를 보기 십상이다.

본능적으로 말은 늘어지게 된다. 핵심 메시지는 사전에 몇 번을 점검해도 지나침이 없다는 사실을 명심해야 한다. 『포스트잇 지적 생산술』은 업무 생산성 향상에 큰 도움을 준 책으로, 그 덕분에 미리 '요점만 말하기' 연습을 시나리오로 구성해 언제 어디에서나 전천후로 이미지 트레이닝을 진행할 수 있었다. 중요한 점은 이러한 효과는 기록이 습관화되어 있기에 가능한 일이었다는 것이다. 기록에 미치면 항상 새로운 형태의 몰입이 생겨난다.

기업마다 매년 그해의 업무 다이어리를 만들어 나눠주곤 한다. 업무

 쓰고 상상하고 실행하라

기록을 작성하도록 유도하는 것이 생산성을 높이는 데 효율적이라 판단하기 때문이다. 사실 업무 다이어리는 말 그대로 업무 수행에 최적화된 노트이다. 대개 캘린더와 그날의 업무 기록을 간단하게 남길 수 있는 작은 여백과 메모장, 전화번호부와 주요 연락처 정보, 지하철 노선도 등을 부록으로 포함한다.

그런 업무 다이어리를 기본적으로 사용하면서 목적별로 다양한 형태의 나만의 기록을 찾는 노력이 필요하다. 연도가 표기된 업무 다이어리는 새해가 오면 보통 수명을 다한다. 좀처럼 다시 들여다보기 어렵고 마침 서랍 공간도 부족하다면 해가 바뀌는 순간부터 어김없이 폐기될 운명에 처한다. 그래서 긴 호흡으로 관리해야 할 콘텐츠나 중요 프로젝트를 목적별로 기록하는 자신만의 특별 노트가 필요하다.

대부분의 사람들은 자신이 일하는 분야에서 성공적인 직업인이 되기를 바라고, 그러기 위해 역량 계발에 관심이 크다. 회사를 이끄는 경영자이건 직장인이건 모두가 똑같은 한 명의 직업인인 것은 마찬가지 입장이다. 그런데 중요한 것은 리더들이 오히려 더욱 기록에 열을 올리고 콘텐츠를 남기는 일에 최선을 다한다는 점이다.

한마디로 그들은 효과적인 공부 방법을 잘 알고 있다. 대부분 좋은 책을 읽거나 성공자의 강연을 들을 때면 나도 뭔가 해야겠다는 뜨거운 감정이 솟구치는데 막상 실천을 하려 하면 구체적으로 무엇을 어떻게 해야 할지 막막해지는 경우가 많다. 이때 쉽게 실천할 수 있는 방법은 강연 내용을 일단 써보는 것이다. 한 권의 노트를 마련하고 무엇을 어떻게 해야 할지 먼저 적어보는 일이다. 기록을 선택하는 일 자체가 곧 긍정적 실천의 자세를 취하는 일인 것이다.

첫 직장에서 근무할 때 제안 제도라는 것이 있었다. 회사는 개선해야 할 사항을 매일 하루에 하나씩 아이디어로 제안할 것을 권장했다. 부서별로 제안 현황을 해당 임원에게 보고하고 임원들은 각기 최고 경영진에게 직접 제안하거나 제안 채택 실적을 보고했다. 그런데 하루에 하나씩 좋은 개선 아이디어를 낸다는 것이 결코 쉬운 일은 아니었다.

모두가 제안 아이디어 찾기에 골몰할 때쯤, 나는 아이디어 황금어장을 발견했다. 당시만 해도 사회적으로 금연이 일반화되기 전이라 종종 무리를 지어 선후배나 동료들끼리 모여 담배를 피우곤 했다. 그런데 담배를 함께 피우다 보면 이런저런 불평불만 사항들이 쏟아져 나왔다. 자리로 돌아와 그 자리에서 들었던 불만 사항을 제안 용지에 옮겨 적으면 신기하게도 한 건의 제안 아이디어로 변했다.

이처럼 기록의 힘은 불평불만조차도 하나의 개선 아이디어로 변모시킬 수 있다. 불합리한 상황도 표현 방식에 따라 전혀 다른 길로 접어들 수 있는 것이다. 말로 표현하면 분명히 불평인데 글로 적으면 개선 아이디어가 된다. 적는 순간에 이미 툴툴거렸던 감정들이 사라져버리고 구체적이고 새로운 가능성의 문이 살며시 열리는 경험을 한 것이다.

무엇보다 기록하는 일에 미쳐야 한다. 그래야 불평불만을 하는 데 머무르지 않고 새로운 가능성을 찾는 긍정적인 사고방식을 가질 수 있다. 다양한 형태로 기록하는 것을 좋아하고 자신만의 독창성 있는 콘텐츠를 남

 쓰고 상상하고 실행하라

기고자 애쓰는 것이 바로 자기계발이다.

컨설턴트의 노트

내가 그의 노트를 본 것은 보름이 넘었던 긴 해외출장이 거의 끝나갈 무렵이었다. 미국 중부 도시인 댈러스를 시작으로 동부 워싱턴에서의 일정을 마치고 캐나다 몬트리올에서 다시 미국 샌프란시스코에 도착해 따뜻한 캘리포니아의 햇살을 만끽하며 마지막 방문지인 일본 도쿄로 떠날 준비를 하던 참이었다.

LG CNS의 대정부 영업 부문에서 일할 때 담당하던 고객들과 프로젝트 팀원들을 대동하고 해외 선진 사례 방문차 오른 줄장길이었다. 해당 프로젝트의 영업 대표였던 나는 보름이 넘는 긴 출장기간 동안 고객들에게 불편함이 없도록 전체 일정을 준비하는 본부 역할을 담당했다. 프로젝트를 수행하는 프로젝트 팀원들이 자료 조사와 선진 사례를 진행할 수 있도록 전체 일정을 관리하고 이끄는 일이었다.

초기에는 낯선 환경과 시차 탓인지 모두가 힘든 일정에 정신이 없었지만 출장 일정이 후반부로 갈수록 여유가 생겼다. 저녁시간에 무리를 지어 현지 구경을 하는 사람들도 있었고 호텔로 돌아오면 각기 자유롭게 흩어져 자유 시간을 보냈다. 방문 예정지 확인 등 여러 가지 지원 사항을 챙기느라 바빴던 내 일정도 출장이 마무리 단계로 접어들면서 차츰 자유로워졌다.

그래서 출장기간 동안 좀처럼 밖으로 나오지 않고 늘 자기 방에만 머물던 프로젝트 팀원 동료의 방을 두드렸다. 그는 컨설턴트였다. 프로젝트 팀에 파견 나와 업무를 수행하던 컨설팅 부문 차장으로, 이제 막 과장이 된 나보다 한 직급 위의 선배였다. 능력과 경험 면에서 여러모로 배울 것이 많은 선배였다. 그는 평소 냉철한 분석력으로 문제 해결의 맥을 집어내는 탁월한 능력으로 인정받던 컨설턴트였다.

그가 문을 열었을 때 어두운 호텔방에서 책상 위 스탠드만 환하게 빛나고 있었다. 아마도 그 전까지 그는 무언가를 기록하고 있었던 것 같다. 방문지에서 받은 자료들이 수북하게 쌓인 옆에 스프링이 달린 대학 노트 한 권이 펼쳐져 있었다. 그는 무엇을 정리하고 있었는지 궁금해하던 내게 노트를 보여주며 매일 밤마다 무엇을 기록했는지 설명해주었다.

그의 노트를 잠시 들여다보는 것만으로도 내겐 동기부여 그 자체였다. 도형과 그림을 사용해 얼핏 봐도 한눈에 들어올 만큼 노트는 입체적으로 정리되어 있었고 방문지에서 얻은 주요 사례와 발표 내용들이 일자별로 일목요연하게 정리되어 있었다. 내 눈엔 그 노트가 곧장 컨설팅 보고서가 될 수 있을 정도의 수준이었다. 상세한 핵심 정보가 빠짐없이 기록되어 있는 것은 물론이고 매 사례마다 자신의 검토 의견까지 덧붙여 정리되어 있었다.

주요 사례에 대한 리뷰는 물론이고 그간 만났던 사람들의 이름과 직위, 그들이 일과 관련해 던진 농담 한마디까지 생생하게 담겨 있었다. 우수한 컨설턴트는 정리와 요약의 달인이라더니 그의 노트는 그 말이 지닌 의미를 강렬하고도 직접적으로 깨닫게 해줬다.

 쓰고 상상하고 실행하라

똑같은 곳을 방문하고 똑같은 내용을 듣고 똑같은 자료를 받아도 그것을 남다른 콘텐츠로 요약 정리하는 사람이 있다. 매번 방문지를 갈 때마다 그 이전 방문지에 대한 기억이 조금씩 희미해져가던 나는 단지 '컨설턴트는 정리를 잘하는구나.' 정도로 마음 편히 생각하고 넘기기 어려웠다. 과연 내가 앞으로 어떤 일을 하건 그렇게 입체적으로 자신의 콘텐츠를 만들어가는 사람들과 경쟁해서 이겨낼 수 있을까? 그런 생각으로 밤새 뒤척였다.

다음날 도쿄로 들어가는 비행기 안에서도 그의 노트는 쉽게 뇌리에서 떠나지 않았다. 당시 회사에서 일찍 인정받고 조직에서 잘나가는 사람이라고 들떠 있던 내게 가장 시급하게 필요한 능력이 무엇인지를 직접 눈으로 보고 확인했기 때문이다.

긴 호흡으로 자기 직업의 라이프사이클을 바라보고 점검하는 시야가 필요하다. 당장이야 젊은 시절의 활력과 체력을 바탕으로 비즈니스 현장을 누비지만 직급이 올라가고 경험이 쌓일수록 지적 생산성이 높아야 한다. 비즈니스 상황에 대한 예측과 판단력, 풍부한 경험에 의거한 의사결정력이 뛰어나야 비즈니스 리더로 가치를 인정받을 수 있다.

그러기 위해서 정보를 받아들이는 즉시 콘텐츠를 정리하고 요약하는 능력을 지속적으로 훈련하는 일이 필수적이라는 생각이 들었다. 다행히 나는 그 컨설턴트의 노트를 통해 자기 일과 관련된 콘텐츠 축적의 중요성을 생생하게 느낄 수 있었다. 책이나 강연, 혹은 누군가로부터 그런 교훈과 인사이트를 듣는 것보다 그의 노트를 직접 눈으로 보고 만져본 것이

내겐 훨씬 생생하고 입체적인 실행의 결심이 됐다.

세 사람이 길을 가면 그중에 반드시 자신의 스승이 있다는 공자의 말씀처럼 배움은 언제 어디에서나 유효한 것이다. 만약 그날 호텔방에서 그의 노트를 직접 보지 못했다면 아마 기록의 필요성이나 지적 생산력에 대해 그렇게 심각하게 받아들이지 못했을 것이다. 그리고 평소 자신의 역량 계발에 관심을 두지 않았다면 그의 노트를 보고도 아무런 느낌이나 감흥을 받지 못했을 것이다.

출장을 다녀온 후로 나는 그 선배의 자리로 종종 찾아가 그의 비범한 기록 방식을 배우고자 했다. 그의 노트는 비단 출장 중에 우연히 내 눈에 띈 그 한 권뿐만이 아니었다. 컨설턴트라는 자신의 직업상 늘 보고서 작성이 일상이 된 그는 매번 중요한 이슈들을 별도의 노트에 정리해두고 있었다. 그런 노트들이 그의 컨설팅 부서 사무실 캐비닛에 가득하다는 것을 알게 됐다.

세상에는 오직 두 종류의 사람만이 존재한다. 자신만의 콘텐츠를 남기는 사람과 그렇지 못한 사람이다. IT 분야의 전문가를 꿈꾸던 내게 자기만의 콘텐츠 만들기는 반드시 실천해야 할 항목이었다. 그날 호텔방에서 보았던 그의 노트는 향후 직업인으로서 걸어가야 할 긴 여정에 직접 만져보고 눈으로 확인한 최고의 실행 컨설팅 사례였다.

7년의 일기

모두가 전쟁으로 혼란스러웠던 시절, 무려 7년간이나 한결같은 꾸준함으로 일기를 썼다는 것은 그 자체만으로 너무도 대단한 일이다. 전쟁과 같은 치열한 시절을 보내고 있는 사람에게 7년간의 기록은 그야말로 치열한, 남다른 자기 성찰의 마인드가 요구되는 행위이다.

지금 전쟁같은 시절을 살고 있다고 느끼는 사람들과 7년의 일기에 담긴 이미지트레이닝과 자기 리더십의 의미를 함께 살펴보고 싶다.

나라를 구한 구국의 영웅으로 칭송받는 충무공 이순신은 임진왜란 때 24전 24승이라는, 세계 해전사에 길이 남을 불멸의 연승 기록을 남겼다. 그의 위대함은 불리한 환경에서 거둔 기적에 가까운 승리에 주로 초점이 맞춰져 있다. 하지만 그러한 리더십은 전쟁터에서 하루아침에 발휘된 것이 아니다. 1576년 부과에 합격하고 조용히 발령을 기다리며 그가 남긴 기록에서 우리는 이미 준비된 리더의 모습을 만날 수 있다.

대장부로 세상에 나와 나라에서 써주면 죽음으로써 충성을 다할 것이요, 써주지 않으면 야인이 되어 밭갈이하면서 살리라.

그는 무인이지만 시문에 능한 리더였다. 7년에 걸쳐 진중에서 쓴 『난중일기』에서 일찌감치 자신을 둘러싼 주변 환경과 스스로를 성찰하는 리더의 모습이 태동되고 있었음을 분명히 볼 수 있다.

맑다. 회령포만호가 교서에 숙배한 뒤에 여러 장수들이 와서 모였다. 그대로 들어가 앉아서 위로하고 술을 네 순배를 돌렸다. 경상수사가 술이 거나하게 취해 씨름을 시켰더니, 낙안군수 임계형이 으뜸이다. 밤이 깊도록 이들로 하여금 즐겁게 마시고 뛰놀게 한 것은 억지로 즐겁게 하려고 한 것이 아니라, 오랫동안 고생한 장병들의 노고를 풀어주고자 한 것이었다.

—1596년 5월 5일

7년의 일기는 그가 준비된 리더였고 시문에 능한 지장이자 병사들을 아끼는 덕장이었음을 짐작하게 해준다. 당시 전쟁 상황에서 충무공에게 한 차례의 해전 승부는 절박함 그 자체였다. 단 한 번의 실수나 패배가 국가의 존망에 중대한 영향을 미치는 외롭고 고독한 싸움을 의미했다. 전쟁이라는 최악의 상황에서 한 시대의 리더는 항상 묵묵하게 마지막 일전에 임하는 마음가짐으로 자신의 각오를 7년의 일기에 담아 써내려갔다.

자정에 배 위로 올라가 손을 씻고 무릎을 꿇고 하늘에 빌었다.
'원수를 무찌른다면 지금 죽어도 여한이 없겠습니다.'
실록에서 진린 제독에게 '적의 원병이 며칠 안으로 도착할 것이다. 그러니 우리가 먼저 나가서 선수를 쳐서 적을 요격한다'고 했으나 진린은 허락하지 않았다. 나는 이를 듣지 않고 먼저 나가 싸울 것을 결심했고 나팔을 불고 배를 출항시켰다. 진린도 할 수 없이 내 뒤를 따라왔으나 명나라 배는 선체가 작은데다가 후미에 있었기 때문에 기세만 돋울 뿐이었다. 단지 등자룡과 진린만이 판옥선을 타고 들어가 싸웠을 뿐이다.

—1598년 11월 18일, 최후의 노량해전을 앞둔 날

 쓰고 상상하고 실행하라

"원수를 무찌른다면 지금 죽어도 여한이 없다."

그의 다짐은 7년의 전쟁 그 대단원을 마무리하는 역사적 마침표가 됐다. 충무공 이순신에게 7년의 일기는 그날의 전투 일지였고 승리를 다짐하는 자성적 예언이었으며, 고독한 리더의 심정을 달래는 작은 위안처였다. 출전하기 전날 밤 매순간 마지막 일기가 될지도 모를 절박한 나날들을 이겨내고 그가 남긴 7년의 기록은 위대한 리더십을 완성하는 마지막 빙점이 됐다.

아하 노트

진정한 리더는 기록으로 위대함을 완성한다.

미국의 대표기업 GE의 창업자로 볼 수 있는 토머스 에디슨은 1093건의 특허를 내 기네스북에 오른 세계적인 발명왕이다. 그는 마치 머릿속에 전구불이 켜지듯 떠오르는 영감을 놓치지 않기 위해 메모를 하고 그 내용들을 정리해 일기를 썼다. 그는 그날 자신이 먹은 음식까지 꼼꼼히 기록해놓았을 정도로 자신의 하루에 대한 상세한 기록을 일기에 남긴 것으로 유명하다.

특히 독서를 통해 습득한 지식이나 신문에서 얻은 자료들을 새로운 발명의 영감으로 활용하기 위해 매일의 기록들을 정리하고 통합하고자 했다. 메모는 불현듯 지나가는 좋은 생각을 잠시 잡아두는 임시적인 역할을 한다. 그렇게 아하 하고 떠오른 좋은 생각들을 정리해 모아둔 노트는 지나치기 쉬운 자료나 지식들을 실천력으로 바꾸어주는 훌륭한 지침서 역할을 한다.

일본에서 '경영의 신' 또는 '기업 컨설팅의 신'으로 불리는 하세가와 가즈히로長谷川和廣 사장은 적자 회사를 맡아 흑자로 재건시키는 탁월한 경영 능력으로 높은 평가를 받는 경영인이다. 그가 살려낸 적자 회사는 무려 2000여 개라고 한다. 27세부터 적자 회사를 살리는 업무를 담당한 그는 40년 동안 그 과정에서 깨닫는 점이나 생각들을 빼놓지 않고 기록했다.

주로 일을 처리하는 비결이나 적자 회사에서 만났던 많은 직원들의 업무 방식, 임원들의 리더십을 살펴보면서 '아하!' 하고 떠오른 생각들을 정리했다. 그러다 보니 그의 노트는 '아하 노트'라는 애칭으로 불렸다. 예를 들어 그는 적자 때문에 허덕이는 회사를 방문해보면 반드시 사내에 부정적인 말투를 사용하는 직원들이 많다는 사실을 발견했고, 그것을 지나치지 않고 메모했다.

"아무려면 어때.""누군가 급한 사람이 하겠지.""그건 내 책임이 아니야.""마음대로 하라고 해. 난 몰라.""쥐꼬리만 한 월급으로는 일하고 싶은 의욕이 일지 않아."

그는 회사에 떠도는 부정적인 말투 자체를 기록했을 뿐 아니라 그 원인까지 크게 5가지로 나눈 다음 다시 노트에 기록했다.

- 사장이나 관리자가 있어도 제 역할을 다하지 않는다.
- 회사에 확고한 이념이나 목표가 갖추어져 있지 않다.
- 조직이 복잡해서 누가 어떤 일을 하는지 알 수 없다.
- 적자 상태인데 급여가 어떤 곳에서 나오는지 알 수 없다.

 쓰고 상상하고 실행하라

◆ 자사의 강점과 약점을 이해하지 못하고 있다.

하세가와 가즈히로 사장은 자신만의 관점으로 포착한 경영 인사이트를 바탕으로 니콘 에실로를 비롯해 무려 2000여 개가 넘는 적자 기업을 일으킬 수 있었다. 그는 실수가 되풀이되지 않도록 철저한 기록으로 실행을 강화해나갈 수 있었던 것이다. 그 덕분에 그는 닛산을 재건한 카를로스 곤Carlos Ghosn에 비유해 '또 한 명의 곤'으로 불린다.

그렇게 평생에 걸쳐 정리한 노트가 무려 200권에 달했지만 일부는 버리고, 남은 노트에서 요점을 발췌하고 정리해 약 50권을 남겼다. 그리고 그런 기록들을 정리해 『사장의 노트』라는 실무적 경영 지침서를 책으로 출간했다.

그는 『사장의 노트』에서 자신이 깨닫고 발견한 사실들과 생각들을 노트에 기록하는 습관을 통해 스스로를 단련할 수 있었고 수많은 지적 재산을 얻었다고 밝혔다. 그리고 메모에 그치지 않고 그 내용들을 정리하고 분석해 새로운 방법을 찾아내 실행했기 때문에 자연스럽게 전략 설정과 기획 능력을 비약적으로 향상시킬 수 있었다고 말했다.

과거에는 리더십을 타고난 카리스마라고 생각하는 경향이 많았다. 하지만 요즘과 같은 소통의 시대에는 더 이상 독불장군식의 추진력이 효과적이거나 탁월한 능력으로 인정받지 못한다. 대신에 조직 구성원을 공감시키고 원활한 소통으로 이끄는 능력이 소셜 네트워크 시대에 적합한 리더십으로 인정을 받는다. 구성원들에게 공감을 얻기 위해서는 세밀한 소통에도 능숙해야 한다. 즉 리더 자신이 먼저 몸을 낮추고 대화할 수 있는 자세가 요구된다.

대중을 사로잡는 스피치 능력과 정적들마저 자신의 편으로 끌어들이는 설득력이 뛰어났던 대표적인 리더로 윈스턴 처칠Winston Churchill을 꼽을 수 있다. 처칠은 전형적인 대기만성 스타일의 리더였다. 어릴 적 '만년 꼴찌'였던 그는 속칭 명문가의 골칫거리 도련님이었다. 하지만 그는 늘 책 읽기에 푹 빠져 있었고 성장하면서 점차 영어와 역사 과목에서 탁월한 성적을 올리기 시작했다. 특히 독서 노트는 그가 후일 정치가 시절에 뛰어난 연설가로 활동하는 데 큰 역할을 담당했다.

매일 책을 읽다가 마음에 드는 인용구를 발견하면 반드시 노트에 옮겨 적는 습관을 실천한 덕분에 처칠은 훗날 좋은 글을 쓰고 명연설문을 작성할 수 있었다. 많은 사람들이 처칠이 노벨 평화상을 받았다고 생각한다. 그러나 처칠은 1953년 『제2차 세계대전』이라는 책으로 노벨 평화상이 아닌 노벨 문학상을 수상했다. 그리고 세계적인 정치가로는 드물게 『폭풍의 한가운데』나 『나의 청춘기』 등 지금까지도 베스트셀러인 책들을 저술해냈다.

리더의 석세스 다이어리는 다양한 형태의 내용들로 채워진다. 그만큼 리더에게 요구되는 능력은 실로 광범위하다. 인문학 고전에서 실용서에 이르기까지 수많은 책을 읽으면서 책의 주요 내용이나, 읽는 동안 떠오른 생각들을 석세스 다이어리에 똑같이 필사하고 기록하는 것만큼 효과적인 글쓰기 공부가 있을 수 없다.

처칠은 마음에 드는 인용구를 노트에 옮겨 적으며 자연스럽게 무의

 쓰고 상상하고 실행하라

식적인 글쓰기 훈련을 했다. 부친의 애독서였던 『로마제국 쇠망사』는 거의 암송할 수준으로 옮겨 적었다. 이러한 습관이 훗날 명연설과 정치 활동에 긍정적인 영향을 주었다.

위대한 리더는 결국 기록을 통해 얻은 역량으로 역사의 주목을 받았다. 그들은 다양한 형식의 기록들을 다이어리 형태로 직접 적어 역사적 콘텐츠로 후세에 남겼다. 때론 자기 성찰로 돌아본 하루에 대한 기록, 혹은 자신의 업무와 직접 관련된 지침이나 통찰 내용이 노트에 채워졌다. 뿐만 아니라 독서를 통해 발견한, 위인들의 세상을 향한 커다란 생각이나 마음에 와 닿는 문구를 놓치지 않으려 애썼다. 마음을 가다듬고 한 자 한 자 그 문구를 필사해 스스로를 위한 영혼의 기록으로 삼았다. 그렇게 정성껏 기록하고 되새기는 과정을 거쳐 어느새 자신만의 석세스 다이어리를 완성시켰던 것이다.

포스트잇을 쓸 시간도 없을까

지금 시점에서 좀 더 솔직한 얘기를 나누고 싶다. 여기까지 책을 읽은 여러분들의 마음속 한구석에 아마 이런 생각이 들지도 모르겠다. 위대한 리더나 위인들, 세계적인 스포츠 스타들의 이야기는 나와는 동떨어진 이야기라고 말이다.

기억하라. 그들도 처음엔 그저 평범한 보통 사람이었음을. 오히려 보통에도 미치지 못하거나 학교에서 쫓겨날 정도의 평가를 받았던 사람들도 있었다는 사실을. 그렇다면 무엇이 그들을 특별하게 만들었는지 적어도 그 비밀에 관심을 가져야 그들의 성공 스토리가 자신과 동떨어진 것이 아님을 아는 데 도움이 되지 않을까.

나는 유달리 사람들의 이야기나 인터뷰 내용을 눈여겨보는 편이고 눈에 띄는 기사나 기록들을 스크랩하고 모아두는 취미가 있다. 아니, 습관이 있다. 특히 평소 배울 점이 있다고 생각하는 리더들의 발언은 빠뜨리지 않고 스크랩해서 석세스 다이어리에 기록해둔다.

애플의 창업자인 스티브 잡스Steve Jobs나 페이스북의 창업자인 마크 주커버그Mark Zuckerberg, 삼성의 이건희 회장과 같은 기업인들의 발언부터 평생 현역의 길을 걷고 있는 축구감독들—히딩크, 알렉스 퍼거슨, 주제 무리뉴 감독—까지 다양한 개성을 지닌 팀원들을 이끄는 리더들의 소통 방식에 대해 깊은 관심을 갖고 있다. 또 프로페셔널의 입장에서 박지성, 박찬호, 추신수, 이청용, 신지애, 이승엽처럼 프로 무대에서 뛰고 있는 선수들의 마인드를 엿보기 위해 그들의 인터뷰에 항상 주목하고 그때마다 느낀 중요한 생각을 기록으로 남겨왔다.

하지만 반드시 성공하고 유명한 사람들에게만 주목하는 것은 아니다. 오히려 다양한 분야의 잘 알려지지 않은 사람에게서 배우고 적용할 점을 기록하는 경우도 적지 않다. 예를 들면 '퀴즈왕'에 등극한 중졸의 트럭기사 임성모 씨의 스토리는 나 자신에게 결코 부끄럽지 않도록 평생 공부하며 살아야겠다는 생각을 일깨워준 좋은 사례이다.

나의 석세스 다이어리에 기록된 그의 닉네임은 '굴백사'이다. 굴러다니는 백과사전, 물어보면 모르는 것이 없어 주위 동료들이 붙여준 별명이

 쓰고 상상하고 실행하라

라고 한다. 대학 졸업 후 공부와 담쌓고 TV 드라마와 술자리에만 익숙한 직장인들이 즐비한 마당에 스스로 목표를 세워 메모하고 외우고 암송하는 그의 공부법은 귀감이 될 만하다. 그가 운전하는 차 유리창 윗부분에는 공부하기 위해 빼곡하게 붙여 놓은 포스트잇으로 가득했다.

신호등에 차가 정지해 대기하는 시간이면 그의 눈은 어김없이 유리창에 붙여 놓은 포스트잇을 향한다. 눈으로 보고 머리와 입으로 암송을 하면서 그는 다른 사람들보다 몇 배나 밀도 있는 인생을 산다. 만약 그의 포스트잇을 보고도 자신의 학력이 더 높다고 우쭐거리며 비웃는 사람이 있다면 정말로 진지하게 묻고 싶다. 당신은 사회에 나와 스스로 부족함을 느껴 자율적으로 공부 계획을 세운 적이 있는지, 그리고 그 계획에 따라 얼마나 많은 시간을 학습에 투자했는지를.

자식에게 부끄럽지 않기 위해, 공부하는 부모의 모습을 보여주기 위해 일과 후 집에서 늘 책을 펼쳤다는 '굴백사' 임성모 씨는 '퀴즈왕'에서 다시 새로운 목표를 세우고 또 다른 도전을 시작했다고 한다. 요즘은 과연 하루에 몇 시간이나 책을 펼치고 있는지 궁금하다. 졸업 후 사회에 나와 취직을 하면 공부는 끝이라고 착각하는 많은 이들에게 그의 차 유리창에 붙은 포스트잇과 스스로의 부족함을 메우기 위해 선택한 끝없는 도전은 귀감이 될 이야기이다.

이렇게 각 분야별로 다양한 성과를 거둔 사람들에 대한 이야기들은 인생에 신선한 자극을 준다. 몸에 좋은 영양분이 담긴 과일을 고르듯 그들의 이야기에서 필요한 부분을 취합해 나의 노트에 옮겨 적는 과정을 거치다 보면 자연스럽게 다이어리 여백에도 무언가 채워지고 있다는 느낌을 받는다. 그리고 불확실성의 안개 속에서 자신이 가야 할 길의 모습이 보이기 시작한다. 현재 일하는 사업 분야에서뿐만 아니라 다양한 세계에서 뛰고 있는 사람들의 이야기를 통해 자신의 비즈니스와 실생활에 적용할 수 있는 지혜와 통찰을 얻어낼 수 있기 때문이다.

이제 꿈의 스케치를
시작해야 할 시간

꿈을 시각화하는 훈련이 비단 스포츠 스타들이나 위대한 리더들에게만 해당하는 과정이겠는가? 스포츠 선수들이 자주 언론을 통해 대중들에게 노출되는 과정에서 그들의 훈련 일기가 성공 비결이 되어 뉴스 기사를 통해 새삼 소개된다. 하지만 실은 다양한 분야에서 넘보기 힘든 업적을 이룬 전문가들은 지속적으로 자신의 꿈을 강화하고 꿈의 에너지를 통해 성장하기 위해 자신의 노트에 이야기를 쓰고 상상하고 있음을 어렵지 않게 볼 수 있다.

에베레스트 산을 최초로 등정한 산악인 에드먼드 힐러리Edmund Hillary. 1919년 뉴질랜드 양봉업자의 아들로 태어나 오클랜드의 타우카우라는 마을에서 자란 그는 평소 말이 없고 조용한 아이였다. 그는 열여섯 살 때 뉴질랜드 화산 가운데 하나인 루아페후 산으로 소풍을 갔다가 웅장한 자연

 쓰고 상상하고 실행하라

의 아름다움에 매료되어 전문 산악인의 길을 걷게 됐다.

1940년대 초 그는 8848미터의 에베레스트 산 정상에 도전했다가 피곤과 허기에 지쳐 결국 등정을 포기해야 했는데, 산을 내려오며 이런 말을 남겼다.

에베레스트여, 너는 이미 성장을 멈추었지만 나는 계속 성장할 것이다. 나의 힘도, 능력도 계속 성장할 것이다. 그래서 다시 돌아오겠노라. 기다려라. 에베레스트여!

그 후 체력을 키우고 장비를 보강하는 등 치밀한 등정 계획을 세운 에드먼드 힐러리는 에베레스트 산과 비슷한 산을 수없이 오르내렸다. 그러면서 언젠가 에베레스트 산 정상에 서는 그날을 머릿속에 수없이 그리는 작업 또한 병행했다. 마침내 1953년 5월, 그는 세계 최고봉인 에베레스트 산의 가장 험악한 봉우리에 첫발을 디딘 산악인이 됐다. 자신이 매일같이 머릿속으로 그려보던 모습을 현실화한 것이다.

꿈의 에너지에는 설명하기 힘든 매혹적인 호르몬이 있다. 각 분야의 전문가들도 오랜 기간 무언가에 매료되거나 자신도 모르게 이끌려 반복적인 훈련을 한 것이지 결코 치밀한 계산이나 논리를 폈기 때문에 전문가가 된 것이 아니다.

그렇게 어려운 난관과 장애물에도 불구하고 자신의 한계를 이겨내고 자기 분야에서 최고의 위치에 오른 사람들에게는 한 가지 공통적인 특징이 있다. 그들은 어떠한 어려움과 역경, 스트레스 속에서도 비전을 가지고 결코 자신의 꿈을 놓지 않았다는 사실이다. 자신의 성공 자아 이미지를 생생하게 형상화해 하얀 캔버스에 비전을 떠올렸고 자신만의 꿈의 스케치를 매일 조금씩 완성해나갔다. 갖고 싶은 것, 되고 싶은 모습, 살고 싶은 라이프스타일, 모든 것이 결국 하나의 성공 이미지로 모인 것이다.

그 하나의 성공 자아 이미지가 열정의 불씨로 타올라 자신이 추구하는 전문성과 결합되면서 결국 운명을 바꾸는 강력한 성공화력발전소가 됐다. 꿈의 에너지로 날마다 성장을 꿈꾸며 자라난 것이다. 남들이 가십거리 등으로 웃고 떠들며 소비적으로 시간을 허비할 때, 그들은 날마다 일상 속에 기록을 남기며 밤낮 쉴 새 없이 발전소를 돌린 것이다.

비전과 목표는 그 자체가 황홀하고 위대한 산과 같다. 정상을 목표로 성장을 꿈꾸고 마침내 그 목표에 깃발을 꽂을 수 있었던 개인이나 조직에게 매혹적인 이미지, 가슴 떨리는 미래는 공통분모였다. 매력적인 꿈의 이미지가 구체적으로 종이 위에 표현되고 기록될 때 그것은 자신의 운명을 바꾸는 꿈의 스케치로 작용 한다. 꿈의 시각화 법칙을 깨닫고 자신의 성공 자아 이미지를 그리는 사람에게는 엄청난 변화의 계기가 찾아온다. 이것은 많은 사례에서 입증되고 있는 사실이다.

성공의 씨앗은 누구에게나 존재한다. 무슨 일을 하건 자신이 일하는 전문 분야에서 상위 1퍼센트 안에 속하는 실력자가 되기를 꿈꿔야 한다. 언론에 오르내리는 유명한 사람만이 성공한 사람은 결코 아니다. 자신의 분야에서 자신의 역경과 한계를 이겨내고 한 발 두 발 자신이 꿈꾸던 위치에 올라선 사람들, 자신의 길을 꾸준히 걷는 모습을 통해 사회에 유익한 가치를 전파한 사람들, 그들이 드러나지 않는 이 시대의 작은 영웅들이다.

자신만의 한 권의 비밀 노트, 그것은 꿈을 그릴 수 없는 사람들에게는 그저 종이 뭉치에 불과하다. 하지만 성공 자아 이미지를 발견한 사람들에게 그것은 꿈의 에너지를 활성화시키고 구체적인 행동 강령을 조직화하는 강력한 도구가 된다. 스스로 기록하고 이미지를 그려온 노트는 더 이상 그저 책상에 나뒹구는 한 권의 노트가 아니라 영화 「최종병기 활」의 활처럼 세상으로부터 스스로를 지켜내는 자신만의 경쟁력 있는 무기가 된다.

그런데 이미지트레이닝을 할 때 우리가 신경을 쓸 부분이 있다. 흔히 이미지트레이닝이라고 하면 자신이 소망하는 것들을 머릿속에서 시각적으로 그려보는 것만을 떠올린다. 하지만 이미지트레이닝은 시각만으로 이루어지는 것이 아니다. 시각은 이미지로 떠올릴 수 있는 여러 감각 중 하나일 뿐이다. 성공적으로 이미지트레이닝을 하기 위해서는 오감을 다 이용해서 꿈과 목표를 이미지로 떠올려야 한다. 가능한 한 많은 감각이 동원될 때 이미지트레이닝의 현실화가 용이하다. 여러 감각을 동원하면 선명한 이미지를 만드는 데 도움이 되기 때문이다.

또한 이미지트레이닝은 오감만이 아니라 감정 상태까지 더해져야 더욱 효과적인 꿈의 실현 수단이 된다. 긴장감, 희열, 만족감, 뿌듯함 등의 감정까지도 이미지와 함께 연상할 때 이미지트레이닝의 효과는 훨씬 강해지는 것이다.

Chapter Two

꿈의
매뉴얼

"꿈의 시각화 훈련"

Success Diary Success Diary Success Diary Success Diary Success Diary Success Diary

꿈을 미리 만져본 사람들의 특징은
결코 중도에 꿈을 포기하지 않는다는 것이다. 아무리 오랜 세월 동안
지독한 불운에 시달려도 꿈이 먼저 자신을 버리지 않는 한
스스로 먼저 꿈을 버리지 않는다. 그렇게 오랜 세월을 노력해
어렵게 꿈을 이룬 사람들의 이야기에는 사람의 마음을 움직이는 힘이 있고,
그렇기 때문에 많은 사람들이 그들을 자신의 멘토로 삼기에 주저함이 없다. 그들이
위대한 멘토로 떠오르게 된 배경에는 무수히 많은 역경의 순간이 존재했기 때문이다.

꿈의 멘토
전문가 되기 프로젝트

살면서 꿈을 미리 만져보는 흔치 않은 희열을 경험하는 사람들이 있다. 절실하게 원했던 미래의 모습이 어느 날 문득 생생한 가능성으로 다가와 그 실체가 만져지듯 너무도 또렷하게 느껴지는 그런 순간을 경험하는 것이다.

꿈을 미리 만져본 사람들의 특징은 결코 중도에 꿈을 포기하지 않는다는 것이다. 아무리 오랜 세월 동안 지독한 불운에 시달려도 꿈이 먼저 자신을 버리지 않는 한 스스로 먼저 꿈을 버리지 않는다. 그렇게 오랜 세월을 노력해 어렵게 꿈을 이룬 사람들의 이야기에는 사람의 마음을 움직이는 힘이 있고, 그렇기 때문에 많은 사람들이 그들을 자신의 멘토로 삼기에 주저함이 없다. 그들이 위대한 멘토로 떠오르게 된 배경에는 무수히 많은 역경의 순간이 존재했기 때문이다.

『꿈꾸는 다락방』을 쓴 이지성 작가는 지금 우리 시대를 대표하는 '출판계의 아이돌'로 불린다. 그는 출판계에 열렬한 독자층을 확보하고 있는

 쓰고 상상하고 실행하라

데 특히 20대 여성들에게 절대적인 지지와 성원을 얻고 있다. 물론 그는 오늘날 국민 자기계발서라 할 만한 『꿈꾸는 다락방』의 대성공으로 베스트셀러 작가의 반열에 올랐지만 그것은 『여자라면 힐러리처럼』을 읽고 감동을 받은 20대 여성들의 절대적인 지지가 있었기에 가능했다.

사실 『꿈꾸는 다락방』은 『여자라면 힐러리처럼』보다 먼저 출간됐으나 초반에는 그다지 주목을 끌지 못했다. 그런데 『여자라면 힐러리처럼』을 읽은 독자들이 『꿈꾸는 다락방』을 찾아 읽기 시작하면서 선풍적 인기에 불이 붙기 시작했다. TV 프로그램인 「우리 결혼했어요」에서 소녀시대 서현이 예비 남편에게 권해준 책으로도 유명한 『꿈꾸는 다락방』은 215쇄를 찍으며 100만 부 이상이 판매되는 빅히트를 기록했다.

그 후 『스물일곱 이건희처럼』과 인문고전 독서의 비밀을 파헤친 『리닝으로 리드하라』, 희망을 찾는 젊은 세대를 위한 에세이집 『스무 살 절대 지지 않기를』, 삶을 변화시키는 독서법을 소설 형식으로 소개한 『독서 천재가 된 홍대리』를 펴내며 베스트셀러 코너에 자신의 책들이 동시에 여러 권 진열되는 작가로서의 성공을 거두었다. 또 EBS TV에서 인문고전 특강을 진행하면서 강연자이자 독서 멘토로 그를 찾는 기업이나 조직들의 러브콜이 줄을 잇고 있다.

대기업 경영자나 국회의원과 같은 사회 지도층의 독서 멘토로 널리 알려져 있지만, 사실 소외 계층인 쪽방촌 아이들의 논어 선생님으로 지식기부활동을 펼치는 등 봉사활동에 더 적극적인 사람이 바로 이지성 작가이다. 작가 본인이 누구보다 어렵고 힘든 환경 속에서 꿈을 키우고 치열한 청춘을 보냈기 때문이다.

그렇다면 그는 어떻게 현재의 모습을 만들 수 있었을까? 운이 좋아서? 책을 잘 기획해서? 그의 성공은 단시간에 맺어진 결과가 아니다.

지금에야 쓰는 책마다 전부 베스트셀러가 되고 모든 출판사가 그의 책을 출간하고 싶어 하지만 그는 14년 7개월간 무명 작가로서 험난하고 모진 세월을 견뎌야 했다. 심혈을 기울여 쓴 원고를 출판사에 보냈지만 아무 곳에서도 연락이 오지 않았다. 주위의 비아냥거림과 외면에 힘이 들고 무려 80개 출판사에서 '노'라는 답변을 들을 때마다 좌절을 느끼기도 했지만, 작가로 성공하겠다는 꿈을 결코 놓지 않았다. 대신에 작가로서의 전문성을 키우기 위해 치열하게 인문고전 독서를 지속했다. '지혜의 산삼'을 찾는 두뇌 혁신 프로젝트를 진행한 것이다.

플라톤, 소크라테스, 공자 등 동서고금을 대표하는 천재들의 두뇌에 직접 접속해 그들이 남긴 생각을 책으로 이해하는 것은 결코 만만한 일이 아니었다. 아무리 읽어도 무슨 말인지 몰라 머리에 쥐가 날 정도였지만 천재들이 쓴 책을 읽어 두뇌를 업그레이드하자고 마음먹고 치열하게, 전투적으로 인문고전을 읽었다. 작가로서의 전문성과 역량을 축적하는 특수훈련은 그의 꿈에 날개를 달아주었다.

그것은 하나의 프로젝트였다. 그는 작가로서의 꿈을 키우고 강화하기 위해 치열하게 인류의 위대한 천재들이 남긴 인문고전 독서를 하고 사색하는 과정을 마치 일과처럼 진행했다. 그 과정에서 마음에 드는 책의 구절이나 이해가 되지 않는 부분은 반드시 직접 손으로 필사하며 내용을 되새기는 훈련을 병행했다. 그것이 그의 미래에 엄청난 자산적 가치를 약속하는 실행일 줄은 본인도 미처 깨닫지 못했다. 작가의 꿈을 달성하기 위한 'T유형'의, 수평선과 수직선을 동시에 키운 엄청난 두뇌 혁신 프로젝트였음을 베스트셀러 작가로 성공하고 나중에야 깨달았다. 그것이 그가 『리딩으로 리드하라』에서 밝힌 집필 배경이다.

이지성 작가는 지금도 매일 일간 신문을 6개 구독하고, 한 달에 100만 원어치의 책을 구입한다. 수평선과 수직선을 동시에 키우는 훈련을 매일 반복하고 있는 것이다. 주간지·월간지 등 잡지도 모두 본다. 책을 읽다가 좋은 구절을 필사하고 신문, 잡지를 보면서 스크랩을 하다 보면 쓰고 싶은 책이 매일같이 한 권씩 생긴다고 한다. 현재 머릿속에 구상중인 책이 수십 권이라는 그의 고백은 이런 특별한 역량 강화 프로젝트의 소산이다.

꿈을 이루기 위해 자신의 생생한 꿈을 조직화하고 체계화하는 작업을 오랜 기간 실행해 마침내 성공을 이루어낸 사람들의 이야기는 꿈이 주는 자극으로 에너지를 얻으려는 사람들에게 언제나 재충전의 힘을 준다. 나는 아직껏 '자기계발서 따위는 읽지 않는다'고 마치 큰 소신이라도 가진 양 떠드는 사람치고 자기 분야의 성공자 반열에 오른 사람을 만나보지 못했다. 삶을 변화시키는 독서를 통해 끊임없이 스스로를 동기부여 할 수 없는 사람은 전문가로 성공하기 어렵다.

꿈의 멘토는 현실적으로 강력한 실행가라야 가능하다. 스스로 되고 싶어서 후보 등록하고 나온 것도 아니고 누군가 임명한 것은 더욱 아니다.

어떠한 불리한 여건과 환경에도 결코 자신의 꿈을 포기하지 않고 멋지게 도전해 아름답게 승리한 사람이 멘토가 될 수 있다. 그 사람을 지켜보면서 '아 나도 그의 길을 가야지.' 결심하고 에너지 공급을 요청하는 후배들이 멘티를 자청하며 그의 이름을 불러주었을 때 비로소 멘토가 된다.

이지성 작가는 언제부턴가 어려운 책을 이해하고 난 후 일반적인 책이 무척 쉽게 느껴지고 글도 쉽게 써지는 득도의 경지에 도달했다고 한다. 그럼 역량 있는 작가가 되기 위해 2~3년 정도 인문고전 독서를 하면 되는 것인가? 놀랍게도 그의 치열한 인문고전 독서는 무려 18년에 걸쳐 지속되어왔고 지금도 여전히 현재진행형이다.

햇빛이 눈부시게 좋은 봄날의 토요일 아침, 문자 메시지 한 통이 날아왔다. 그가 다음Daum의 팬 카페 '폴레폴레' 운영진과 몇몇 지인들에게 보낸 단체 문자 메시지였다.

"난 지방대를 나왔고 학점이 2점대입니다. 하지만 아이비리그를 졸업한 분들이 만나고 싶어하는 사람이 됐습니다. 바로 오늘처럼 여유로운 날 미친 독서를 했기 때문입니다. 약 18년에 걸쳐서……. 오늘 독서 하세요.^^"

지방대 출신의 교사가 자기계발 작가로 성공하겠다는 꿈, 그것도 10년 이상 치열한 노력으로 도전한 결과가 별다른 소득이 없었다면 주위에 동료나 선후배들이 어떤 반응을 보였을까? 일반적인 상식선에서 판단할 때 솔직히 그의 꿈이 이루어질 것이라 예상한 사람은 별로 없었을 것이다. 아니, 냉정하게 말하면 대부분 불가능할 것이라고 판단했을 것이다.

하지만 그는 생생하게 꿈을 꾸면 반드시 꿈을 이룰 수 있다는 공식을 직접 실행으로 증명해냈다. 그는 작가로서의 전문성을 획기적으로 도약시키기 위한 특별 프로젝트를 매일 실행했다. 엄밀히 말하면 그는 철두철미한 실행 전문가이다. 작가의 꿈을 한낱 스쳐가는 20대의 꿈으로 방치하지 않고, 자신만의 전문성을 특화하는 프로젝트를 일상생활에서 지속적으로 실천한 것이다. 무려 18년에 걸쳐서 말이다.

네버 엔딩 스토리
꿈을 지속하면 아름다운 스토리가 된다

:

「위대한 탄생」의 멘토 가수 김태원 씨, 그는 예능 프로그램에서 대중들의 눈에 띄어 유명세를 탔지만 록그룹 '부활'의 리더다. 그가 작사 작곡한 '희야' '사랑할수록' '마지막 콘서트' '네버엔딩 스토리' 등의 노래는 이미 빅 히트를 기록한 곡들이었다. 20년에 걸쳐 12개의 앨범을 발표하는 동안 단 한 번의 표절 시비도 겪지 않았을 만큼 그의 곡들은 자신만의 독창성과 스토리를 담은 영혼의 노래였다.

그는 대중의 감수성을 일깨우는 멋진 곡들로 빅 히트 곡을 만들었지만, 그 곡을 부른 보컬에게만 관심이 쏟아지는 대중음악계의 속성상 큰 주목을 받지 못하고 어렵게 음악인의 길을 달려왔다. 하지만 굴곡 많은 인생의 여정은 자신의 음악에 있어 오히려 큰 자산이 됐다. 자신이 음악이라는 꿈을 한시도 포기하지 않고 달려온 사람이어서인지 그의 눈에는 유독 상처받고 소외된 친구들만 보이는 것 같다. 자신을 따르는 후배들도 무언가 풀리지 않는 지독한 불운에 시달려 고단함이 느껴지는 삶의 빛깔이 비슷한 사람들이었다.

국내에서만 아니라 해외 오디션까지 진행했던 MBC의 오디션 프로그램「위대한 탄생」시즌1의 우승자는 김태원 씨가 멘토링했던 중국 교포 청년 백청강이다. 다른 후보자에 비해 예선 무대에서 크게 주목받지 못했던 그는 만약 김태원 멘토가 자신을 선택해주지 않았다면 지금도 여전히 연변의 클럽에서 노래하고 있을 것이라며 감사의 마음을 전했다.

삶에 기적이 필요한 사람들이 있게 마련이다. 김태원 씨는 평생을 음악인으로 살아오는 동안 크게 주목받지 못하다가 최근 들어 대중들에게 자신의 인생 이야기에 대한 큰 공감과 반향을 얻었다. 다만 음악보다는 탁월한 예능 감각으로 주목받게 될 줄은 자신도 미처 짐작하지 못했다. 하지만 4차원이라고 평가받는 그의 예능 감각이 과연 우연이었을까? 음악을 전문적으로 하는 사람이 무슨 예능이냐고 폄하할 수도 있겠지만, 그의 생애에서 가슴으로 느껴지는 이야기와 진정성, 촌철살인의 멘트가, 한마디로 '진심'이 대중에게 전달됐다고 말할 수 있다.

그래서 그는 현재 음악인으로서 비슷한 불리함을 지닌 후배들을 열렬하게 지원하고 발굴하는 역할을 마다하지 않는다. 그는 다른 멘토들과 달리 스타성보다는 지원자의 인생 이야기와 절박한 꿈을 기준으로 사람을 선택한다. 음악에 도전하는 후배들에게 기적을 만들어 많은 사람들에게 희망을 주는 사람이 되어달라는 특이한 주문을 한다. 그런 그에게서 돈키호테와 같은 해학이 느껴지고, 그를 따라 한바탕 웃고 나면 이전과 달리 용기가 생기는 것은 나만의 감상일까.

돈키호테는 멋쟁이다. 요즘처럼 취업이 힘들고 대학을 나와도 부모님으로부터 경제적으로 독립해 자기 앞가림하고 살기도 벅차 스스로 불행하다고 생각하는 사람들이 많은 시절엔 더욱 그렇다. 도전의 용기와 희망의 의미가 더욱 각별하기 때문이다. 사람들은 기적과 같은 이야기를 꿈꾸고 만들고 싶어 한다.

감히 이룰 수 없는 꿈을 꾸고, 이길 수 없는 적과 싸우며, 견디기 힘든 슬픔을 견디고, 감히 닿을 수 없는 곳으로 나아가노라.

『돈키호테』를 극화한 뮤지컬 「라만차의 사나이」에 나오는 노래이다. 억압된 사회 환경에서 웃음을 자아내는 무모한 개성과 신념, 자기 자신에 대한 확신과 믿음을 지키고자 고군분투하는 아름다움과 희망이 살아 있는 이야기, 『돈키호테』. 이 낭만적이고 멋진 노래 가사는 자신의 삶에 기적과 같은 일이 일어날 것이라 믿으며 자기의 꿈에 매진하는 전 세계 모든 사람들에게 웃음과 용기를 선물한다.

김태원 씨가 20대 초반 천재적인 기타리스트이자 그룹 부활의 리더로 대중들에게 큰 사랑을 받았을 때만 하더라도 그의 앞길이 탄탄대로를 보장받은 줄로만 알았다. 그는 데뷔곡이었던 '희야'로 음악 인생의 정점을 맞았지만 2집 앨범을 앞두고 불미스러운 사건으로 구속됐다. 그 후 리드 싱어였던 이승철 씨가 그룹을 탈퇴하면서 그의 인생은 롤러코스터를 탄 것처럼 굴곡을 겪었다. 대중적 인기와는 지독하게도 연이 닿지 않았다. 그는 절망스러운 나날을 보냈지만 결코 음악인의 꿈을 포기하지 않고 자신이 할 수 있는 음악적 자산을 쌓는 일에 매진했다. 가슴에 젖어드는 아련함을 승화시키는 것, 그것은 바로 일기장에 매일 자신의 심경을 적는 일이었다.

천재적인 가수 김재기 씨와의 만남으로 '사랑할수록'이라는 불후의 히트곡을 냈지만 사랑했던 동료 가수를 교통사고로 잃는 기구한 운명을 맞았다. 1993년 이후 지금껏 단지 몇 자를 적을지언정 하루도 빠지지 않고 기록했다는 그의 일기장에는 그날의 심경이 짧게 적혀 있다.

재기가 멀리 떠났다.

오늘날 천재적인 기타리스트이자 작사, 작곡가로서의 음악적 재능을 성숙하게 하고, 4차원적인 발상으로 촌철살인의 멋진 멘트를 날리는 김태원 씨의 진정한 자산은 바로 일기다. 1993년 이후 비록 단 한 줄을 쓸지언정 하루도 빼먹지 않고 써온 그의 다이어리에는 굴곡 많은 인생의 진정성이 담겨 있다. 사랑하는 음악적 동반자를 떠나보낸 허무함과 슬픔, 가슴으로 느끼며 말로 표현할 수 없는 이야기들이 일기장에 고

스란히 담겨 있다. 아직 다하지 못한 이야기들이 가슴에 고여 있다가 세월의 봉인이 풀리는 날 아름다운 음악이 되어 우리 곁에 영원히 남게 된 것이다.

생생하게 꿈을 꾸면 반드시 이루어진다는 꿈의 공식에 날개를 달아주는 것은 자기 분야에 대한 전문성을 확보하고 날마다 기록해 그 역량을 갈고 닦아 성장시키는 일이다. 뒤에서 자세히 다룰 T유형의 수평선과 수직선의 총체적 역량을 확보하는 일이다. 그것은 꿈의 기록을 통해 구체화하고 체계화하는 과정에서 자신만의 단단한 스토리가 된다.

그리워하면 언젠가 만나게 되는 어느 영화와 같은 일들이 이뤄저기기를. 힘거워한 날에 너를 지킬 수 없었던 아름다운 시절 속에 머문 그대이기에.

T유형이 돼라
:

현재 이화여대 에코과학부 석좌교수로 있는 최재천 교수. 그는 자신의 연구실을 '통섭원統攝苑'이라 부른다. 그는 에드워드 윌슨Edward O. Wilson이 쓴 『CONSILIENCE』을 번역하면서 'consilience'를 '통섭統攝'이라고 해석했다. 사실 '통섭'은 윌리엄 훼웰William Whewell이 처음으로 사용한 단어로, 에드워드 윌슨의 책 표지에도 나와 있듯이 '지식의 통합'을 말하는 것이다. 하지만 최재천 교수는 이것을 단순히 통합하는 것으로 해석하지 않았다. 단순히 합치는 것과는 다른 차원에서 ‘통섭’이라는 단어를 쓴 것이다.

에드워드 윌슨의 『통섭』에서 최재천 교수는 통합이란 물리적으로 이질적인 것들을 그냥 한데 묶어놓은 것이고, 융합은 하나 이상의 물질이 함께 녹아서 화학적으로 서로 합쳐지는 것이라고 설명한다. 즉 통섭이란 통합, 융합을 넘어서 뭔가 새로운 게 만들어지고 번식하는 것을 의미한다는 것이다. 간단하게 말하면 무언가 이질적인 것들을 합쳤는데 새로운 것이 만들어지면 그것이 통섭이다.

그는 통섭이라는 개념을 설명하면서 교육의 분류를 예로 들었다. 미래에는 교육에 통섭의 개념이 적용되어 지금처럼 단순히 공대, 자연대, 경영대 등으로 대학이 나뉘는 게 아니라 인지과학대학, 융합공학대학, 우주과학대학, 예술미학대학, 인간정보과학대학, 생명과학대학 등 지금의 대학과는 다른 새로운 분류의 대학들이 등장할 것이라고 말했다.

미래 시대에는 통섭이란 개념이 중요하게 사용될 것이라는 것, 기초적인 지식이나 단순한 생활 패턴이 아닌 통섭된 지식이 경쟁력을 좌우하게 될 날이 곧 다가올 것이라는 게 최 교수의 주장이다.

최재천 교수가 자신의 연구실을 ‘통섭원’이라 칭하고 미래의 화두로 ‘통섭’이라는 화두를 던지면서 학문의 경계를 넘나들 수 있는 데에는 그 자신의 역사를 배경으로 하고 있다. 그는 어렸을 때부터 다양한 분야에 대한 독서를 많이 했다. 특히 지난 3년 동안 미국에서 유학하면서 미시건대 명예학우회의 일원으로 더욱 포괄적이면서, 학문을 넘나드는 독서와 200

여 개의 주제에 대해 열기 띤 토론을 해왔다.

최재천 교수의 저서 『과학자의 서재』를 보면 명예교우회의 역사에 대해 설명한다.

명예교우회는 1909년부터 1933년까지 하버드대학 총장을 지냈던 로렌스 로월Abbott Lawrence Lowell이 총장직에서 물러나며 사재를 털어 만든 지식공동체로 로렌스 로월은 평생 자신의 학문 분야에서 일가를 이룬 대학자들을 한자리에 모으기만 해도 그곳에서 자연히 학문의 불꽃이 피어오를 것이라고 확신했으며, 그는 그렇게 모인 대학사들을 시니어 펠로우Senior Fellow라고 부르고 해마다 갓 박사학위를 받은 사람 중 가장 탁월한 인재들을 주니어 펠로우Junior Fellow로 선발하여 신구 세대의 학자들이 함께 학문을 논할 수 있도록 했다. 하버드대학 명예교우회의 주니어 펠로우 출신 중에서 지금까지 노벨상 또는 퓰리처상을 받은 학자들이 수십 명이나 된다. 윌슨 교수도 명예교우회 출신이었다. 로월 총장의 통섭적 혜안이 적중한 것이다.

하버드대의 명예교우회를 벤치마킹한 미시간대의 명예교우회의 일원이 되면서 최재천 교수는 '통섭'의 세계를 경험하게 됐다고 한다.

생물학자인 최재천 교수는 엄청난 분량의 독서, 그것도 생물학과 동물학을 뛰어넘어 인문학, 사회과학, 심리학, 철학 등 다양한 분야의 독서를 한 학자로 알려져 있으며, 과학자이면서 인문학적 소양이 깊은 학자로 언론 매체에 시리즈로 서평을 쓰기도 했다.

나는 세계적 권위를 지닌 자연과학자이면서 청소년들에게 중·고등
학교 국어교과서에 실린 『개미와 말한다』 『황소 개구리와 우리말』의 저자
로 더 유명하다. 또한 『인문학콘서트』의 공동 저자이기도 하고 『당신의 인
생을 이모작하라』 『여성시대에는 남자도 화장을 한다』 등의 다양한 주제
의 책을 펴낸 최재천 교수의 '통섭'이라는 개념을 읽고, 그리고 그의 삶의
태도를 보면서 'T유형'을 떠올렸다. 자기계발에 관심이 있는 사람은 'T유
형'이란 말을 들어본 적이 있을 것이다.

세계적인 디자인 컨설팅 기업인 아이디오는 특히 T유형 인재를 고
용해 팀을 구축하는 것으로 유명하다. 브레인스토밍의 정석으로 불릴 만
큼 창의적인 결과물들을 전 세계 초일류 기업고객들에게 제공한 아이디오
의 인재관은 많은 시사점을 제공한다.

아직 세상에 존재하지 않는 멋진 이미지를 꿈꾸고 그려내고 프로토
타입을 거쳐 그것을 성공적으로 상용화할 수 있는 프로세스와 인재, 그 속
에 분명 무엇인가 특별한 것이 있다. 그렇다면 아이디오에서 고용하는 T
유형은 어떤 인재상을 말하는지 살펴보기로 하자.

'T'에서 위쪽에 있는 수평선은 개인적인 경험 폭을 뜻하고 아래로
쭉 뻗은 수직선은 특정 분야에서 일한 경험의 깊이를 의미한다. 즉 수평선
은 다양한 분야에 대한 경험, 인문적 소양과 이해를 나타낸다면 수직선은
전문성의 깊이와 수준을 의미한다. T유형은 인간의 삶과 역사에 대한 깊
은 이해와 통찰이라는 소양을 바탕으로 자기 분야에 대한 전문성이라는
뿌리를 확고하게 내리고 있는 인재를 말한다.

 쓰고 상상하고 실행하라

다양한 사람들이나 타 분야에 대한 커뮤니케이션 능력과 포용력이 부족한 사람이 수직선에 해당하는 특정 분야의 전문성에만 치우친 경우, 자칫 마켓을 이해하지 못하는 단순 기술자나 연구원, 혹은 자기 분야 외에는 관심이 없는 엔지니어 정도의 위치에 머무르기 쉽다.

벤처의 산실이라 불리는 미국의 실리콘밸리나 우리나라의 벤처 업계를 통틀어, 창업 CEO들의 경우 특정 분야에 대한 전문성이 뛰어난 엔지니어 출신이다. 그들은 특정 산업에 대한 전문성과 기술력을 바탕으로 초기 창업 단계의 어려움을 이겨내고 성공적인 스타트업start-up 기업을 이루어내기도 한다.

하지만 이들 중 많은 경우 중견 기업을 거쳐 대기업으로 장기적인 성장을 하지 못하고 커져가는 조직을 감당하지 못해 오히려 어려움을 겪는 경우가 많다. 조직이 커질수록 사람들에게 비전을 제시하고 한 방향으로 이끌 수 있는 통찰력과 소통 능력이 필수적인데, T유형의 수평선이 한계를 드러내기 때문이다.

기업경영에서도 스펙과 하드웨어보다 창의성과 소프트웨어의 중요성이 대두되면서 인문학이 다시금 주목을 받는 시대이다. 인문학 조찬 강연에 대기업 최고경영자들이나 각 분야의 리더들이 참석해 논어나 플라톤, 소크라테스 문답법에 대해 공부한다.

그들이 대학 시절 지루하고 따분하게만 여겼던 인문학에 매달리는 이유는 T유형의 수평선을 넓히기 위해서이다. 사람과 제품에 대한 본질적인 이해 없이 기술적 요소에만 집착하다 트렌드를 놓치면 영원히 팔로어

follower 신세에 머무르기 십상이기 때문이다. 그래서 미국의 부동산 재벌이자 억만장자인 도널드 트럼프Donald Trump도 일찍이 그의 자서전에서 '하루 중 일정 시간은 지평을 넓히는 일에 투자해야 한다'고 밝혔다. 그는 인문고전에 대한 엄청난 양의 독서와 함께 다양한 분야의 사람들과의 폭넓은 교제에 자신의 시간을 투자하는 것으로 유명하다.

반대로 T형의 수직선에 해당하는 전문성의 깊이도 수평선에 못지않게 중요한 의미를 갖는다. 결국 장기적 승부는 자신의 전문 분야에서 경쟁우위를 통해 달성하는 것이기 때문이다.

요즘 사회의 각 방면에서 남성들의 전유물처럼 여겨졌던 전문 영역에 도전하는 여성들의 약진이 눈에 띤다. 여성들이 지닌 섬세한 소프트 스킬이 전문성과 결합하면 큰 경쟁우위로 작용한다. 군에서도 별을 다는 여성이 등장하는가 하면 기업, 정부조직, 법조계에서도 우먼파워는 새삼스러운 현상이 아니라 시대적 대세이다.

삼성그룹에서도 최초의 여성 사장이 등장했다. 비록 삼성가의 자녀이기는 하지만 여성으로는 최초로 삼성그룹 계열사 사장에 승진한 신라호텔의 이부진 사장이 그 주인공이다. 이는 남성 중심이던 국내 재계에 신선한 충격을 주었다.

사장 승진 소감을 묻는 기자들에게 삼성그룹 최초의 여성 사장의 답변은 결의에 차 보였다. 그녀는 "혁신 없는 성장은 불가능하고 성장 없는 혁신은 무의미하다"는 짧은 대답으로 자신의 출사표를 던졌다.

'혁신과 성장의 관계', 하드웨어와 소프트웨어의 융합처럼 모든 것이

  쓰고 상상하고 실행하라

새롭게 뭉쳐져 통합되는 시대이다.

결국 T유형에서 의미하는 수평선과 수직선도 뗄 수 없는 불가분의 관계이다. 전문성이 없는 개인적 경험이나 인문적 소양만으로는 큰 장점을 발휘하기 어렵다. 개인에게도 균형감 있는 통합 능력이 요구되는 시대이다.

실제로 나의 대학 시절, 문과 출신의 인문계열학과 전공자들은 구직 상황에서 많은 애로를 겪기도 했다. 당장 눈에 보이는 전문성이 없기 때문에 직업 분야를 선택하는 데 있어 불리한 점이 많았다. 하지만 인문학 전공자들 중 전문성과의 성공적인 결합으로 크게 성장한 경우도 있다.

미국에서 가장 영향력이 큰 비즈니스 우먼으로 선정되며 세계적 컴퓨터 기업 HP의 CEO 자리까지 올랐던 칼리 피오리나 Carly Fiorina 는 대학에서 중세사를 전공했다. 메릴랜드대에서 MBA, MIT에서 석사를 마친 그녀는 첫 직장을 AT&T의 영업사원으로 시작했다. 그녀는 탁월한 추진력과 천부적인 언어 감각을 발휘해 AT&T에서 자회사로 분사한 루슨트 테크놀로지를 성공적으로 출범시켰다.

그리하여 IT업계라는 남성 중심의 전문 분야에서 남다른 인문적 소양을 바탕으로 탁월한 업무 능력과 리더십을 발휘해 루슨트 테크놀로지의 CEO 자리에 올랐다. 뿐만 아니라 과감한 경영 전략과 미래지향적인 구조 개편으로 주가를 12배나 상승시키는 성과를 보였다. 결국 성공적인 CEO로서의 경력을 바탕으로 다국적 기업인 HP의 첫 외부 영입 CEO로 세계 언론의 주목과 명성을 얻었다.

국내의 경우도 대기업 오너의 자제들은 선친의 조언에 따라 대학에서는 인문계열 학과를 전공으로 선택해 폭넓은 사고와 소양을 닦는, 수평선을 넓히는 공부에 주력한다. 그 후 대학원에 진학할 때 진로를 MBA 스쿨로 결정해 학문으로서의 경영학을 선택해 본격적인 경영 입문을 준비한다. 그리고 졸업 후 회사에 입사해 특정 산업에서 오랜 기간에 걸쳐 산업을 경험하고 전문성을 키우는 것으로 후계 경영자가 되기 위한 수업을 진행하는 것을 볼 수 있다.

T유형의 수평선과 수직선이 의미하는 불가분의 상호보완적 관계를 언급한 이유는 그것이 직업인으로 장기적인 성장을 하기 위한 '열쇠'를 쥐고 있기 때문이다. 최고가 되려는 꿈을 이루기 위해서는 꿈과 커뮤니케이션할 수 있는 인문적 능력도 필요하지만 동시에 자기 분야에서의 남다른 경쟁력, 즉 전문성이 함께 결합할 때 엄청난 시너지가 창출된다. 한 사람의 아름답고 훌륭한 꿈, 장래 희망이나 멋진 라이프스타일도 결국 프로페셔널로서의 성공(성장)이라는 튼튼한 기반 위에서 완성되는 것이다.

그것이 바로 이 책에서 줄기차게 말하는 '석세스 다이어리'로 꿈을 스케치하고 매뉴얼로 작성하는 궁극적 이유이다. 꿈과 전문성의 조화로운 결합이 이루어져야 아름다운 결과를 만날 수 있다. 운명을 바꾸는 꿈의 스케치가 점차 꿈의 매뉴얼로 체계적으로 구체화되고 조직화돼야 조금씩 꿈을 향해 전진할 수 있고 결국 그것을 실현할 수 있는 것이다.

그런 의미에서 생생한 성공 자아 이미지로 떠오른 꿈이 T의 수평선

 쓰고 상상하고 실행하라

이라면 조직화되고 구체화된 자신만의 전문성이 T의 수직선이다. 꿈을 이루기를 바란다면 T유형으로의 발전을 꾀해야 한다.

꿈의
시각화 법칙

미래의 문맹자는 글을 읽지 못하는 사람이 아니라 이미지를 해석할 줄 모르는 사람이 될 것이다.

1920년대 가장 혁신적이고도 파격적인 시각의 개척자였으며 시각 분야 예술의 아방가르도로 불리는 사진작가 라즐로 모홀리 나기Laszlo Moholy-Nagy는 이렇게 예견한 바 있다.

사실 시각적 이미지의 가치와 중요성은 수 세기 전부터 거론되어 왔다. 심리학을 비롯, 의학에서도 이미지의 능력을 증명하려는 노력을 기울여 왔고 그 결과도 이끌어냈다. 그만큼 이미지는 강력한 힘을 지니고 있다. 이제 자신의 미래에 대한 긍정적인 믿음을 갖고 그것의 이미지를 시각화하는 사람들이 그렇게 하지 못하는 사람을 압도하게 될 것이다. 과거에는 글을 읽고 해석하지 못하는 것을 문맹이라고 했다면, 우리는 자신이 원하는 것을 이미지로 떠올려 시각화하지 못하거나 이미지를 해독하지 못하는 것이 문맹에 해당하는 시대를 살고 있다.

나 역시 과거에는 꿈의 시각화가 가지는 힘에 대해 깨닫지 못했으나 몇 년 전부터 인간의 꿈꾸는 능력과 그것을 반복적으로 시각화하려는 것의 강력한 힘을 더욱 실감하고 있다. 어느 날 문득 예전 수첩 다이어리에 붙였던, 사진 속의 내가 꿈꾸던 이미지들이 내 주변의 진짜 현실이 된 사실을 깨닫고 깜짝 놀랐다. 직접 체험한 절실한 경험은 언제나 개인에게 강력한 확신과 믿음을 준다. 나는 스스로 직간접적으로 경험한 사례를 통해 하나의 법칙을 마음속에 정의했다. 그것은 바로 '꿈의 시각화 법칙'이다.

꿈의 시각화 법칙 : 입체적이고 생생하게 느끼는 꿈, 이미지로 소장하고 날마다 들여다보는 꿈은 반드시 이루어진다.

그리고 이 법칙을 내 삶 속에 본격적으로 적용시키고 강화하기 위해 실천하기 시작했다. 꿈의 시각화 법칙, 그것은 대부분의 성공자들이 이미 책이나 강연을 통해 수없이 공공연하게 말했던 비밀 아닌 비밀과 밀접하게 연관돼 있다. 성공하기 위해서는 우선 생생하게 꿈을 꾸어야 한다는 것은 불변의 진리이다.

그렇다면 왜 사람들은 모두가 알고 있는 꿈의 비밀을 현실에서 이루어내지 못하는가? 모든 차이는 '사고방식의 틀과 이미지'로부터 시작된다. 세상에는 누구나 알고 있는데 아무나 할 수 없는 일들이 너무도 많이 존재한다. 평범한 사고방식으로 이해하기 힘든, 대부분의 불공평한 결과들이

 쓰고 상상하고 실행하라

바로 이런 차이에서 시작된다. 자기가 일하는 분야의 1퍼센트 안에 드는 사람들에게는 분명 무언가 특별한 것이 존재한다. 바로 그것이 '사고방식의 틀과 이미지'라는 강력한 도구이다.

사고의 틀과 이미지는 사소한 것 같지만 어떤 사람에겐 찰나의 순간에도 잊을 수 없는 중대한 영향을 미친다. 그런 의미에서 사고의 틀은 카메라와 렌즈의 역할을 하고 이미지는 콘텐츠에 해당한다. 우리의 인생은 결국 시간 속에 어떤 콘텐츠를 남기는 일이다.

세상에는 두 부류의 사람이 존재한다. 모두가 알고 있는 것을 실천해 내는 사람과 해내지 못하는 사람이다. 어차피 답이 나와 있는 문제에 어떤 방식으로 직접 실행해 답을 기록하느냐에 따라 결과는 엄청나게 다른 모습으로 나타난다.

다 알고 있는 것을 왜 누구는 하고 누구는 하지 못할까? 그것은 각자 매일 꿈꾸는 콘텐츠의 차이, 꿈에 대한 열망과 절실함의 차이, 지속적인 실행력과 성실함의 차이, 남이 쉽게 흉내 낼 수 없는 전문성과 기술의 차이, 몰입을 통한 문제 해결 능력과 긍정적 믿음의 차이 때문이다. 여기서 잊지 말아야 할 것은 이상의 모든 것에 대한 열쇠를 바로 '기록—문자만이 아니라 이미지로 그리고 상상하는 것까지 포함—'이 쥐고 있다는 사실이다.

꿈을 잡기 위해서는 꿈의 시각화라는 채집 도구가 필요하다. 꿈을 그저 막연하게 먼 산 아지랑이처럼 대한다면 봄날의 아지랑이가 그러하듯 현실에서 직접 만져보기는 불가능하다. 제대로 된, 전문가다운 꿈의 설계도를 그린 다음 그 위에 글이나 그림 혹은 하나의 이미지나 장면을 담아 소장해야 한다.

평소에 잡지를 넘기며 멋진 사진 이미지를 보고도 그것을 자신의 꿈으로 읽어내지 못한다면 악보를 읽지 못하는 것처럼 꿈에 관한 한 적어도 문맹자나 다름없는 것이다. 그런 의미에서 '꿈의 시각화 법칙'은 꿈을 이루기 위해 지금 당장 실행할 수 있는 유용한 법칙으로, 꿈의 ABC를 그림과 사진 이미지를 이용해 손쉽게 표현해내는 것이다.

자신이 원하는 꿈의 이미지를 생생히 떠올릴 수 있어야 그것을 끝까지 지켜낼 수 있다. 나는 날마다 그 꿈의 이미지들을 읽고 보고 가슴으로 느끼며, 생생히 머릿속에 그릴 수 있어야 비로소 꿈의 문맹에서 탈피할 수 있다는 사실을 실생활에서 체득했다. 그것은 내 계몽주의적 자율학습의 첫 출발점이었다.

본능적이고 순수한 욕망들이 현재의 꿈과 목표로 생생하게 살아 오르는 그런 삶을 살고 싶다면 지금 당장 꿈의 이미지를 발견하고 읽어내 하나의 기록으로 남기는 일을 시작해보자. 현재 하는 일이 무엇이건 꿈의 시각화 법칙을 자신의 직업적 가치를 높일 수 있는 방법으로 적극적으로 활용하도록 하자. 사고의 지평을 넓히기 위해서는 하루 중 일정 시간은 사고의 지평을 넓히는 일에 투자해야 한다. 그리고 오늘부터 당장 생생한 이미지트레이닝을 시작해야 한다.

가슴속에 뜨거운 열망이 살아 펄떡이는 그런 이야기, 생생한 장면과 이미지가 있는 삶, 꿈의 문맹자가 아니라 꿈을 기록하는 삶, 이것은 몇몇 특별한 사람들만의 소유물이 아니다. 꿈에 대한 1박 2일의 세미나에 참가

 쓰고 상상하고 실행하라

하기 전까지는 나 역시 꿈과 미래의 모습에 대해 생생한 이미지를 갖고 있지 못했다. 하지만 직장에 다니고 있었기 때문에 직업인으로 성공하고 싶은 본능적인 욕구는 있었다. 그 때문인지 나는 늘 자신의 분야에서 자신이 원하던 꿈을 이루며 살아가는 비범한 사람들의 이야기에 관심이 많았다. 하지만 처음 사회생활을 시작했을 때는 시골에서 갓 상경한 사람처럼 모든 것이 낯설고 어떻게 시작해야 할지 그저 막막했다.

바로 그때 그 세미나를 통해 특별한 꿈의 기록 방식에 대해 접하게 된 것이다. 다이어리에 꿈의 이미지를 기록하며 살아가는 사람들, 그들의 하루는 육체적으로 피곤할지언정 정신적으로는 오히려 활력이 넘치고 있음을, 꿈의 에너지에 숨어 있는 득별한 활력 호르몬은 마치 엔돌핀처럼 일상적인 하루를 열정과 즐거움으로 변화시키고 있음을 분명히 확인할 수 있었다.

그때부터 나는 신문이나 잡지에서 꿈의 시각화 법칙을 행하는 사람들의 사례와 방법을 스크랩하기 시작했다. 또 방송이나 강연에서 꿈의 이미지트레이닝에 관한 다른 사람들의 사례를 참조하고 실제로 그것을 실행하는 사람들을 만나기도 했다. 그리고 반드시 내 일상 속에서 꿈의 시각화를 통한 이미지트레이닝을 꾸준히 시도하며 석세스 다이어리를 통해 익히고 적용하고자 했다. 그 과정을 거치는 동안 성공 이미지트레이닝에 대한 확신과 믿음은 단단한 뿌리를 내렸다.

자신이 스스로 시각화한 꿈의 이미지가 가깝거나 먼 미래에 현실로 나타날 수 있도록 꿈의 시각화를 익숙하게 하는 능력을 가짐으로써 상상과 현실의 갭을 좁히는, 그리하여 꿈의 이미지가 현실에서 이루어지게 도와주는 것이 바로 이미지트레이닝이다.

　여기서 우리가 반드시 기억해야 할 것은 꿈의 시각화 법칙, 즉 이미지트레이닝의 가장 중요한 핵심은 집중력과 상상력, 그리고 관찰력이라는 사실이다. 그것이 밑바탕에 깔려 있지 않다면 생각의 이미지화는 단순한 공상에서 멈출 것이다.

이미지트레이닝의
효과
：

　자신이 성공한 모습, 자신의 꿈이 이루어진 모습을 상상하는 것은 꿈과 목표를 이루는 데 굉장한 에너지를 제공한다. 이 습관은 저절로 갖출 수 있는 게 아니라 지속적이고 끊임없는 훈련을 통해 얻을 수 있다. 이처럼 원하는 미래를 시각적인 이미지로 상상하는 훈련을 이미지트레이닝이라고 한다.

　『체육학대사전』을 보면, 이미지트레이닝은 '멘털 트레이닝mental training' '멘털 리허설mental rehearsal' '멘털 프랙티스mental practice' 등으로도 불리는 운동 연습법의 하나이다. 이는 머릿속에서 이미지를 그리면서 연습을 하는 것으로 이 방법은 실제의 연습과 병용함으로써 효과를 나타내지만, 단독으로는 효과가 적다고 한다. 즉 실생활에서 직접적인 이미지

 쓰고 상상하고 실행하라

트레이닝의 훈련이 이뤄져야 효과를 볼 수 있다는 말이다.

기록하고 상상하는 것의 힘은 심리학의 여러 학설에서도 그 근거를 발견할 수 있다.

신경이 있는 생체에서는 한 번 경험된 감각이 변화를 일으켜 원래의 외부 자극이 없어진 후에도 그 감각의 복사물이 정신 속에 다시 나타난다.

'의식의 흐름Stream of Consciousness'이라는 용어를 처음 사용했으며 빌헬름 분트Whihelm Wundt와 함께 근대 심리학의 창시자로 일컬어지는 미국의 심리학자이자 철학가인 윌리엄 제임스William James의 밀저림, 우리의 정신 세계에 입력된 직간접적인 경험은 그 경험이 사라진 뒤에도 우리 정신 속에 남아 있다.

물론 그 경험을 기억하고 계속 되풀이해서 생각하는 행동이 뒤따라야 그 경험이 주는 가치가 심리적으로 남아 있게 될 것이다. 여기서 '기억'은 우리가 노트에 기록함으로써 더욱 확실해지고, '계속 되풀이해서 생각하는' 것은 상상하는 것을 의미한다. 우리는 이 말에서 이미지트레이닝의 기초 이론을 발견할 수 있다.

사고를 많이 하는 사람이 심상을 보는 능력을 가지고는 있지만, 사용하지 않으면 그 심상이 소멸되기 쉽다는 것이다. 가장 훌륭한 정신은 아마 심상을 상실하지 않고 속으로 밀어 넣어두었다가 적당한 기회에 쉽게 사용하는 정신일 것이다. 아주 효과적으로 심상을 마음의 눈으로 보는 능력을 키울 수 있기 때문에 정신적 영상을 보는 능력이 전혀 없다고 말하는 사람들도 그들이 본 것을 생생하게 기술하고 그것들에 대한 생생한 시각적 상상을 갖고 있는 것처럼 표현할 수 있다.

월리엄 제임스가 『심리학의 원리 2』에서 한 이 말은 심상을 보는 능력은 스스로 향상시킬 수 있다는 뜻으로 해석된다. 아무리 생각을 많이 해도 그것을 시각화하지 않으면 현실적 에너지를 갖지 못한다. 외부에서 얻는 정보나 자신의 생각을 상세하게 글로 기록하고, 그것을 생생한 시각적 상상으로 연결시킬 수 있을 때 심상을 보는 능력이 향상되고, 동시에 자신이 얻고자 하는 능력을 가지게 된다는 뜻으로 이해할 수 있는 것이다.

기억이 저장돼야 상상력을 발휘할 수 있는데, 단기기억에 들어온 정보는 계속해서 생각하지 않으면 시간이 지남에 따라 재빨리 없어진다. 그러므로 단기기억 속의 정보를 장기기억으로 바꾸어야 한다. 심리학에서는 기억력을 높이고 단기기억을 장기기억으로 옮기기 위한 가장 좋은 방법 중 하나가 '시각적 심상 형성'이라고 말하고 있다. 이 심상을 형성하는 것이 바로 이미지트레이닝의 목표이다.

심리학을 자연과학의 하나로 정립하려는 계획을 전개했던 월리엄 제임스는 근본적 경험주의 심리학자로 유명하다. 그가 남긴 명언들 중에 두 가지는 우리가 앞으로 얘기하고자 하는 이미지트레이닝의 가치를 인정

 쓰고 상상하고 실행하라

하는 말이다.

그중 하나가 "생각이 바뀌면 행동이 바뀌고 행동이 바뀌면 습관이 바뀌고 습관이 바뀌면 인격이 바뀌고 인격이 바뀌면 운명까지도 바뀐다"인데, 이 말은 생각이 행동에 관여하고 통제하는 역할을 한다는 것을 뜻한다. 그런데 이 의미와는 반대인 명언도 남겼다. "행복해서 웃는 것이 아니라 웃어서 행복합니다"라는 말이 바로 그것이다. 즉 행동이 사람의 생각이나 감정 상태를 조절하고 변화시킨다는 것이다.

상반된 뜻을 지니는 이 두 명언에서 우리는 행동과 생각 중 어떤 것이 더 중요하고 먼저여야 하는 게 아니라 생각과 행동 두 가지가 서로 병행하며 서로 영향을 주고 있음을, 그러므로 긍정적인 행동과 생각을 제질화함으로써 행복하고 즐거운 삶을 영위할 수 있음을 알 수 있다.

'배우기보다 익혀라Practice makes perfect'라는 속담이 있다. 실제로 연습을 했다고 해서 완벽해지는 것은 아니지만 연습을 하면 파지(경험에서 얻은 정보를 유지하고 있는 작용)가 증가하는 것은 사실이다. 심리학에서 이루어진 연구 결과에 따르면 시연試演이 많을수록 파지도 증가한다고 한다. 시연이 정보를 단기기억에서 장기기억으로 전이시키는 것을 도와주기 때문에 파지가 증가되는 것이다. 계속해서 시연하면 자료에 대한 이해도 증가된다.

몇 년 전부터 영어 학습자들에게 큰 인기를 얻고 있는 '깜빡이'라는 학습 기기도 시각화를 이용한 기억법으로 학습자들에게 기억 능력을 향상시켜주고 있다고 할 수 있다.

우리의 꿈과 목표를 이루기 위해 기록하는 습관을 들여야 하는데, 기록의 내용이 글로 쓰는 지점에서 멈추면 효과는 적다. 이처럼 글로 기록한 뒤 그 내용을 바탕으로 시각화하는 것, 즉 이미지로 상상하는 것이 꿈을 현실화하는 데 큰 도움이 된다는 사실의 근거를 심리학에서도 찾을 수 있다.

그러므로 우리에게 필요한 정보와 경험들을 장기적으로 기억하기 위해 노력하고, 나아가 그 장기기억 속의 정보를 바탕으로 미래의 목표상을 상상으로 이어가려는 이미지트레이닝을 해야 한다. 그러기 위해 지속적으로 기록함으로써 정보를 계속 숙지하려는 훈련과 그 내용들을 자료로 미래의 모습을 상상하려는 노력이 필요하다. 기록의 지속성과 상상 훈련이 함께 이루어지면 어느 날 당신은 자신의 꿈이 이루어진 날을 맞이할 것이다.

이미지트레이닝의 효과는 심리학뿐만 아니라 의학적으로도 증명됐다. 그 대표적인 것이 홀리스틱의학holistic medicine이다. 암 환자들에게 몸속의 백혈구가 암세포를 먹어치우는 모습을 매일 상상하게 했더니 실제로 암세포가 눈에 띄게 줄었다는 연구 결과는 홀리스틱의학의 좋은 예다.

근대까지 서양의학은 육체와 정신을 서로 독자적인 존재로 보는 이원론적 사고를 따르고 있었다. 그러한 이원론적 사고에서 벗어나 정신 활동과 몸에 밀접한 관계가 있다는 일원론적 사고에 바탕을 두고 있는 것이 바로 홀리스틱의학으로, 정신과 몸을 따로 떨어진 게 아니라 하나의 원을 이루는 전체로 간주한다. 때문에 병의 증세만 치료하는 게 아니라 자연의 일부인 인간의 몸이 본래 가지고 있는 자연치유력을 활용해 질병을 이겨

 쓰고 상상하고 실행하라

내게 하는 것이 홀리스틱의학의 핵심이다. 스트레스가 많은 병의 원인, 특히 성인병의 원인이 된다는 결과는 우리 주변에서 직간접적으로 경험함으로써 증명되고 있는 사실이다.

홀리스틱의 어원은 그리스어로 'Holos', 즉 '전체'라는 뜻이다. 그런데 영어로 '건강'인 'Health'의 어원 역시 'Holos'이다. 이것은 진정한 건강은 몸과 마음이 하나로 조화를 이룰 때 가능하다는 사실을 오래 전부터 알고 있었다는 증거라고 할 수 있다. 이러한 긴 역사를 지닌 깨달음을 현대 의학에서 되살린 것이 홀리스틱의학이다. 홀리스틱의학이 다루는 치료 방법에는 아로마테라피와 기공氣功, 이미지요법 등이 있는데 이미지요법이 바로 이미지트레이닝과 같다고 볼 수 있다.

이미지요법의 기본은 이미지트레이닝처럼 자신의 몸과 마음을 긍정적으로 변화시키는 데 있다.

건강은 모든 가치에 우선한다. 부와 명예, 권력도 건강을 잃으면 무용지물이다. 인간의 몸은 관리하지 않고 방치하면 질서를 잃기 마련이고 어느 한 부분이 고장 나면 대부분 다른 부분에도 나쁜 영향을 미쳐 결국 건강을 잃고 심하면 목숨까지 잃는다.

우리가 체크해야 하는 부분은 몸의 기관들이 서로 연결 고리로 조화롭게 이어져 있듯이 마음과 몸도 이어져 있기 때문에 몸과 마음을 함께 치료해야 진정한 치료가 이루어진다는 점이다. 이때 필요한 것이 자연치유력이다. 앞에서 예로 든 암 환자들의 경우처럼 이미지트레이닝은 자연치유력을 끌어내고 강화시키는 데 무척 효율적인 방법이다.

여기서 한 걸음 더 나아가 마음 상태가 육체에 영향을 미치는 것처럼 현실에서도 결과로 이어진다는 것을 알아야 한다. 몸과 마음이 하나의 원으로 연결된 것처럼 마음이 어떤 상태이고 또 어떤 방향을 지향하고 있는지가 우리의 현재 모습과 직결된다. 즉 요즘 더욱더 강조되고 있는 긍정의 힘, 긍정의 효과가 실제적이라는 뜻이다. 해낼 수 있다는 자신감과 긍정적인 생각, 그리고 자신이 다른 사람에게 필요한 존재이며 다른 사람이 자신을 사랑하고 가치 있게 여긴다는 감정은 자연치유력을 높임과 동시에 꿈을 이루는 효과적인 방법인 이미지트레이닝을 가능하게 하는 데 유익한 작용을 한다.

결론적으로 말하자면 이미지트레이닝은 오랜 세월 동안 심리학적으로, 의학적으로 증명되어 왔으며, 이미지트레이닝을 해야 하는 이유는 간단히 말해 자신이 진정으로 원하는 꿈과 목표를 현실화하는 데 아주 큰 역할을 하기 때문이라는 것이다. '원한다'는 것은 현재 자신이 갖고 있지 못한 것을 갖고, 부족하다고 느끼는 부분을 꿈의 현실화를 위해 필요한 새로운 것들로 채워나가는 것을 의미한다. 그리고 자신이 바라는 것을 이루기 위해서는 이미 가지고 있던 생각이나 가치관 등을 버려야 한다는 생각이 들 때 과감하게 버리는 용기가 필요하다. 그것이 바로 내면의 진짜 모습을 깨닫고 그 방향으로 변화해가는 과정인 것이다.

 쓰고 상상하고 실행하라

최대한
잠재의식을 깨워라

:

어떤 경험을 의식적으로 한 후, 그 경험과 관련된 사물, 사건, 사람, 동기 등과 같은 것이 일시적으로 기억·감지되지 못하고 있으나 그것이 필요하면 다시 기억을 재생할 수 있는 상태를 말한다. 흔히 전의식preconscious이라고도 하며 무의식과 의식의 중간과정으로 간주한다.

윗글은 『사회복지학사전』에서 정의하고 있는 잠재의식의 개념이다. 하지만 요즘 들어 잠재의식은 포괄적인 의미에서 무의식과 같은 개념으로 사용되고 있다. '의식'에는 현재의식과 잠재의식의 두 가지가 있다. 우리가 평소에 말하는 '의식'은 현재의식이고 '무의식'이라고 말하는 것이 잠재의식이다. 의식 활동은 뇌에서 관장하고 있는데, 현재의식은 '좌뇌'가, 잠재의식은 '우뇌'가 담당한다.

의식 중에서 우리가 보고 인식하는 현재의식의 세계는 마치 빙산의 일각과 같다. 그리고 잠재의식의 세계는 눈에 보이는 빙산 아래로 엄청난 크기의 빙산이 수면 아래에 잠겨있는 것처럼 내면에 깊이 가라앉아 평소에는 볼 수도, 인지할 수도 없다. 하지만 이 잠재의식의 세계를 잘 이용하면 우리는 자신의 인생에 무한대에 가까운 가능성을 끌어올 수 있다. 그 방법들 중 극대화된 효과를 내는 것이 이미지트레이닝이다. 그러므로 이미지트레이닝을 잘 하려면 잠재의식에 대해 알고 그것을 수면 위로 끌어올리는 삶의 태도가 필요하다.

많은 책들을 통해 우리 내면 깊숙이 위대한 잠재능력이 있다는 것과, 그것을 사용하는 방법에 관한 내용을 주장해온 조셉 머피Joseph Murphy는 『잠재의식의 힘』에서 이렇게 강조하고 있다.

모든 시대의 위인들이 가졌던 커다란 비밀은 자신의 내면에 숨겨진 잠재의식의 힘을 찾아내어 그 힘을 끌어낼 수 있는 능력이 있었다는 점입니다. 당신도 똑같은 것을 할 수 있습니다. 마음의 건축가가 되세요. 검증된 기법을 이용해 보다 웅대하고 위대한 인생을 설계하세요.

인간은 행동하고 사고할 때 본능적으로 쾌락을 지향한다는 이론으로 새로운 정신분석기법을 심리학계에 내놓은 프로이트Sigmund Freud는 그 속에서 잠재의식이라는 개념을 사용함으로써 학문적으로 잠재의식을 처음으로 정리한 심리학자이다. 프로이트에 따르면 인간의 본능인 쾌락 욕구가 후천적인 노력으로 만들어지는 지성知性으로 인해 억압되어 내면 깊숙이 감춰졌으나, 쾌락은 본능적인 욕구이기 때문에 자신도 모르게 자신의 행동과 사고를 지배한다. 그리하여 무의식이 인간의 행동에 관여하게 되고 무의식에 누적된 욕구들이 현실에도 반영된다는 것이다.

신경생리학에서는 잠재의식의 틀을 이루는 것이 감정이라고 본다. 동물이 느끼는 감정을 뇌의 정보처리계인 대뇌피질연합야가 상징화하는 과정에서 인간 특유의 감정 표현법이 발생한다고 한다. 대뇌피질연합야에

 쓰고 상상하고 실행하라

는 쾌감계라는 신경이 있는데, 그것을 연속적으로 자극하면 본능적인 쾌락과 인간만이 느끼는 더 성숙한 정신적 쾌락을 함께 느낄 수 있게 된다는 것이다. 그 이유는 대뇌피질연합야의 쾌감계를 계속해서 자극하면 모르핀과 거의 흡사한 물질이 대량으로 분비되어 뇌 기능을 쾌락으로 향하도록 작용시키기 때문이다. 이러한 과학적 증명은 잠재의식의 현실화에 또 하나의 근거가 됐다.

여기서 우리가 집중해야 하는 포인트는 외부로부터의 물리적 자극만이 아니라 정신적인 자극도 쾌감계를 자극한다는 것이다. 즉 자신이 좋아하는 분위기나 기분이 좋아지는 장면을 상상하는 것으로도 뇌 안에 모르핀과 흡사한 성분이 분비된다는 것이다. 이렇듯 과학적인 증명으로 인해 상상이 현실화 된다는 이론이 더욱 설득력을 지니게 됐다.

우리의 꿈과 목표를 이루기 위해, 소망하는 미래를 현실화하기 위해 잠재의식을 깨우고 가능한 한 최대한 끄집어내야 한다. 그러기 위해 잠재의식에 대해 구체적으로 알아보자. 잠재의식의 특징을 알면 잠재의식을 깨우는 데 도움이 될 것이다.

간단하게 정리해 보면 잠재의식은 현재의식보다 강하며 현재인지 과거인지 미래인지 자각하는 시간 개념이 없어 우리 몸이 잠든 동안에도 늘 활동한다. 그리고 자신의 생각이나 타인의 말을 이해하고 반응하지만 표현 방법은 이미지뿐이다. 또한 잠재의식은 단순하며, 필요로 하는 모든 것을 기억하고 이미지와 현실을 구분하지 않으므로 잠재의식에 의도적으로 자신에게 필요한 이미지를 계속 보내면 잠재의식의 세계에서는 그 이미지가 현실이 된다.

결국 실제 현실에서도 그 이미지대로 이루어지는 큰 효과를 얻게 되는 것이다. 또한 잠재의식은 몸의 주인이 생각한 일을 그대로 실현하려고 하기 때문에 긍정적으로 생각하면 긍정적인 결과가 나오고, 부정적으로 생각하면 부정적인 결과가 나온다. 긍정의 힘은 잠재의식을 깨움으로써 발휘될 수 있는 것이다.

잠재의식은 옳고 그름, 참과 거짓 등의 판단을 하지 못하기 때문에 현재의식이 생각하는 대로 받아들인다. 그러므로 자신에게 필요하고 좋은 방향으로 생각하고 상상하면 잠재의식은 그것들을 순수하게 흡수했다가 현실에서 실현되도록 한다.

잠재의식은 마치 공장의 발전기와 같아서 생각과 행동, 그리고 육체적 활동에 필요한 에너지원의 역할을 한다. 정신뿐만 아니라 우리 몸의 각 장기들의 기능과 운동 과정에도 영향을 미치는 것이다.

우리가 기억해야 할 잠재의식의 특징 중 가장 중요한 것은 잠재의식에 어떤 정보를 반복적으로 입력시키면 그것이 잠재의식에 분명하게 새겨지고, 반복 횟수가 많을수록 현실에서도 그 정보대로 이루어진다는 점이다. 그러니까 연속적으로 반복해서 성공 이미지를 입력시키면 꿈과 목표를 실현할 확률이 훨씬 높아진다. 이때 입력하는 정보의 이미지는 가능한 한 구체적이어야 효과가 좋다. 잡지의 사진이나 일러스트 등을 활용하는 것이 꿈을 현실화하는 데 아주 효과적인 방법인 것이다.

이러한 잠재의식의 특징을 살펴봤을 때, 우리는 의도적으로 노력해

 쓰고 상상하고 실행하라

긍정적인 생각을 함과 동시에 긍정적인 이미지를 마음에 떠올리며 상상하는 습관을 가지는 것이 중요함을 알 수 있다. 그리고 의도적인 노력은 연습과 훈련에 의해 지속될 수 있다. 이것이 바로 이미지트레이닝의 바탕이다.

그럼 여기서 잠재의식을 깨우는 데 중요한 개념이기도 한 트랜스trance에 대해 알아보자. 트랜스에 대해 알아보기 전에 트랜스 상태와 깊은 관련이 있는 최면催眠을 얘기해보겠다.

잠재의식을 이용한 심리 치료에 최면치료hypnosis가 있다. 최면을 포괄적인 의미로 해석하면 어떤 사람이 말이나 동작 등의 신호를 통해 다른 사람의 반응을 유발시키는 것을 말한다. 좁게는 의사가 말과 행위를 이용해 환자의 정신적, 육체적 기능을 변화시키는 것을 뜻한다. 최면에 대한 과학적이고 이론적인 학설들에 대해서는 아직 이견이 많지만, 최면이 일반 수면 상태와는 다르며 의식과 마음을 의도적으로 변화시키는 데 효과가 있다는 것은 어느 정도 인정받고 있다.

최면을 일으키기 위한 첫 단계는 정신 집중이고 정신 집중을 통해 원하는 내용을 삽입하게 되며, 이 결과 정신적·육체적 변화가 일어나는 상태를 최면 상태라 부른다. 이러한 상태는 우리가 일상에서 경험하는 일반적인 각성 상태와는 다른 것으로 연구 결과에서 나타나고 있다.

최면 상태를 잘 설명하는 중요한 개념이 바로 트랜스다. 트랜스는 명상이나 수련, 기도 등의 정신적 활동을 하면서 흔히 경험할 수 있는 심리 현상이다. 트랜스에는 자연적 트랜스와 인위적 트랜스가 있는데, 자연적 트랜스란 일부러 불러일으키는 상태가 아니라 자신도 모르게 스스로 일어나는 트랜스이다.

　자연적 트랜스는 어떤 상황이나 조건에 의해 몸과 마음이 이완될 때, 그리고 어떤 일에 완전히 빠져 있을 때 저절로 일어나는 상태이다. 자연적 트랜스는 우리가 일상생활을 하면서 종종 경험한다. 자신이 좋아하는 취미활동—책을 읽거나 음악을 듣거나 영회를 보는 등의 공연예술을 관람하거나 운동을 하고 스포츠 중계를 보는일 등등—을 하거나, 업무에 완전히 집중하고 있을 때 우리의 몸과 마음은 자신도 모르는 사이 트랜스 현상을 나타낸다. 누구나 한번쯤 지하철에서 책을 읽다가 내려야 할 곳을 지나치거나 좋아하는 게임을 하거나 드라마를 보다가 누가 자신을 불러도 듣지 못한 경험을 해봤을 것이다

　자연적 트랜스와 달리 인위적 트랜스는 어떤 목적을 위해 의도적으로 정신을 트랜스 상태로 이끄는 것을 말한다. 최면 치료는 바로 이 인위적 트랜스 상태를 조성해 심리적 치료를 하는 것이라 볼 수 있다. 인위적 트랜스 상태는 쉽게 끌어낼 수 있는 것이 아니다. 인위적 트랜스로 심리 상태를 변환하기 위해서는 특별한 연습과 훈련이 필요하다.

　그 특별한 연습과 훈련은 곧 이완 훈련과 집중 훈련을 목표로 한다. 트랜스는 몸과 마음이 이완되고 어떤 것에 집중했을 때 쉽게 일어나기 때문이다. 여기서 우리는 이미지트레이닝을 하기 위해서는 연습과 훈련을 통해 인위적 트랜스를 잘 이끌어내는 상태가 될 필요가 있음을 확인할 수 있다. 우리의 목표인 이미지트레이닝을 잘하기 위해서는 트랜스의 개념을 제대로 이해하고 트랜스 상태를 잘 조성함으로써 트랜스를 활용할 필요가

 쓰고 상상하고 실행하라

있는 것이다.

잠은 우리가 트랜스의 개념을 이해하기 위해 필요한 가장 쉬운 예라 할 수 있다. 트랜스 상태는 잠들기 직전의 나른하고 몽롱한 상태와 비슷하기 때문이다. 실제로 최면 상태가 되면 마치 잠들기 직전의 느낌을 경험한다. 이 때문에 최면과 잠이 동일하다는 오해를 낳기도 한다.

보통 트랜스 상태에 이르면 의식 상태가 바뀌면서 일상에서 느끼던 감각이 왜곡되어 오감에 대한 자극에 둔해지고, 시간의 흐름도 의식하지 못한다. 물론 트랜스 상태의 현상은 정확하게 정해져 있는 것이 아니다. 사람마다 트랜스 상태의 변화가 다르게 나타나기도 한다.

하지만 뇌의 활동에는 같은 현상이 일어난다. 즉 트랜스 상태에서는 뇌파—사람의 뇌 신경이 보여주는 정기적인 변화를 측정해서 기록해 놓은 것이 바로 뇌파인데, 그 주파수의 높고 낮음에 따라 알파파(α), 베타파(β), 세타파(θ), 감마파(γ), 델타파(δ) 등으로 나뉜다. 대부분의 뇌파는 베타파로 인간이 오감으로 사물을 알아차리는 상태의 주파수이다. 알파파는 긴장이 완전히 풀어져 이완되었을 때로, 예를 들어 정신을 집중해 연구하거나 묵상기도를 할 때, 눈을 감고 골똘히 생각에 잠겼을 때 등의 상황에서 발생한다. 세타파는 지각과 꿈의 경계 상태로 불리며, 즐겁거나 졸고 있는 상태에서 발생한다. 세타파는 창조력, 학습 능력을 결정한다고 한다. 잠들어 있거나 무의식 상태일 때 발생하는 뇌파를 델타파라 하는데, 세타파보다 더 느리게 움직이며, 뇌가 델타파 상태에 있을 때에는 많은 양의 성장 호르몬이 생성된다. 병적으로는 뇌종양, 뇌염, 의식장애 등으로 인해

나타나기도 한다. 그리고 각성 상태와 흥분 상태일 때 감마파가 발생한다
—의 변화가 일어난다. 즉 평상시의 각성 상태 때는 뇌에서 베타파가 발생
하지만 트랜스 상태가 되면 알파파가 발생한다.

버킷 리스트

:

서른 살 즈음이었다. 나의 미래를 이미지로 떠올려 상상하기 시작한
것은 아마도 그때쯤부터이다. 그 후부터 삶에 작은 변화들이 생겨나기 시
작했다. 미래에 어떤 모습이 되면 좋겠다는 직업적 포부도 생겼고 닮고 싶
은 롤 모델도 차츰 눈에 띄기 시작했다.

갖고 싶은 물건이나 타고 싶은 신차에도 눈길이 가기 시작했다. 그런
나 자신을 크게 탓할 일이 아니었다. 그 또래 남자들에게 소유에 대한 집
착은 직업적으로 강한 동기부여가 된다. 오히려 아무것도 갖고 싶은 것이
없거나 하고 싶은 일, 되고 싶은 모습이 없다는 것이 더 문제가 되는 나이
였기 때문이다.

돌이켜보면 수첩 다이어리에 '버킷 리스트'라는 목록을 만든 다음,
그 안에 소망 항목을 적으며 꿈의 항해를 시작한 것은 무척 행운이었다.
이미지 시각화 기술을 배웠던 덕분에 미처 알지 못했던 성공 자아 이미지
와 꿈의 에너지를 현실에서 활용할 수 있었다.

꿈의 힘과 성공 자아 이미지를 그릴 수 있도록 깨닫게 해준 그 트레

이닝은 많은 것들을 바꿔놓았다. 다이어리 맨 앞부분에 꿈의 이미지를 잡지에서 오려 붙였던 세미나에서의 그 시각화 훈련 말이다.

폼 나는 사진 이미지들을 가위로 오려 다이어리에 붙이고 서로 경쟁이라도 하듯 신나게 발표했던 기억이 아직도 생생하다. 참고로 그때 내가 오려붙인 내 미래의 차는 당시 부의 상징이었던 흰색 그랜저였다. 돌이켜 보면 소유에 집착했던 풋내기 시절이 조금 부끄럽기도 하지만 20~30대 남자들에겐 이런 것도 강력한 동기부여 수단이다. 그날 내 소망 바구니, 버킷 리스트에 담은 이미지들이 훗날 진로와 관련된 어려운 결정을 할 때 무의식적으로 큰 힘을 발휘했다.

경제학을 전공한 나는 조금 특이하게 STM(현 LG CNS)이라는 IT 서비스 회사의 컴퓨터 프로그래머로 사회생활을 시작했다. 문과생인 나는 전문성 있는 분야에서 스페셜리스트가 되고 싶었다. 솔직하게 말하면 나이가 들어도 전문가 대접을 받을 수 있는 일을 해야 오래도록 직장생활을 할 수 있다고 판단했던 것이다. 막연하긴 했지만 그래도 나름대로 롱런하는 전문 직장인의 모습을 머릿속에 그렸던 것이다.

당시에는 286 컴퓨터를 본 적도 없는 사람이 대부분이라 기초적인 배경 지식도 없이 시작한 프로그래머라는 직업은 내겐 큰 도전이었다. 오랜 세월 전문가로 대접받으며 직장생활을 할 수 있다는 희망으로 마치 낯선 유럽 어느 나라의 말처럼 생소했던 프로그래밍 언어들을 열심히 배우고 익혔다. IT분야에서 한 명의 전문가로 살아남겠다는 각오로 매달려 3년 정도 버티니 제법 프로그래머다운 내공이 쌓이면서 조직에서 밥값을 할 수 있는 수준에 올라섰다.

그때쯤 IT 트렌드에 큰 변혁이 시작됐다. 대규모 메인 프레임(대형 컴퓨터)의 중앙집중처리방식이 정보처리의 주종을 이루던 시절에 클라이언트 서버가 도입되기 시작했다. 고생하더라도 한 번 익히면 평생 써먹을 수 있다던 IBM 메인 프레임 프로그래밍 언어들 대신에 하루가 다르게 신기술과 새로운 프로그래밍 언어들이 등장하기 시작했다. 그때 배운 COBOL이나 PL1은 지금은 거의 전설이 된 언어들이다.

사회생활 초기 열심히 공부하고 고생하면 평생 대접받는 전문가로 활동할 수 있으리라 믿었던 나는, 불과 몇 년 만에 모든 것을 새롭게 배워야 할 처지가 됐다. 내가 선택한 분야가 한 번 배운 기술로는 평생 버틸 수 없는 변화의 격전장이라는 사실을 깨달았다. 이렇게 고심 끝에 선택한 프로그래머라는 직업에 큰 외부적 환경 변화가 진행되던 시기, '꿈의 시각화' 세미나에 참석할 수 있었던 기회는 IT 비즈니스맨이라는 새로운 직업에 대한 이미지를 떠올리는 결정적 계기로 작용했다.

마침 당시 국가적으로도 대규모 전산화 프로젝트가 연일 발주되던 때라 사내에 공공영업 부문이 창설됐다는 소식을 전해 들었다. 정말로 꿈의 에너지가 화학작용을 일으켰던 것일까? 그 소식을 듣는 순간, 운명적인 장면이 떠오르기 시작했다. IT 분야의 비즈니스맨이 되어 검정색 서류가방을 들고 미국으로 해외 출장을 떠나는 길, 공항에서 잠시 대기하는 동안 노트북으로 업무를 처리하는 멋진 이미지가 내 마음을 사로잡은 것이다. 대학시절 'TIME반' 회장이었던 나는 글로벌한 업무를 해보고 싶은 꿈

 쓰고 상상하고 실행하라

이 있었다.

아마도 '꿈의 시각화' 세미나에 참여하기 전의 나였다면 그저 막연하게 흘려보냈을 공상과 같은 그런 이미지였다. 하지만 그때 수첩 다이어리에 오려 붙였던 되고 싶은 모습, 살고 싶은 라이프스타일과 기가 막히게 딱 들어맞는 결합 작용이 일어났다. 비행기와 공항, 노트북을 들고 비즈니스 출장을 떠나는 미래의 나. 상상 속에서만 꿈꾸던 미래의 성공 자아 이미지를 발견한 것이다. 그날 내 버킷 리스트에는 이런 구절이 적혔다.

IT 비즈니스맨이 되어 007 가방을 들고서 미국으로 해외 출장 가기.

그 후 나는 회사 내 공공영업 부문으로 자원해서 부서를 옮겨 비즈니스맨으로 살아남기 위한 새로운 도전을 시작했다. 딱히 IT 영업의 틀이 잡히지 않았던 초창기라 몸으로 부딪치면서 배운 경험이 시간이 지날수록 경쟁력이 됐다.

'Learning by doing!' 부딪히고 실행하며 배우기!

이 슬로건은 우왕좌왕 망설이는 모든 경쟁자들을 물리치는 강력한 주문이었다. 운 좋게도 대형 정부 사업을 계약하는 행운을 얻으면서 내 버킷 리스트에 담은 목표를 이루는 작은 기쁨을 맛볼 수 있었다. 좀처럼 얻기 힘들었던 미국 출장 기회가 정말로 현실이 되어 텍사스 EDS 본사와 워싱턴에 위치한 대정부사업본부, 실리콘밸리의 대표기업 HP 본사가 있는 팔로알토를 수차례에 걸쳐 방문하는 기회를 얻었던 것이다.

호기롭게 버킷 리스트에 적었던 007 가방에 얽힌, 웃지 못할 에피소드 하나가 있다. 미국 출장으로는 비교적 짧은 3박 4일 정도의 일정으로 댈러스에 다녀와야 했던 적이 있다. 007 가방에 대한 나의 로망을 실현할 절호의 찬스라 판단한 나는 정말로 모든 짐을 최소화했다. 꿈에 그리던 서류가방 하나만 달랑 들고 출장길에 올랐다가 댈러스 공항 입국 심사대에서 문제가 발생했다.

별도의 룸으로 격리되어 서류가방을 활짝 펼쳐놓고 미국 방문의 주목적이 무엇인지 공항 경찰에게 영어로 설명하는 촌극을 벌인 것이다. 007 가방을 들고 검정색 선글라스 차림을 한 내 모습이 아마도 동양에서 온 스파이나 마약 브로커 정도로 오해를 살만했던 모양이다. '한 건 했다'고 확신하던 조사관이 내 서류가방에서 미심쩍은 물건이 나오지 않자 오히려 당황하던 모습이 생각난다.

회사라는 조직을 대표해 비즈니스를 챙기는 일은 대리급 연차에 불과하던 내겐 엄청난 중압감과 책임이 따르는 일이었다. 하지만 당시 내 생각 속의 모습은 결코 일개 평사원에 불과한 그냥 대리의 모습이 아니었다. 내 이미지트레이닝에 너무 충실했던 탓인지 미래의 프로페셔널 비즈니스맨, 회사를 대표하는 스마트한 영업 대표라고 믿고 포지셔닝하고 있었다. 비록 실수하면서 배웠지만 그때 경험한 부가세 개념, 고객의 과도한 가격 할인 요구에 논리적이면서도 세련되게 대응하는 법 등은 결국 하나의 통과의례와 같은 것이었다. 돈 주고도 배우기 힘든 살아있는 교육으로, 결국 시간이 지나면 알게 될 것들이었다.

그러다가 회사가 사업적 중점을 둔 대정부 비즈니스를 담당하면서 더욱 많은 기회의 문이 열리기 시작했다. 미국 IT업계의 대표적인 회사들, 세계 각국 현지에 지사를 두고 하드웨어나 IT 솔루션을 판매하는 다국적 기업들의 본사를 방문하면서 그곳에서 성공한 비즈니스맨들을 만날 수 있었기 때문이다.

특히 기억에 남는 것은 미국 팰러앨토에 있는 휴렛패커드 본사를 방문해 창업자인 빌 휴렛Bill Hewlett의 집무실에서 그의 명함을 받은 일이다. 마침 그가 부재중이라 대신 사무실을 지키던 여비서가 전해준 것이었지만, 세계적인 기업의 창업자 명함을 소유한 것만으로도 엄청난 동기부여가 됐다.

IT업계에는 창업자들도 있지만 개중에는 비즈니스 능력을 인정받아 부사장 등 고위 임원으로 발돋움한 사람들도 많다. 스톡옵션 등을 통해 엄청난 부를 쌓았거나 전문경영인으로 최고의 위치에서 활동하는 사람들도 있다는 것을 알게 됐다. '아는 것이 힘이다'라는 속담과 마찬가지로 '보는 것도 힘'이다. 30대 초반의 그 시절, 내 버킷 리스트에 구체적인 회사 이름과 함께 새로운 소망 항목을 하나 추가했다.

"HP의 비즈니스맨이 되어 훗날 전문경영인으로 변신하기."

갖고 싶은 것으로만 떠올렸던 사물의 이미지들이 점차 '되고 싶은 모습'인 자아 이미지로 변모하기 시작했다. 장기적인 미래의 모습, 그 성공 자아 이미지는 내 진로의 방향을 결정하는 나침반 역할을 했다. 하지만 소망 항목에 적었다고 해서 당장 바뀌는 것은 아무것도 없었다. 내가 가고 싶은 직장에서 갑자기 빈자리를 마련해놓고 나를 불러주는 것은 아니었다.

소망 항목을 현실에서 실현하기 위해서는 미리 준비해둬야 할 것이 만만치 않다는 것을 깨닫기 시작했다. 구체적이고 비상한 노력들이 뒷받침돼야 기회가 왔을 때 잡을 수 있는 확률을 높일 수 있다. 틈틈이 다른 다국적 기업의 채용 정보에도 관심을 가지면서 내 경력과 역량에 대한 외부의 객관적인 평가에도 귀를 기울였다.

연습 삼아 몇 번 다른 외국계 기업에 이력서를 제출하고 면접에 도전하면서 느낀 점은, 나에 대한 외부의 평가가 내가 생각했던 것과는 큰 차이가 있다는 사실이다. 국내 IT 대기업의 잘나가는 영업과장이라는 타이틀과 자부심은 나만의 자만심일 뿐이고 외부 시장에서 바라보는 가치와 평가는 훨씬 객관적이고 냉정했다.

그러던 어느 날 HP에서 소프트웨어 솔루션팀을 창설해 급히 채용을 진행하고 있다는 정보를 입수했다. 일찌감치 HP 입사를 목표로 하고 서류, 토익 점수 등 기본적인 자료들을 잘 준비해놓은 상태였기 때문에 급작스러운 채용 정보에도 발 빠르게 대응할 수 있었다. 최종 면접으로 당시 사장님과 임원들 앞에서 진행된 15분 프레젠테이션이 결국 최종 당락을 결정했다. 무엇보다 내가 지닌 선명한 꿈의 이미지와 HP에서의 강력한 직업적 포부를 잘 발표한 것이 합격의 원동력이었다.

엄청난 경쟁률을 뚫고 HP에 출근하던 날, 내 버킷 리스트 항목을 들여다봤다.

'HP의 비즈니스맨이 되어 훗날 전문경영인으로 변신하기.'

직업적 소망항목의 첫 단추를 잘 여민 것처럼 느껴져 무척 자부심이 느껴졌다. 아침에 출근해 자리에 앉으면 마치 미국에 출장 온 듯 주위에서 거침없이 영어가 쏟아져 나와 정신이 없었다. 밤사이 전 세계 여기저기에서 들어온 이메일이나 보이스 메일을 확인하고 응답하는 주위 동료들의 업무 풍경은 내게 새로운 에너지를 불어 넣었다.

그렇게 내가 새로 맡은 HP 소프트웨어 제품들에 대해 익히고 공부하면서 새로운 성공 자아 이미지를 발견했다.

'HP에서 비즈니스 능력을 발휘하고 능력을 인정받으면 향후 국내로 진입하는 IT 업계 다국적 기업의 지사장이 될 수 있지 않을까.'

나는 그런 생각과 함께 버킷 리스트 소망 항목의 후반부는 40대가 넘어야 달성할 수 있겠다는 판단을 했다. 그전에 반드시 먼저 증명해야 할 우선순위의 일이 있었다. 외국계 기업에서 한 명의 비즈니스맨으로 역량을 키워 능력을 인정받는 일이 우선이었다. 꿈의 진행 과정에서 소망 항목은 보다 현실적인 측면에서 다시 구체화되고 지속적으로 단계적인 목표를 수정하게 됐다. 뒤에서 5년 단위 목표 수립에 대해 보다 자세히 소개하도록 하겠다.

우선 꿈을 시각화하는 순차적 방법에 대해 설명하고자 한다. 반드시 단계적 순서가 있는 개념은 아니니 적용할 시 각자의 취향에 따라 선택하길 바란다. 우선 잡지에서 마음에 드는 사진 이미지를 스크랩하는 방식을 추천한다. 깊은 고민에 빠지지 않고도 스스로의 숨겨진 욕구나 동기부여를 불러일으키는 것들이 무엇인지 발견할 수 있다.

명확한 성공 자아 이미지나 꿈에 대한 윤곽이 불분명한 경우, 잡지에서 사진 이미지를 오려 붙이며 수첩 다이어리에 스크랩하는 작업이 잠재된 욕구를 흔들어 깨운다. 이것이 꿈의 시각화 훈련의 1단계에 해당한다. 그렇게 사진 이미지를 통해 떠오른 미래의 모습이나 성공 자아 이미지로 떠오른 생각들을 놓치지 않는 것이 중요하다.

구체적인 사진 이미지를 스크랩했다면 다음은 자신의 비전과 소망을 정의하는 것이 꿈의 시각화 훈련 2단계에 해당한다. 이전에 막연한 욕구로 오려 붙인 사진 이미지를 꿈의 스크랩 '버전 2.0' 단계의 성공 자아 이미지나 구체적인 미래의 사진 이미지로 대체하는 일이 바로 그것이다.

다이어리에 보다 명확하고 구체적인 사진 이미지를 스크랩하라. 그렇게 꿈을 포착하고 숨은 욕망을 채집하는 일이 꿈의 시각화 훈련의 1단계라면 그 후 이미지를 구체화해 버킷 리스트에 소망 항목으로 적는 일은 2단계에 해당한다.

소망 항목으로 출발한 실행 항목을 점점 조직화하고, 가치 있는 삶의 목표나 직업적으로 달성해야 할 중요 프로젝트의 목표 종료 기한을 정해 매일 다이어리에 구체적인 실행 일지를 쓰는 일이 꿈의 시각화 3단계이다. 3단계의 주요 목표는 강력한 실행을 통해 꿈의 동선을 점검하는 것이다.

평범한 사람들이 자기 분야의 최고가 되기 위해서는 반드시 위대한 각성의 순간을 경험해야 한다. 그러기 위해 한낱 공상으로 스치기 쉬운 작은 각성의 순간이나 생생한 이미지를 기록함으로써 소망 바구니에 담아

 쓰고 상상하고 실행하라

놓아야 한다. 그 일은 보잘것없어 보이지만 아주 가치 있고 중요한 행동이다. 기록을 통해 자신만의 강렬한 성공 자아 이미지가 구체화되고 조직화되기 때문이다.

자기 분야에서 최고의 위치를 달성한 사람들은 어렵게 채집한 소중한 꿈의 이미지를 결코 그저 스쳐 지나가는 몽상이나 거미줄 친 좋은 아이디어 정도에 머물도록 방치하지 않는다. 그들은 꿈을 사진 한 장의 이미지에서 출발해 버킷리스트의 소망 항목으로 구체화하고, 그 목표를 이루기 위한 강력한 실천 도구로 실행 다이어리를 작성한다.

그런 측면에서 버킷 리스트에 적어둔 소망 항목을 하나씩 달성하는 일은 지금은 별것 아닌 깃 같아도 모이면 엄청난 힘을 발휘한다. 세상에 해내지 못할 일이 없다고 믿는 순간, 그 사람은 전혀 다른 능력자로 변신한다. 꿈의 에너지가 지닌 엄청난 위력이 나로 하여금 하나둘 불가능한 차원에 도전해 드디어 원하는 결과를 이뤄내는 사람으로 만들어주기 때문이다.

그래서 매일 기록을 남기고 꿈을 키우는 행동은 식사나 수면과 같이 본능적으로 실행해야 한다. 좋은 생각을 본능적으로 기록하는 습관을 기르면 실행 확률은 대단히 높아진다. 기록으로 된 실천 계획서를 지닌 사람에게는 아무런 망설임 없이 기계적 실행을 하는 것이 다음 목표이다. 3단계 실행 일지 작성은 사실상 꿈의 시각화 법칙이 현실에서 이미 작동하고 있음을 의미한다.

내 경우, 1~3단계까지 순차적인 적용 방식으로 꿈의 시각화를 이루었다. 사진 이미지로 출발해 구체적인 성공 자아 이미지를 떠올리고 그것을 버킷 리스트에 '소망 항목'으로 적었다. 그런 다음 구체적인 목표 달성을 위해 기한을 정해 실행 일지로 확인하면서 꿈의 시각화 훈련을 계속했다.

나는 미래의 성공을 위해 꿈의 이미지를 담는 스케치에서 점점 진화하는 과정을 겪었다. 보다 구체적인 실천 항목과 세부적 전략을 기록한, '전문가적 꿈'을 달성하기 위한 전용 노트의 필요성을 느낀 것이다. 그것은 '꿈의 매뉴얼'에 해당한다. 버킷 리스트가 '하고 싶은 일' '갖고 싶은 것'으로 시작하는 '소망 항목 적기'라고 한다면, 인생의 중요 프로젝트는 '일지 형태의 노트'로 세부적으로 관리해야 했다.

전문가의 꿈은 보다 섬세한 관리를 통해 달성되는 장기적 대형 프로젝트이다. 실천 매뉴얼로 삼고 참조할 수 있을 만큼의 체계적이고 구체적인 지식들, 세부 실천 항목이 준비돼야 직업적·전문가적 성공이라는 일생의 프로젝트를 실행할 수 있다.

한 권의 다이어리만 잘 사용해도 우리의 꿈과 성공 자아 이미지를 체계적으로 조직화하는 단계를 맞이할 수 있다. 원하는 목적지에 도달하기 위해 차에는 내비게이션이 필요하다. 꿈을 이루는 과정에도 구체적인 실행을 돕고 안내하는 지도가 있어야 예정된 시간 안에 어김없이 프로젝트를 완수할 수 있다.

 쓰고 상상하고 실행하라

안 해봤다고
못하는 것은 아니다

:

카이스트 MBA 시절, 여름 계절학기 학점을 이수하기 위해 미국 서부 명문대인 USC University of Southern California 에서 수업에 참가했다. 그 과정에서 LA에 소재한 기업 현장을 방문할 기회가 있어 자연스럽게 엔터테인먼트 산업 현장인 유니버설 스튜디오와 소니 픽처스를 탐방했다. 그때 영화 「배트맨」에서 본 고담시 세트장이나 배트맨이 타는 방탄차, 「해리포터」의 마법 학교 도구들을 직접 눈으로 보고 특수효과를 체험한 기억은 아직도 생생하나.

유니버설 스튜디오는 공식적으로 입장료를 받고 그 생생한 꿈의 체험을 판매하는 곳이다. 전 세계에서 몰려든 관광객들은 할리우드 영화에 등장한 세트장을 방문해 기꺼이 비용을 지불하고 영화의 한 장면을 몸소 체험해본다. 이는 꿈의 마케팅이다. 역시 이미지가 있는 이야기는 사람들을 매혹시키는 힘이 있다.

과연 그들은 어떻게 전 세계 영화팬들을 열광시킬 수 있는, 그토록 매혹적인 이야기를 담은 영화를 창조해낼 수 있었을까? 꿈의 현장을 탐방하는 동안 내내 이 의문이 떠나지 않았다. 미국인이 특별히 멋진 이야기를 많이 지닌 민족이라서? 아니다. 결코 그렇지 않다. 예를 들면 월트디즈니는 꿈을 상상하고 이미지화하는 능력도 뛰어나지만 그것을 조직화해 전 세계 어린이들의 꿈을 일깨워주는 영화로 구현해내는 능력이 탁월하다.

이미지와 스토리를 수집하고 스케치하는 능력뿐 아니라 그것을 살아 움직이는 영화로 구현해내는 할리우드 특유의 조직력은 대단한 경쟁력이다. '과연 이것이 재미와 감동을 주는 이야기가 될 수 있을까' 하는 막연한 의심과 부정적 가능성들을 '할 수 있다'는 정신으로 축소시키고, 대신 분명 잘될 것이라는 믿음으로 전환해 꿈의 이미지들을 추진하고 조직화했기에 가능한 경쟁력이었다.

전 세계적으로 사랑받고 흥행에서 대성공을 거둔 만화영화의 주인공도 처음부터 스타였던 것은 아니다. 무명의 애니메이션 캐릭터로 출발해 대개 짧은 스토리로 초기 시연 단계를 거쳐 가능성을 시험받았다. 미키 마우스, 도널드덕과 같은 주인공들뿐 아니라 그 외의 많은 조연들도 테스트를 통해 치열한 검증과 오디션을 거쳐야 스타로 탄생할 수 있다.

「토이 스토리」와 「니모를 찾아서」를 만든 픽사 스튜디오는 전 세계적인 성공을 거둔 애니메이션 전문 영화 제작사이다. 창립 초기 픽사 직원들은 다음과 같은 구호를 외치며 출발했다.

안 해봤다고 못하는 것은 아니다!

세상의 그 누구도 해내지 못한 일에 도전하는 것, 그것이 픽사의 정신이다. 그들은 그런 정신으로 애니메이션 영화 제작이라는 꿈의 도전을 시작했다. 그들은 대부분 디즈니에서 경험을 쌓았던 분야별 전문가들이었다. 하지만 그들도 초창기에는 난관에 봉착해 매우 어려운 상황을 견뎌야 했다. 그런 과정에서 운 좋게 꿈의 조력자를 만났다.

바로 컴퓨터 업계의 괴짜 CEO 스티브 잡스였다. 그들은 그와 의기투합하면서 상상 속의 이야기를 현실에 구현해낼 수 있었다. 그들이 힘을 합쳐 최초로 만들어낸 영화가 바로 존 래스터John Lasseter 감독의 「토이 스토리」이다.

「토이 스토리」의 성공은 대중들에게 많이 알려졌지만 그 탄생 과정은 그리 순탄치 않았다. 대부분 성공이라는 결과에만 열광할 뿐 그 과정에 숨어 있는 조직화의 비밀을 아는 사람은 그리 많지 않다. 당초 예상보다 많은 비용을 투입해 만든 짧은 첫 시연의 결과물에 대한 자체 평가회 분위기는 한마디로 참혹했나.

생동감이 부족한 캐릭터들과 개연성이 떨어지는 스토리, 특히 주인공 역할의 카우보이 보안관 '우디'라는 캐릭터는 한마디로 비호감에 밉상이었다. 안하무인에 독선적인 성격으로 대중에게 사랑받기는커녕 따돌림 당하기 쉬운 캐릭터였다. 가능성을 타진하기 위해 자체적으로 진행된 첫 평가회에서 모두가 자신들의 앞에 엄청난 실패의 그림자가 드리워져 있음을 본능적으로 깨닫고 있었다.

하지만 그들은 초기 평가에서 쏟아진 모든 우려들을 마지막에는 감탄으로 바꾸어놓는 기적을 연출했다. 모든 한계와 개선이 불가능해 보이던 사항들을 조목조목 짚어냈고, 분야별로 각각의 실천 항목을 해결하라는 임무를 부여했다. 누구보다 그 분야의 전문가들이었기 때문에 초기 단계 결과물의 문제점이 무엇인지를 정확하게 파악하고 엄청난 장애물들을 극복하기 위한 팀워크를 발휘했다.

각 분야별 전문가들마다 각기 보완해야 할 실천 항목들이 그 자리에서 즉각 전달됐고 그렇게 수정과 협의를 반복하면서 전체 이야기를 재구성했다. 단상에 불과했던 아이디어와 상상의 조직화 과정을 통해 그동안 보이지 않았던 희미한 스케치들이 점차 매력적이고 생동감 있는 캐릭터로 살아날 수 있었던 것이다.

「토이 스토리」가 장애물을 이겨내고 '석세스 스토리'가 될 수 있었던 요인

◆ 상상의 이야기에 생명을 불어넣기 위한 각 분야별 실천 항목들의 도출

◆ 성공적인 애니메이션 영화를 완성할 수 있는 전문성

◆ 함께 꿈을 실현하고자 하는 조력자들 간의 팀워크

개인이나 조직의 꿈과 비전도 모두 마찬가지다. 초기 시연 단계에서는 구체적으로 체계화되지 않은 열망이나 생각대로 기대를 충족하기 어렵다. 아니, 사실상 불가능하다. 한 번에 완성품을 만들기 위해 오랜 시간 연구에만 매달리는 팀은 스피드와 유연성 면에서 당장 시제품을 만들어 개선 기능을 결정하는 실행 위주의 팀을 당해낼 수 없다. 꿈의 실현에는 수많은 보완과 섬세한 터치가 필요하기 때문이다. 많은 개인이나 조직들이 생생한 꿈의 이미지를 가지고 출발해도, 결국 그것을 매혹적인 미래의 모습으로 변환하는 작업 과정에서 대부분 실패한다.

자기 분야에서 탁월한 업적을 이룬 사람들도 시작 단계에서는 그저

평범한 사람들이었다. 하지만 특별한 꿈을 갖는 순간부터 그들의 삶은 변화하기 시작했고 꿈을 기록하고 조직화하는 실행 단계에서 보통 사람들과 더욱 큰 경쟁력의 차이를 보인다. 그러는 과정에서 그들은 스스로에게 힘을 주는 암시문들을 직접 적고, 매일 다짐하고, 소리 내어 읽기도 한다.

스스로 자신감을 불어넣기 위한 훌륭한 모토를 소개한다.

He can do it, She can do it, Why not me?

성공의 모습은 누구에게나 있다. 왜 나라고 할 수 없겠는가? 성공의 주문을 외우고 확신에 찬 자신감을 가진다면 무엇이건 시작하고 도전할 수 있다. 하지만 문제는 그 다음이다. 누구나 '열심히'는 할 수 있다. 중요한 것은 '잘해야' 한다는 점이다.

열심히 노력하는 것만으로는 부족하다. 자신이 잘할 수 있는 분야에서 전문성을 쌓는 과정이 따라야 꿈을 이룰 수 있다. 수많은 실천 항목을 도출하고 그것들을 기록으로 체계화하고 관리하는 철두철미함이 전문성을 완성시킨다. 그리고 조력자가 필요하다. 주변에서 늘 자극을 주고 꿈의 에너지를 충전시켜줄 롤 모델이나 멘토의 지지를 얻어야 지속적으로 강력한 실행을 이룰 수 있다. 자신의 꿈을 공유할 수 있는 조력자들을 찾아내 꿈의 에너지를 서로 주고받으며 소통하는 노력을 해야 한다.

꿈의 조직화 단계에서 기록, 즉 글과 이미지로 남긴 기록은 강력한 실행에 날개를 달아줄 꿈의 매뉴얼이다.

꿈의 시각화에
탁월한 효과를 보이는 NLP

‘백문불여일견百聞不如一見’이라는 말은 흔히 듣는 말이다. 한 번 보는 것이 백 번 듣는 것보다 낫다는 뜻의 이 말은 특히 교육 현실에서 탁상공론을 일삼는 사람들에게 많이 사용하는 고사성어로, 『한서漢書』의 「조충국전趙充國傳」에 나오는 이야기다.

자신의 꿈의 구체적인 내용과 모습, 그리고 그 실행 계획을 자신만의 비밀 노트에 글로 적고 이미지로 상상하는 이미지트레이닝을 함으로써 우리는 꿈과 목표를 이루는 성공적인 삶을 살 수 있다는 이야기를 계속하고 있다. ‘백문불여일견’은 그중 꿈의 시각화를 강조하는 고사성어로 볼 수 있다.

꿈의 시각화, 즉 이미지트레이닝에 성공하는 방법은 많다. 그중 우리 몸의 오감을 이용하는 것이 그 기본이라 하겠다.

우리의 뇌가 상상과 현실을 구분하지 못한다는 사실은 과학적 연구 결과로 나왔다. 우리가 상상을 실감나게 할수록 뇌는 더 큰 착각과 혼동을 하고, 당연히 이미지트레이닝의 효과도 커진다. 상상을 더욱 실감나게 하려면 오감을 적극적으로 활용하는 것이 효과적이다. 즉 보고 듣고 만지고 맡고 맛보는 시각, 청각, 촉각, 후각, 미각이라는, 우리 몸이 느끼는 다섯 가지 감각을 최대한 활용하면 우리의 상상세계는 더욱 실감나는 것이다.

시각을 예로 들어보자. 강을 상상할 때 단순히 흐르는 물길을 상상하는 것보다 강의 폭과 색깔, 주변의 환경, 하늘의 색, 자신과의 거리, 나무들의 위치, 바람에 따라 일렁이는 물결, 수면에 투영된 세상의 모습—산의 그림자나 나무들의 그림자 등—등으로 시각화한다면 상상의 세계는 훨씬 실감날 것이고 뇌는 더욱 사실적으로 인식하면서 반응할 것이다. 이러한 사실에서 우리는 시각적 이미지가 상상력에 미치는 영향을 알 수 있다. 동시에 그러한 이미지가 꿈의 현실화에 큰 기여를 함을 기억해야 한다.

또한 이미지트레이닝을 효과적으로 하려면 자신이 소망하는 미래의 모습이 마치 미래가 아닌 현실에서 이루어지고 있거나 이미 이루어진 것처럼 믿고 상상하는 게 좋다. 그럴 수 있을 것이라는 막연한 생각보다 실제 이미 이루어진 현실이라고 생각하고 믿고 행동하면, 우리의 뇌는 시간의 긴격을 인지하지 못하고 상상과 현실을 구별하지 못하므로 우리가 믿고 생각하는 대로 현실화시키는 것이다. 그러니까 믿고 상상하고 행동하는 것이 중요하다.

따라서 지속적으로 이미지트레이닝을 한다면 실제로 꿈을 이룰 수 있다. 여기서 한 가지 더 덧붙인다면, 자신이 되고자 하는 미래의 모습을 주변 사람들에게 공표하는 것이 성공하는 데 도움이 된다. 예를 들어 금연을 결심했을 경우, 주변에 자신이 금연할 것이라는 사실을 밝히는 것이 도움이 되듯이 말이다.

꿈을 이루려면 그것을 실감나게 상상해야 한다. 꿈의 시각화에 유용한 실행 방법 중 하나가 바로 요즘 들어 더 각광을 받고 있는 'NLP'이다.

NLP는 'Neuro-Linguistic Programming'의 약자로, 글자 그대로 해석하면 '신경언어프로그래밍'이다. 두뇌에 작용하는 소프트웨어로 마음을 움직이는 심리 기술이라 보면 된다. NLP는 20년이라는 짧은 역사에도 불구하고 전 세계를 뒤흔든 과학이다.

NLP는 미국의 존 그린더John Grinder와 리처드 밴들러Richard Bandler에 의해 1970년대에 등장했다. 그 당시 존 그린더는 산타크루즈 소재 캘리포니아대의 언어학 조교수였고, 밴들러는 같은 학교의 심리학 전공 대학원생이었다. 당시 이 두 사람은 당대 세계 최고의 심리학자 세 사람에 대해서 함께 연구했다. 그러다가 어떤 분야에서나 찾을 수 있는 우수성이나 탁월성의 패턴을 찾아내고자 하는 과정으로, 즉 뛰어난 성과를 내는 사람들이 흔히 사용하는 효율적인 사고방식과 커뮤니케이션 방식을 연구하는 것으로 발전시켰다. 바로 여기서 NLP 개념이 나왔다.

이렇게 리처드 밴들러와 존 그린더에 의해 시작된, 심리학과 언어학에 바탕을 둔 새로운 사고방식인 NLP는 인간의 언어가 어떻게 신경 생리적으로 뇌에 입력되고 프로그래밍되어 인간의 삶에 실질적인 작용을 하는지 밝히는 것이다. 인간의 삶을 보다 긍정적인 방향으로 끌어올리고, 문제를 안고 있을 경우 심리적 치료를 통해 발전된 행동으로까지 이어지게 하는 언어적 프로그래밍의 원리를 인간의 삶에 활용할 수 있는 원리와 기법이라 할 수 있다.

또한 NLP는 잠재의식을 효과적인 배경으로 삼아 우리의 마음 속 깊이 숨어 있는 부분을 의식적으로 다스림으로써 우리의 잠재적 능력을 최대한 발휘해 현재의 환경을 더 나은 환경으로 바꾸고 꿈을 이룰 수 있는 심리 상태를 만들어가는 과학이라고도 할 수 있다.

 쓰고 상상하고 실행하라

존 그린더와 리처드 밴들러가 창시하긴 했지만, NLP를 세계적으로 널리 알리고 효과적인 심리기법으로 보급한 사람은 앤서니 로빈스Anthony Robbins이다. 그는 변화 심리학의 최고 권위자로서, 개인을 변화시키고 전문가와 프로들의 심리를 치유하며, 대기업과 팀의 조직을 혁신시키는 놀라운 결과를 이끌어온 성공학의 대가이다.

이러한 앤서니 로빈스도 한때는 자살을 생각할 만큼 절망적인 시간을 보낸 적이 있다. 바로 그때 NLP를 만남으로써 실패자에서 성공자로 거듭날 수 있었다. NLP를 알고 NLP를 실천함으로써 삶을 변화시킨 그는 기꺼이 NLP 전파자로 살았다. 그리고 NLP를 자기 나름대로 재해석해 그 결과물로 NLP의 교과서라 불리는 스테디셀러 『무한능력』『네 안에 잠든 거인을 깨워라』를 세상에 내놓음으로써 NLP를 널리 알렸다

이제 우리도 NLP를 구체적으로 살펴보자. NLP의 각각의 단어를 살펴보면 NLP를 더 잘 이해할 수 있다.

먼저 'N-신경Neuro'은 우리가 현실에서 취하는 모든 행동이 오감이라는 신경 과정을 통해 발생한다는 의미로 사용한다. 우리는 오감을 통해서 세상을 경험한다. 우리에게 주어지는 정보를 감각을 통해 받아들이고 이해하며, 그것을 바탕으로 행동하는 것이다. 이때 우리의 신경은 눈으로 보는 생리적 반응과 눈에 보이지 않는 사고 과정을 모두 포함한다. 이 말은 우리의 마음이 육체적 반응을 반영한다는 뜻이며, 몸과 마음은 분리될 수 없는 하나의 통일체임을 말한다.

'L-언어Linguistic'는 우리가 어떤 정보나 자극을 감각을 통해 받아들

이고 반응한 다음, 다른 사람과 소통하기 위해 언어를 사용한다는 점을 나타내는 것이다.

'P-프로그래밍Programming'은 계획된 결과를 만들어내기 위해 우리의 생각과 행동을 의도적으로 조직화하는 방식을 말하는 것이다.

NLP 카운슬러이자 트레이너인 일본인 호리이 케이堀井 惠씨는 『NLP 행복코드로 세팅하라!』라는 책의 머리말에서 이렇게 밝히고 있다.

신경과 언어는 밀접하게 연결되어 있다. 우리들은 이것들을 적절하게 조합하여 활용함으로써 자기에게 바람직한 상태나 간절히 원하는 것을 이룰 수 있다. NLP에서는 '리프레이밍Reframing' 기법을 사용한다. 리프레이밍은 리프레임에서 비롯된 말로 '틀을 바꾸어 본다'라는 의미다. 즉 사물에 대한 관점의 틀을 바꾸면 새로운 것이 보인다는 뜻이다.

이 책에서 알 수 있듯이 NLP의 궁극적인 목적은 자신이 지향하는 행복한 삶을 살 수 있도록 탁월성과 우수성을 계발해 성공한 사람이 되도록 하는 것이다. 그렇게 되기 위해 NLP는 우리가 처한 상황들을 체계적으로 분석하고 우리의 감정과 생각을 명료하게 해 긍정적으로 변할 수 있도록 도와준다. 또한 우리의 생각과 행동 패턴이 어떤 과정을 통해 형성되며, 어떻게 성공할 수 있는 습관을 갖게 하는지 알아간다. 그런 다음, 성공하기 위해 우리의 마음을 다시 프로그래밍하는 것이다.

그래서인지 NLP의 창시자 중 한 명인 밴들러는 NLP를 한 마디로,

 쓰고 상상하고 실행하라

'두뇌의 사용 설명서'라고도 표현했다. 가토 세류加藤聖龍는 자신의 책『간단명료한 NLP』에서 '뇌는 착각덩어리'라고 말하기도 했다.

> NLP는 본능적인 뇌의 시스템을 이용하여 행복하고 성공적인 인생을 살 수 있게 하는 기술이다. 그러므로 시작 단계에서 뇌의 시스템에 대해 자세히 알아두면 NLP를 더욱 깊이 이해할 수 있다.
>
> 가장 먼저, 뇌는 착각 덩어리라는 사실을 기억하자. 당신이 이상적이라고 생각하는 사람과 멋진 레스토랑에서 최고급 식사를 한다고 상상해 보라. 그 사람과 마주 앉아 황홀한 맛의 최고급 음식을 떠서 입으로 가져가 입속에 넣는 모습까지 자세히 떠올려보자. 빙긋이 웃음이 나오고 저절로 군침이 돌지 않는가?
>
> 이것이 바로 뇌의 착각이다. 사실 우리 뇌는 현실과 상상을 구별하지 못한다. 지금 머릿속에 그리는 것이 상상이든 현실이든 같은 신경회로를 통해 처리하여 몸속 각 기관에 지령을 내리기 때문이다. 맛있는 음식을 상상하면 군침이 돌거나 좋아하는 사람을 떠올리면 얼굴에 화색이 도는 반응은 모두 뇌의 착각으로 일어난다.
>
> 이처럼 어떤 경험을 떠올리거나 상상할 때도 뇌에서는 현실에서 체험하는 것과 같은 작용이 일어난다. 뇌에게 상상은 곧 현실 체험이라고 할 수 있다.

위 글에서 우리는 뇌의 착각 시스템을 이용하면 우리의 미래를 우리가 원하는 대로 만들 수 있다는 확신을 보낼 수 있다. 원하는 미래의 이미지를 실감나게 그리면 뇌는 그 이미지를 진짜라고 받아들이고 결국 그대로 이루어지는 것이다. NLP를 간단하게 정리하면, 인간의 마음과 행동이 왜 현재의 상태로 나타나는지 그 원리를 알아내고 설명한 뒤, 어떻게 해야 마음과 행동을 긍정적으로 변화시킬 것인지를 다루는 자기계발 프로그램이라 할 수 있다.

설기문마음연구소 소장이자 우리나라에서 손에 꼽히는 NLP 전문가인 설기문 소장은 저서인 『Yes, I Can!』에서 다음과 같이 밝히고 있다.

NLP는 기존의 다른 어떤 심리학 이론과 심리치료기법이 설명해주지 못하는 새로운 차원의 인간 심리세계와 행동의 원리를 체계적으로 가르쳐주고 있다. NLP는 부정적 정서의 제거, 긍정적 정서의 함양, 부적응행동 또는 비생산적인 습관의 제거와 교정, 새로운 습관의 형성, 커뮤니케이션 및 인간관계 능력의 함양, 각종 의식 및 무의식 문제의 해결 및 심인성 증상의 제거, 대화 및 설득능력의 함양 등 다양하게 도움이 된다. 또한 커뮤니케이션 및 인간관계, 교육, 경영과 세일즈, 협상, 건강과 보건, 종교와 영성, 스포츠, 예술 등의 여러 분야에서 폭넓게 적용되고 있다.

꿈이 있다고 해도 그것을 어떤 실행 방법을 통해 실현해야 할지 몰라서 도중에 꿈을 포기하는 사람들이 많다. 나는 이 책에서 꿈을 이룰 수 있는 강력한 방법 중 하나로 꿈의 시각화, 즉 이미지트레이닝에 대해 강조하고 있다. 꿈의 시각화를 실천하기 위해 우리는 'NLP'라는 심리적 기법을 이용해 더 높은 효과를 이끌어낼 수 있다.

 쓰고 상상하고 실행하라

롤 모델과
조력자를 찾아라

꿈의 시각화 법칙을 실행하기 위해서는 기록을 통해 매일 자신의 실행력을 키워야 한다. 엄밀히 말하면 생생한 꿈은 강력한 실천을 의미한다. 꿈과 실천의 연결 매개체가 바로 기록이다.

"생생히 꿈꾸고 매일 실천 기록을 남기면 반드시 이루어진다."

T유형에서 소개한, 다양한 경험의 폭을 의미하는 수평선과 전문성에 해당하는 수직선을 동시에 키우는 실행이 있어야 특히 직업 분야에서의 꿈을 이룰 수 있다.

하지만 전문 분야에서 꿈을 이루는 것은 많은 시간과 노력이 필요한 일이다. 만약 모든 것이 어렵게 느껴지고 길이 캄캄해 아무것도 보이지 않는다면 우선 자기 분야에서 이미 성공한 멘토나 조력자를 찾아라. 당신의 꿈과 생각을 조직화하고 구체적으로 실천하기 위한 길을 보여줄 것이다. '친구 따라 강남 간다'는 속담을 들어봤을 것이다. 그렇다면 롤 모델 따라 공동묘지까지 간 이야기를 들어본 적이 있는가?

박세리 선수가 US오픈에서 맨발로 호수에 들어가 샷을 날려 위기를 극복하고 결국 우승을 거둔 장면을 기억할 것이다. 그 모습을 보고 골퍼의 꿈을 키운 아이들이 박세리 키즈kids이고 그들은 이미 미 LPGA 무대를 장악하고 있다. 그 박세리 키즈의 선두주자가 미 LPGA에서 상금왕을 차지한 신지애 선수이다.

박세리 선수가 우승 후 언론 인터뷰에서 담력을 키우기 위해 밤에 공동묘지를 찾아가 훈련했다는 기사를 보고 신지애 선수는 '바로 이거다!' 하며 쾌재를 불렀다. 긴장된 순간에도 담대하게 경기를 풀어가는 박세리 선수의 비밀을 마침내 입수했기 때문이다. 박세리 선수를 롤 모델로 삼았던 그녀가 묘지를 찾아가 담력 훈련을 펼친 것은 결코 놀랄 만한 일이 아니다.

자신의 우상이자 롤 모델이 거친 과정을 하나도 빠뜨릴 수 없다는 절박감이 신지애 선수를 묘지까지 찾아가 훈련하도록 만든 것이다. 하지만 놀라운 것은 박세리 선수가 공동묘지까지 찾아가 스윙 연습을 하며 담력을 키웠다는 보도는 나중에 오보로 밝혀졌다는 사실이다. 박세리 선수가 다녔던 골프 연습장 부근에 묘지가 있었다는 얘기가 와전되어 보도된 것이다. 그래서 신지애 선수가 훗날 미 LPGA 무대에서 자신의 롤 모델인 박세리 선수를 만나 그 에피소드를 이야기하자 박세리 선수가 박장대소했다는 후문이다.

그토록 자신의 롤 모델을 철저하게 연구하고 그의 훈련 방식, 심지어 사고방식과 마인드까지도 똑같이 닮고자 노력했기에 그녀 역시 자신의 롤 모델 박세리 선수를 쫓아 세계를 제패하는 일류 선수가 될 수 있었다.

성공한 인물 한 사람을 철저하게 연구하라. 이왕이면 자기 분야에서 최고봉을 이룬 사람을 선택해 그가 어떻게 최고의 전문성을 키울 수 있었는지에 집중하라. 그가 선택한 실행 항목들을 탐구하고 그것을 기초로 자신의 꿈을 조직화하라. 막연히 그가 이루어낸 놀라운 성취에 찬사를 보내고 감탄하는 수준에서 벗어나 그가 역량을 키운 실천 항목에 집중할 수 있어야 한다.

본인의 분야에서 꿈을 이루었거나 성취를 거둔 사람에게는 보통 사람에게 존재하지 않는 남다른 실천 항목이나 꿈을 향한 접근 방식이 분명히 있게 마련이다. 자신이 발견한 성공 자아의 이미지를 현실화하기 위해 롤 모델의 모든 것을 담은 성공 스크랩을 하나 만들어두자.

눈에 보여야 더 많이 사랑할 수 있다. '눈에서 멀어지면 마음에서도 멀어진다'는 말은 비단 남녀 관계에만 해당되는 속담이 아니다. 슬럼프가 찾아오거나 컨디션이 좋지 않은 날에 시험 삼아 성공 스크랩을 펼쳐보라. 그 어떤 것보다 가슴에 뜨거운 꿈틀거림을 전해줄 것이다.

또한 T유형에서 이미 말했던 것처럼 이왕이면 수평선과 수직선, 양자의 관점에 해당하는 롤 모델을 각각 복수로 선정하는 것도 효과적이다. 즉 수평선의 측면에서는 과거 또는 현재, 여러분이 동경하는 성격, 성품, 인생의 업적을 성취한 롤 모델에 관한 스크랩북을 만들어라. 데일 카네기 Dale Carnegie, 나폴레온 힐Napoleon Hill, 스티븐 코비Stephen R. Covey와 같은 위대한 멘토들을 집중 탐구하고 교육과정에 등록해 성공자의 사고방식과 성공 자아 이미지의 틀을 형성하는 훈련을 하는 것도 좋은 방법이다.

그리고 수직선의 측면에서는 자신이 추구하는 전문 분야에서 정상에 오른, 닮고 싶은 프로페셔널들 중에 롤 모델을 선정해서 그들에 관한 책과 자료들을 수집하라. 실제로 그들의 현재를 가능하게 한 핵심 역량, 사고방식, 실천 항목을 찾아내라.

또한 자신의 꿈과 목표를 강력하게 지지하고 후원해줄 조력자를 찾아라. 기업이 개인에 비해 거대한 성취를 이루어내는 이유는 같은 비전을 꿈꾸고 서로 격려하면서 롤 플레이를 통해 실행을 이루어내는 조력자들이 존재하기 때문이다. 우리 회사의 경우도 온라인 기획자, 디자이너, 프로그램 개발자 등 다양한 역할을 수행하는 스페셜리스트로 즐비하다. 하지만 단독으로만 수행해서는 아무런 의미도 갖지 못하는 일들을 서로 협력하고 공동의 최종 목표를 정해 업무를 수행하면 하나의 완성된 프로젝트로 완료할 수 있다.

꿈과 목표를 이루는 길은 막연하게 스치는 불확실성을 기록으로 구체화하고 조직화해서 실천 항목으로 실행하는 것이 첫 번째이다. 그리고 실행의 질을 결정하는 핵심 경쟁력과 전문성을 확보하는 일이 두 번째이다. 그리고 그것을 꾸준히 지속하기 위해 동기부여를 위한 롤 모델과 꿈과 목표를 완성할 수 있도록 후원해줄 조력자를 찾아내 지지와 협조를 구하는 것이 세 번째이다.

세상은 아는 만큼 보인다. 내세울 수 있는 특별한 능력이 없는 풋내기 시절엔 많이 보고 느끼는 것이 큰 힘이 된다. 결국 많이 보고 느낀 만큼 감각과 통찰이 생겨나기 때문이다. 그래서 배울 점이 있는 주위 동료나 선배들의 장점을 잘 관찰하고 배우면서 느낀 점을 잘 기록해 적용하는 것이 가장 손쉬운 역량 강화 프로젝트이다.

자기 분야에 롤 모델이 되는 사람을 찾아보라. 그들 역시 자신의 롤 모델을 벤치마킹하면서 자신의 꿈을 키운 사람들이다. 그들의 동선을 따라가며 그 흔적을 기록해보자. 그들의 자료를 스크랩하고 자신만의 꿈의 콘텐츠를 차곡차곡 기록하며 쌓아가다 보면 머지않아 자신의 꿈에 도달할 수 있을 것이다.

Chapter Three

프로페셔널의 훈련 일지

"실행이라는 이름의 마침표"

기록 습관은 이 모든 과정을 실천하도록 이끌어주는,
눈앞의 가장 현실적인 목표이다. 매일 자신의 하루에서
의미 있는 실천 항목을 뽑아내고 우선 순위에 따라 처리해내는 습관이
훗날 크게 성공하는 전문가를 만든다.
결국 기록하는 기본기가 탄탄한 사람이
장기적으로 직장생활에서 승리한다.

눈앞의 가장 현실적인 목표
업무 다이어리부터 시작하라

삼성전자 사장 출신으로 정통부 장관을 지낸 진대제 전 장관이 중소기업 CEO들을 대상으로 '미래를 위한 혁신 전략'이란 주제로 대규모 강연을 하는 자리에 참석한 적이 있다. 일단 발표 제목이 딱딱해서 내용이 지루할 수도 있겠다고 예상했다. 하지만 강연 시작과 함께 그런 우려는 일거에 날아가버렸다.

마침 그때가 남아공월드컵이 열리고 있던 시기라 자신이 직접 방문해 찍은 희망봉 사진을 보여주며 희망에 대해서 얘기하더니 자연스럽게 "대한민국!" 월드컵 구호를 합창시키며 중소기업 사장들에게 웃음과 박수를 이끌어냈다. 그리고 강연 내내 소탈한 말투와 아주 쉬운 용어에 자신의 체험과 통찰을 담아 대한민국 중소기업의 성장 전략을 제시했다. 박사 출신에 정통부 장관을 지낸 분이라 강연 중에 전문 용어를 많이 사용하지 않을까 예상한 것과 달리 어떻게 시간이 지나갔는지도 모를 만큼의 명강의였다.

짧은 강연을 통해 무슨 일을 해도 눈앞에 있는 현실적인 목표에 최선
을 다하는 사람이라는 인상을 생생하게 느낄 수 있었다. 실제로 많은 대학
생들이 그에게 이런 질문을 했다고 한다.

"CEO가 되기 위해서는 무엇을 준비해야 합니까?"

그럴 때마다 그는 CEO가 되기 위해 어떤 단계를 거쳤는지, 어떤 목
표를 달성했는지 이야기하는 대신에 이렇게 대답했다고 한다.

"대기업의 사장이 되기 위해서는 부장과 임원을 거쳐야 하는데 일을
잘하는 사람이 아니면 부장이나 임원이 될 수 없겠지요. 제일 먼저 해야
할 일은 우선 뛰어난 부장이 되는 것입니다."

그는 회사에서 일할 때 CEO기 되기 위해 일하시는 않았다고 한다.
대신 현재 가장 눈앞에 있는 현실적인 목표에 최선을 다하는 것을 가장 중
요하게 여겼다. 꿈의 크기도 중요하지만 오늘 하루 눈앞의 현실적인 목표
에 최선을 다하는 태도가 한 사람을 크게 성장시켜주는 양분이 된다.

사회생활을 시작하고 가장 일반적으로 처음 사용하는 노트는 대부
분 업무용 다이어리이다. 예전에는 회사에서 해마다 다이어리를 제작해
직원들에게 배포해주곤 했다. 업무를 진행함에 있어 기록이 얼마나 중요
한 비중을 차지하는지를 잘 알고 있기 때문이다.

행여 현재 본인의 회사는 그런 다이어리를 만들어주지 않는다고 불
평할 필요는 없다. 회사에서 배포한 업무용 다이어리는 사실 무언가를 제
대로 기록하기엔 많이 부족하다. 통상 캘린더와 약간의 메모 공간, 전화번
호부, 지하철 노선도 정도를 묶어놓은 수준이다. 업무적으로 자주 연락해

야 할 전화번호를 적고 약속을 표시하는 것은 요즘은 웬만한 휴대전화도 지원하는 기능이다.

나는 사회생활 초기 평소 회사에서 나눠준 업무 다이어리에 부족함을 느꼈다. 그래서 따로 대학노트를 구입해 매일 퇴근하기 직전에 간단하게 하루의 일과를 정리하는 업무 일지를 적었다. 물론 내겐 업무적으로도 그 과정이 꼭 필요했다. 매주 화요일 저녁까지 주간 업무 보고서를 이메일로 담당 임원에게 송부해야 했다. 참조로 대표이사와 사업부 임원들, 해당 **PM**Project Manager에게까지 보내야 했기 때문에 구체적인 활동 내역이 있어야 주간 보고서를 밀도 있게 작성할 수 있었다.

회사의 주요 사업의 추진 현황을 보고하는 일이었기에 매주 신중하게 작성해야 했다. 그래서인지 평소 얼굴 보기도 힘든 영업 담당자들도 화요일 저녁이면 대개 사무실 자리로 돌아와 정성스럽게 보고서를 쓰곤 했다. 행여 오해를 불러일으킬 표현이나 오타가 없는지 몇 번이나 눈으로 확인하는 것도 모자라 이메일을 발송하기 전 옆자리 동료와 서로 바꿔 읽어보기까지 했다.

그렇게 세심하게 업무 일지를 기록하고 최고경영진에게 매주 보고하는 훈련이 사회생활 초반부터 나를 강하게 단련시키는 계기가 됐다. 기록도 하나의 습관이다. 자신의 업무 활동을 매일 기록하고 점검하는 습관은 업무적 사고력을 키워준다. 그리고 어떤 자리에서건 메모하고 중요한 안건을 기록하는 습관은 그 사람의 태도와 자세를 보여준다. 기록을 하는 사람은 일단 유능하고 그 일에 관심도가 높다는 것을 스스로 증명하는 것

 쓰고 상상하고 실행하라

이다. 그래서 사회생활 초년기에 업무 일지를 작성하는 습관을 가질 것을 강력히 권한다.

그 후 HP로 직장을 옮긴 나는 한국리더십센터에서 7Habit 리더십 교육을 받고서 프랭클린 다이어리의 매력에 흠뻑 빠졌다.

인생을 사랑한다면 시간을 낭비하지 마라. 왜냐면 인생이란 시간 그 자체이기 때문이다.

프랭클린 다이어리 속지 첫 페이지에 쓰여진, 벤저민 프랭클린Benjamin Franklin의 문구 아래 내 개인 사명서를 자랑스럽게 붙여놓았다. 여태껏 보았던 업무 다이어리와는 확연히 다른 형태의 다이어리를 만난 것이다. 성공을 꿈꾸던 내게 업무 일지를 쓰는 일이야말로 가장 현실적인 목표였기 때문이다.

프랭클린 다이어리의 가장 마음에 든 특징은 '통합'의 개념이 잘 구현된 다이어리라는 점이다. 단순히 미팅 일정이나 중요 정보를 입력하는 수첩이 아니라 개인의 비전과 사명서를 정의하고 매일의 일과를 우선순위가 부여된 실천 항목으로 도출한 점이 다른 업무 다이어리와 확연하게 다른 점이었다.

당시 국내에 선풍적인 인기를 누렸던 스티븐 코비 박사의 책과 원칙 중심의 리더십 교육은 내게 깊은 감명을 줬다. 직업인은 연봉이나 직위를 쫓아 움직이는 것이 아니라 사명에 의해 움직여야 한다는 사실, 성공자의 원칙을 배운 교육이었다. 특히 소중한 것을 먼저 하는 습관은 우선순위의 개념과 계획의 중요성에 대한 확신을 심어주었다. 그래서 그때 익힌 프랭클린 다이어리를 현재까지 13년째 계속 쓰고 있다. 한 해와 한 달에 대한 세부 계획을 세우고 하루의 업무 일과를 매일 우선순위에 따라 기록하고 처리하는 습관은 모두 그 시절의 교육 덕분이다.

하루의 실천 항목들을 '중요한 일'과 '긴급한 일'의 기준으로 우선순위를 부여하고 실행 상태를 기록한다. 이 두 가지 기준으로 실천 항목을 만들면 모두 4종류의 항목이 나온다.

- 중요하고 긴급한 일
- 긴급하지 않지만 중요한 일
- 중요하지 않지만 긴급한 일
- 긴급하지도 중요하지도 않은 일

물론 중요하고 긴급한 일은 당연 최우선 순위의 일이다. 고민할 것도 없이 가장 중점적으로 처리하면 된다. 마찬가지로 중요하지도 않고 긴급하지도 않은 일은 우선순위에서 가장 밀리는 일이다. 가장 마지막에 시간을 내서 처리하면 된다.

문제는 2순위이다. 2순위의 선택에 따라 늘 허둥대며 바쁘게 업무를 진행하는 사람과 여유를 가지고 미리 준비해서 처리하는 사람이 구분된다. 많은 사람들이 본능적으로 중요한 일보다 급한 일에 매달린다. 주위에서 독촉을 해오고 비교적 난이도도 높지 않은 일이기 때문이다. 이렇게 '긴급하지 않지만 중요한 일'과 '중요하지 않지만 긴급한 일'의 우선순위에서 혼동하는 경우가 발생한다.

중요한 일이 긴급한 일에 우선한다는 간단한 원칙만 잊지 않으면 2순위를 크게 혼동할 일이 없다. 급하지 않지만 중요한 일을 중요하지 않지만 급한 일보다 우선적으로 추진하면 장기적으로 여유 있게 많은 일을 계획 하에 처리할 수 있다. 중요한 일들은 시간을 두고 여유 있게 준비하고 계획해야 막판에 몰리지 않고 잘 처리해낼 수 있다. 항상 급하게 중요 업무를 완료하는 편이라면 먼저 일에 대한 자신의 우선순위를 점검해봐야 한다.

매일 프랭클린 다이어리를 기록하면 중요한 실천 항목의 진행 상태를 우선순위에 따라 한눈에 볼 수 있기 때문에 많은 일들을 동시에 처리하는 방식에 익숙해진다. 또한 일의 진행 상태에도 완료, 진행 중, 미처리를 상황판처럼 표시할 수 있기 때문에 일의 경과를 연속적으로 관리하는 데도 적합하다. 그렇기 때문에 기록으로 구체화된 실천 항목은 수정이 되거나 조정이 될지언정 깜빡 잊거나 슬며시 사라지지 않는다. 기록으로 우선순위의 실천 항목을 표기하는 것 자체가 자신과 강력한 업무적 실행 약속을 하는 것이다.

또한 프랭클린 다이어리 앞부분에는 매년 개인 비전과 사명서를 업데이트하고 갖고 싶은 것, 되고 싶은 모습, 살고 싶은 라이프스타일의 사진 이미지를 스크랩해서 붙이는 것도 용이하다. 이런 점에서 프랭클린 다이어리는 성공을 꿈꾸는 사람들에게 매우 적합한 기록 형태다.

하지만 아쉬운 점이 있다면 속지를 매년 갈아 끼우는 과정에서 쌓이는 기록이나 콘텐츠를 보관하고 다시 찾아보기 어렵다는 것이다. 그럼에도 기록의 습관을 개인의 꿈, 비전, 사명과 결합해 연습하기에는 더할 나위 없이 좋은 다이어리라고 생각한다.

마지막으로 덧붙이고 싶은 조언이 있다. 특히 직장인의 경우라면 프랭클린 다이어리 이외에 별도로 전담 업무 노트를 마련해 쓸 것을 권한다. 전문가로 가는 길에서 자신의 일에 대해 보다 깊이 있는 내용을 담는 별도의 노트를 작성하는 일은 꼭 필요하다. 지속적으로 들여다보고 참조하는 업무 전담 콘텐츠 저장소를 마련해야 하기 때문이다. 그 공간에 세밀하게 업무적 성과나 생각을 기록해두는 노력이 필요하다.

당장 최선을 다해야 할, 눈앞의 현실적 목표가 없다면 우선 업무 다이어리를 작성하는 일부터 시작하라. 매일 업무 다이어리를 쓰는 것보다 지금 당장 스스로를 훈련시킬 수 있는 가장 실행적인 방법은 없다. 평소 기록이 습관이 된 사람이라야 기본기를 발휘하고 자기 일에 열정적이며 탁월한 사람으로 인정받을 수 있다. 언제 어디에서나 간단한 회의를 진행하더라도 회의록을 기록하고 실천 항목을 뽑아 일이 완료될 때까지 챙기는 사람은 업무 오너십이 강한 유능한 사람이다.

기록 습관은 이 모든 과정을 실천하도록 이끌어주는, 눈앞의 가장 현실적인 목표이다. 매일 자신의 하루에서 의미 있는 실천 항목을 뽑아내고 우선순위에 따라 처리해내는 습관이 훗날 크게 성공하는 전문가를 만든

 쓰고 상상하고 실행하라

다. 결국 기록하는 기본기가 탄탄한 사람이 장기적으로 직장생활에서 승리한다.

메모와
스크랩의 고수

많이 보고 많이 느껴야 더 많이 사랑할 수 있다. 매일 아침 일찍 출근해서 조간신문 주요 관심 부분을 발췌해 복사하는 일로 하루를 시작하던 동료가 있었다. 처음엔 대부분의 사람들이 '저 사람은 할 일이 없다 보니 아침부터 이것저것 별걸 다 복사하는구나'라고 생각했다. 그러는 동안에도 시간은 흘렀고 그 친구의 스크랩은 책상 위에 백과사전 분량으로 쌓이기 시작했다.

어느 순간부터 그는 주변 사람들로부터 책상에 수북이 쌓인 복사 분량만큼이나 삶에 대한 호기심과 열정 또한 많은 사람이라는 평판을 얻고 있었다. 매일같이 제일 먼저 출근해 신문을 읽고 중요 내용을 스크랩하거나 복사하는 모습은 누가 봐도 의욕과 활기가 느껴지는 모습이었다.

그렇게 일상에서 많이 보고 읽고 느낀 사람은 그렇지 못한 사람보다 아이디어나 호기심이 넘쳐나 늘 화제를 주도하고 이끌어간다.

2002년, 대학동문 IT 벤처 CEO 모임이 있었다. 사회적으로 벤처 열풍이 지나간 후라 아직도 현역에서 활동하고 있는 대학 동문 CEO들끼리 모여 서로의 경험과 근황을 주고받는 저녁식사 모임이었다. 당시 초보 사장이나 다름없던 내게 그 자리는 이미 회사를 코스닥에 등록한 선배 기업인들의 경험을 듣고 사장으로서 필요한 공부에 대한 정보도 얻는 살아 있는 현장 학습의 기회였다.

그 모임에서 당시 인터넷 전도사로 불리며 옥션의 CEO로도 활동했던 이금룡 사장을 만나 여러모로 도움이 되는 자기계발 팁을 들을 수 있었다. 당시에도 이금룡 사장은 인터넷 업계에서 나이나 경험 면에서 상당히 높은 선배의 위치에 있었다. 그는 다양한 경험과 콘텐츠를 기반으로 특유의 화술을 구사했다. 그래서 저녁식사를 하는 동안에도 자연스럽게 화제를 던지고 좌중을 주도하면서 후배 사장들에게 선배로서의 조언을 아끼지 않았다.

우선 인터넷 업계에서 창의력을 발휘하려면 사장으로서 자기계발에 특별한 노력을 기울여야 하는데, 그 실행 방법의 기본이자 첫째가 '메모와 스크랩의 활용'이라는 조언이었다. 디지털 업계의 CEO라고 해서 결코 신문과 잡지 스크랩과 같은 아날로그식 자기경영을 소홀히 해서는 안 된다는 얘기였다.

그는 매일 전자, 인터넷, CEO들의 이야기 등 주요 관심 분야 기사를 분야별로 거의 30년 가까이 스크랩하고 있었다. 법학과 출신인 그는 과거 삼성물산 재직 시절부터 경제에 대해 많이 알지 못해 경제신문 읽기를 시작하면서 메모와 스크랩을 해 서재에 수백 권의 스크랩북을 쌓아갔다. 그래서 산업사회에서 정보사회로 급격히 전환되던 시기에도 신문기사 스크랩을 통해 사업 감각을 키워나갈 수 있었고 사회, 문화, 체육, 취미, 여행 등 모든 것에 관심을 갖게 되면서 자연스럽게 최고경영자로서 필요한 다양한 간접 체험을 할 수 있었다.

그리고 메모에 관해서도 직장생활 초기부터 일찌감치 메모광으로 사내에서 인정받았다고 한다. 중요한 말을 들을 때 그것을 메모하지 않으면 내용의 90퍼센트 이상을 잊게 마련이다. 그래서 이금룡 사장은 늘 메모를 생활화했고 그 덕분에 자신이 접하는 중요 정보의 90퍼센트 이상의 내용을 이해하고 자기 것으로 만들 수 있었다고 한다. 그는 자신이 직접 체험한 사례를 얘기해주며 메모와 스크랩을 통한 정보 축적 30년의 노하우를 들려줬다.

둘째는 다양한 방면에 대한 독서를 통해 사고력과 판단력을 키워야 제대로 된 사장 역할을 할 수 있다는 조언이었다. 자기 분야의 전문 서적을 읽는 것도 중요하지만 사장은 결국 여러 사람들의 능력을 조합하고 동일한 방향으로 이끄는 리더십이 중요하기 때문에 역사와 철학 분야의 책을 탐독해야 한다는 것이다. 그러면서 그가 후배 사장들에게 직접 추천해준 책이 『평설 열국지』 전집이었다.

지금도 종종 13권 전집으로 구성된 『평설 열국지』 독서 삼매경에 빠졌던 그해 여름이 떠오르곤 한다. 『평설 열국지』는 천하를 통일했던 주나라의 힘이 약해지면서 천하의 질서가 흔들리고 중원을 제패하려는 각 제후 국가들이 나타난 시기의 기록이다. 그 시기에 등장한 제자백가의 사상은 중국을 대표하는 정치적 통치이념이 될 만큼 춘추전국 시대는 많은 시대적 영웅과 에피소드를 품고 있다.

CEO나 조직의 리더들에게 『평설 열국지』를 추천하는 이유는 분명하다. 역사는 반복된다. 특히나 인간 본연의 특성은 시간이 지나도 크게 변하지 않는다. 그래서 시대를 초월한 인간 군상에 대한 깊은 통찰력은 물론이고 지도자가 어떻게 덕을 쌓고 명분을 바탕으로 사람들의 지지를 얻을 수 있는지에 대한 답을 그 책에서 얻을 수 있기 때문이다.

나는 또한 그 선배를 통해 자기계발에 노력을 기울이는 고수일수록 메모와 스크랩에 관심이 크다는 사실에 다시 한번 확신을 갖게 됐다. 무슨 일을 하건 대개 고수일수록 자신의 실력을 성장시키는 것이 최우선 관심사이다. 그렇기 때문에 신문기사 한 줄을 읽더라도 생각을 키우는 데 도움이 된다고 판단하면 곧장 스크랩하거나 키워드를 메모해둔다. 같은 내용을 읽어도 하수들은 그저 스쳐가는 이야기나 기사 정도로 취급하는 반면 고수들은 스크랩한 내용을 따로 모아두거나 별도의 수첩 메모장 등을 마련해 나중에 쉽게 찾아보고 일에 적용하기 위해 기록을 활용한다.

사회생활 초기부터 저자 강연이나 혹은 자기계발 강연 세미나에 참석해 직접 현장에서 진행하는 강의 듣기를 즐겼던 나는 수첩이나 메모장, 다이어리와 같은 노트들을 자기계발의 보조 도구로 사용해왔다. 수첩 다이어리에 신문이나 잡지에서 사진을 오려붙이고 꿈을 기록하던 30대 초반, 지금 생각해도 감사하게 여기는 사실은 어려운 시절에도 그 보조 도구들의 힘으로 항상 희망의 콘텐츠를 품었다는 점이다. 어두운 밤하늘을 밝

 쓰고 상상하고 실행하라

히는 북극성처럼 환하고 또렷한 꿈의 이정표가 있었기에 늘 긍정의 단어들로 빈 노트의 여백을 채워나갈 수 있었다.

평생 현역의 길을 걷는 사람들, 세계적 수준의 조직을 이끄는 리더들, 가령 프로팀 감독이나 각 분야의 프로페셔널들의 마인드를 엿볼 수 있는 기사를 발견하면 어김없이 스크랩했다. 그리고 강연이나 세미나에 참석하거나 독서를 할 때도 좋은 내용을 발견하면 놓치지 않도록 꼭 메모장에 내용을 요약을 해두었다. 별도의 전용 메모장에 강연은 강연대로, 독서 메모는 독서 메모대로 따로 기록을 쌓아두면 다시 내용을 찾아보기 편리하다는 장점이 있다.

이런 기록 습관들을 통해 수집한 자료늘은 처음엔 모래알처럼 사소한 것 같았지만 시간이 흐르면서 무언가 점점 쌓이는 것을 느낄 수 있었다. 처음에는 비록 다른 사람들의 이야기와 생각을 스크랩하고 그들의 사례와 결론을 빌려 말하기도 했지만 점점 나 자신의 콘텐츠 자산도 조금씩 불어나고 있음을 느낄 수 있었다.

높은 수준의 목표를 성취한 사람들을 보고 느껴야 실력이 늘고 성장할 수 있기 때문에 지금도 자주 강의에 참석하는 편이다. 또 어렵게 참석해 힘들게 습득한 각성의 체험을 흥미로운 영화 한 편을 대하듯 흘려보내지 않으려면 현장에서 철저하게 메모하며 듣는 방법이 매우 효과적이라는 것을 깨닫고 지속적으로 실천하고 있다.

그래서 나는 메모장에 항상 현장 스케치 기록을 남기듯 강연을 메모하며 듣는다. 그 덕분에 10년이 넘도록 기록해온 자기계발과 관련된 메모들이 꿈의 흔적처럼 아직도 내 책장 옆에 수북이 쌓여 있다. 수첩 메모장에는 주로 강연 내용, 책을 읽는 동안 떠오른 좋은 아이디어, 책을 읽다가 참고하기 위해 뽑은 글귀, 감동을 받은 문장이나 개념들을 속기했다. 그래서 그 내용을 펼쳐보면 대부분 날아갈 듯 갈겨 쓴 글씨체이고 불편한 환경에서 작성된 기사 초안처럼 어지러워 현장감이 느껴진다.

업계의 고수였던 선배 이금룡 사장이 추천해준 메모와 스크랩의 활용 습관은 지적 능력 향상에 매우 효과적인 방법이었다. 지금도 변함없이 매일 아침마다 4개의 신문을 구독하며 눈에 띄는 기사는 어김없이 쓱싹쓱싹 가위로 오려낸다.

그러다 보면 보고 듣는 관점도 스크랩할 가치가 있는 내용인지 판단하는 '메모와 스크랩 관점'이 발전된다. 어떤 콘텐츠를 봐도 내 시각과 관점으로 메모하고 스크랩하며 세상의 현상들을 바라보게 되는 것이다. 사장에게는 반드시 자기만의 관점으로 시장과 고객을 보는 눈이 있어야 한다. 그것이 바로 고수였던 선배 사장이 후배들에게 전해준 조언이었다.

정리 정돈은
습관을 넘어 운명이다
:

회사에서 진행하는 외부 초청강사 세미나에 국내 1호 '정리 컨설턴트'인 윤선현 씨를 초대해 임직원들이 함께 강의를 들은 적이 있다. 강의를 듣기 전에는 정리하는 것도 배움의 대상인지 조금 의아하게 여기는 사람도 있었다. 하지만 그의 '정리력' 강의는 삶에 대한 새로운 관점을 담고 있다. 사람마다 다르겠지만 받아들이기에 따라서 우리 삶의 이면을 들여다볼 수 있는 매우 심오한 통찰이 있는 내용이었다.

정리력 컨설턴트의 비전 : 삶을 재건하는 것을 돕는다.

당신의 인생과 공간은 정리되어 있는가? 정리되어 있지 않고 복잡하게 엉켜 있다면 정리부터 헤라. 미래를 바꾸고 싶다면 우선 생각을 바꾸고 시간과 공간을 바꿔야 한다는 핵심은 어쩌면 한 개인에게는 인생의 터닝 포인트가 될 수 있는 위대한 교훈이기도 하다. 인생은 단순한 것에 대한 반복적 실행에서 큰 차이가 날 수도 있기 때문이다.

◆ 미워하는 사람이 생기면 그 사람의 책상을 닦아준다.
◆ 매일 한 개씩 잡동사니를 버린다.
◆ 매일 15분씩 정리하는 시간을 갖는다.

이런 일은 사소한 것처럼 느껴지지만 결코 아무나 실천할 수 있는 것들이 아니다. 강의를 듣고 정리 마인드와 실행에 대한 새로운 인식과 함께 당장 주변에서 실천할 수 있는 과제가 생겨났다. 내겐 오래도록 여운이 남는 의미 있는 교육이었다.

예전에 일요일 저녁 「러브 하우스」라는 TV 프로그램이 있었다. 사연을 통해 선정된, 형편이 딱하고 어려운 가정을 찾아가 집을 보수해주고 인테리어나 가구 등의 편의 시설을 맞춤형으로 제작해 집을 웃음과 사랑이 넘치는 공간으로 재구성해주는 훈훈한 방송이었다.

정리력 컨설턴트의 강연을 듣다 보니 문득 그 프로그램이 생각났다. 어렵고 형편이 딱한 집을 찾아가보면 공통적으로 집 안의 물건들이 제자리에 놓여 있는 경우가 거의 없다. 좁은 살림살이 형편은 차치하고라도 쓰지 않는 물건은 버리고 쓸 만한 물건을 제자리에 놓아야 공간도 효율적으로 활용할 수 있는데, 거의 예외 없이 이런저런 물건들을 눈에 보이는 대로 그냥 쌓아놓고 지내는 경우가 많았다. 물론 정리 정돈하며 생활할 만큼 물질적 · 정신적 여유가 없었을 것이다.

하지만 거꾸로 생각해보자. 정리 정돈을 하지 않는 것이 굳어진 습관이라면 어쩌면 그것은 운명이 될 가능성이 크다. 혹시 정리하지 않고 살기 때문에 가난이 찾아오는 것은 아닐지 한번 생각해볼 일이다. 때때로 진짜 빚보다 변화를 시도하지 않는 낡은 마인드가 더 무서운 부채가 되기 때문이다.

가령 지금도 여러 개발도상국가에서 새마을운동의 성공 사례를 벤치마킹하러 오는 이유는 그것이 의식 개혁 프로젝트였기 때문이다. 단순히 마을 길을 넓히고 지붕을 고치는 행위 그 자체보다 더 근본적으로 중요하게 작용한 것은 정신이다. 새로운 대한민국의 비전을 국민들에게 심어

 쓰고 상상하고 실행하라

준 것이 바로 새마을운동의 정신이다. 전쟁으로 폐허가 된 나라에서도 근면 성실하게 노력하면 우리도 잘살 수 있다는 확신과 믿음, 그것은 일종의 정신 혁명이다. 제아무리 도로를 놓고 지붕을 고쳐도 개개인 모두가 노력하면 부자가 될 수 있다는 의식, 경제적으로 부강한 나라가 될 수 있다는 마인드가 뒷받침되지 않으면 모든 것은 그저 일회성 구호에 지나지 않았을 것이다.

마찬가지로 정리하는 행위 그 자체보다 중요한 것은 정리 마인드이다. 삶을 항상 조직화해서 일, 시간, 공간을 제대로 관리하고자 하는 정신, 늘 정리 정돈하려는 습관이 중요하다. 바로 그런 정리의 필요성을 깨닫고 시간, 공간, 인간을 정리하자는 것이 강연의 핵심 주제였다. 성공적으로 물건을 관리하는 스킬도 중요하지만 항상 배우고 정리하는 습관을 키우면 일도 가정도 어느새 반듯하게 자리 잡게 된다는 것이다.

강연을 듣는 동안 특별히 눈길을 사로잡은 것은 그가 중간 중간 발표 자료에 담아 소개한 정돈 사례 사진들이었다. 주로 자신의 '정리력' 강연 수업에 참석한 사람들의 책상 모습을 찍은 사진으로, 정리하기 전과 후의 모습을 보여주는 '비포 앤 애프터' 비교 사진이었다. 그런데 정리된 사진 이미지 자체에 어떤 학습 효과가 숨어 있는 듯했다.

그때 그 이미지들을 보며 느낀 점은, 잘 정리된 깔끔한 책상 사진 이미지 한 장이 정리의 필요성에 대한 그 어떤 논리보다 내게 더 생생하게 정리 욕구를 불러일으켰다는 사실이다. '나도 책상을 깔끔하게 정리해야지' 하는 결심이 시각적인 이미지를 통해 가슴에 확 와 닿았다. 보는 것이 힘이다. 체계적으로 깨끗하게 정리된 사진 이미지는 보는 사람으로 하여금 본능적인 정리 욕구를 불러일으킨다.

남보다 성공적으로 인생을 경영하고 싶다면 우선 정리 마인드를 갖는 일이 중요하다. 책상은 항상 활주로와 같이 깨끗하게 빈 여백 상태를 유지해야 업무적으로 높이 날 수 있다. 높은 이륙을 위해 자신의 주변을 돌아보고 환경을 정리하는 마인드, 항상 계획과 준비를 마친 잘 정돈된 이미지가 일과 가정에서도 성공을 부르는 첫걸음임을 깨달아야 한다.

프로페셔널의
한계에 대한 접근 방식
:

딴지일보의 총수 김어준 씨가 몇 년 전 라디오의 상담 프로그램을 진행한 적이 있다. 수많은 청취자들의 고민과 애로사항에 대해 특유의 재치와 유머가 담긴 직설적 화법으로 답하는 진행으로 꽤 인기를 얻었던 프로그램이다. 상담 프로그램을 진행하는 과정에서 그는 무언가 크게 깨달은 것이 있다고 한다.

끊임없이 쏟아지는 인생의 고민들과 질문들이 아무리 특별한 사연을 담고 있어도 결국 종합해 크게 나누어보면 '두려움'과 '고통' 두 가지가 밑바탕에 깔려 있었다. 두려운 상황이 두려운데 어떻게 하면 좋겠느냐? 난 두렵다! 고통스런 상황이 고통스러운데 어떻게 하면 좋겠느냐? 난 고

 쓰고 상상하고 실행하라

통스럽다! 하소연 섞인 모든 질문이 결국 이 두 개의 범주에 해당됐다. 그렇게 보통 사람들은 두려운 상황에서 두려움을 느끼고 고통스러운 상황에 고통을 느낀다는 것이다.

그래서 남다른 삶을 살기 위해서는 두려움과 고통에 대해 조금 다른 접근 방식을 선택하는 지혜가 필요하다는 말을 남겼다. 두려움과 고통에 의한 본능적인 호소 자체를 무시하자는 말이 아니다. 보다 성숙한 대처 자세가 우리 삶에 유익하다는 얘기를 한 것이다.

물론 홀로 감당하기 힘든 어려움이나 고통은 누군가 그것을 들어주는 것만으로도 좋은 심리적 치유와 해결책이 된다. 하지만 매번 힘든 상황이 올 때마다, 특히 직장 생활에서 누구나 직면하는 스트레스와 고통을 스스로 이겨내지 못하고 불평불만으로 하소연하고 외부에서 답을 찾는 것도 반복되면 일종의 습관이 된다. 두려움과 고통에 대해 다른 방식으로 반응하는 사람은 인간적으로 매우 성숙한 사람이고 프로페셔널은 보통 사람들과 다른 접근 방식으로 일상에서 생각하고 행동하고 훈련하는 사람이다.

월요일 회의 때마다 느끼는 점이 있다. 사람들은 보통 주말에 쉬고 나서 월요일 오전에는 좀처럼 웃지 않는 경향이 있다. 평소 명랑했던 사람도, 유쾌한 성격의 소유자도 월요일 아침엔 무표정한 얼굴을 하는 경우가 많다. 평소 웃음이 건강에 좋다는 것을 역설하던 사람도 의식적으로 노력하지 않는 이상 월요일 아침에 자연스러운 미소를 짓기는 어렵다. 얼굴 근육이 굳어 있기 때문이다. 자신은 미소로 눈인사를 했다고 생각하는데 상대방은 전혀 다르게 느낀다. "저 사람은 오늘 왜 날 째려볼까?" 상대방은 자리에 앉아 고민한다. 머릿속으로는 분명 웃음을 지었는데 눈, 볼, 입술 근육은 전혀 움직이지 않았기 때문이다.

이때 필요한 것은 바로 '훈련'이다. 프로페셔널들은 살면서 점점 많은 분야에서 훈련이 필요하다는 사실을 깨닫고 실천한다. 대중 앞에서 보여주는 정치인이나 연예인들의 미소, 승객을 대하는 스튜어디스의 친절한 미소는 거의 본능적이다. 직업적 가치를 극대화하기 위해 작은 것 하나에도 목표를 세우고 꾸준히 훈련한 결과다.

전문직 종사자들, 특히 스포츠 스타들이나 CEO들은 불철주야 어떻게 하면 자신의 역량을 끌어올릴 수 있을까 고민하면서 산다. 보통 사람들이 귀찮아서 엄두도 내지 못하는 일에 대해서 차곡차곡 계획을 수립해 실행하는 사람들이다. 정기적으로 새벽같이 일어나 조찬 미팅에 참석해 비슷한 공부를 하는 사람들과 친교를 나누고, 낮에 바쁜 일과를 마치고 저녁에는 세미나 강연에 참석한다.

그들은 자신의 가치가 연봉으로 환산되는 구조에 스스로 몸을 던지고 살고 있기 때문에 시간 속에서 가치를 키울 수 있는 방법이 있다면 무엇이건 마다하지 않는다. 그러한 고민과 몰입을 결합해 자신의 전문성을 키우려고 기꺼이 매일 일정 시간을 내어 특별한 훈련 일기를 쓰는 것이다. 누가 억지로 시켜서 하는 일이 아니라 스스로 자발적으로 실천하기 때문에 오래도록 반복해도 지루해하거나 고통스러워하지 않는다. 스스로 쌓아가는 재미를 느끼면서 놀이처럼 남다르게 접근해 실행한다.

매일 자신의 꿈을 향한 열정을 여러 가지 내용과 방식으로 기록하는 일은 사실 웬만한 의지로는 실천하기 어려운 일이다. 위대한 자기경영자들은 이 과정을 남다른 마인드와 접근 방식으로 해내고 있다는 점에서 다른 사람들을 앞서간다. 신문과 방송에 등장하는 성공한 사람들이나 리더들에게 발견되는, 자신의 꿈을 키우는 노트에는 일상에 대한 남다른 접근 방식이 숨어 있는 것이다.

사실 매일 험난한 길을 헤쳐나가야 하는 프로페셔널에게는 직업상 고통과 두려움의 상황이 더 많이 발생한다. 하지만 자신이 목표로 하는 더 큰 성과를 거두기 전까지 고통과 두려움을 좀처럼 내색하지 않는다. 어려움에 대처하는 태도와 자세에 '성공자의 사고방식과 생각의 틀'이 작용을 하고 그것은 보통 사람과 성과의 차원에서 큰 차이를 낸다.

데일 카네기의 『인간관계론』은 자기계발서의 영원한 고전이다. 뉴욕에서 전문직 종사자들에게 스피치를 가르쳤던 그는 효과적인 커뮤니케이션 능력이 직업인의 자산 가치를 상승시켜주는 멋진 능력이라는 것을 알고 있었다. 그래서 효과적인 대화술을 가르치기 위해 연구하다 보니 먼저 사람의 마음을 이해하는 능력이 더 근본적이고 중요하다는 것을 깨달았다.

보통 사람들이 본능을 떨치지 못하고 자신이 만든 인간관계의 틀에 갇혀 있을 때 그는 사람의 마음을 이해하고 대화할 수 있는 전문가들을 훈련시키고 육성하면서 많은 사람들을 인생의 성공자로 변화시켜준 성공 멘토가 됐다. 그가 남긴 성공 비결은 간단하다.

불평하지 마라. 그리고 환하게 웃어라.

두려움과 고통에 움츠러들거나 늘 툴툴거리고 불평불만을 일삼는 사람들 중에 성공한 프로페셔널을 본 적이 있는가. 성숙한 사고를 하는 사람들만이 두려움과 고통을 다른 방식으로 받아들인다. 본능을 통제하고 다스리는 것을 하나의 훈련으로 여기고 꾸준히 자신의 마인드를 통제한다. 직업이 파일럿이나 우주비행사라고 원래 태어날 때부터 두려움을 몰래 삼키고 부모 앞에서 절대 울지 않는 아이였던 것은 아니다. 그들도 평범한 아이들이었다.

누구나 높은 곳에서 공포와 두려움을 느낀다. 인간에겐 날개가 없기 때문이다. 아찔하고 어지러운 것은 누구나 그렇다. 하지만 그들은 반복적으로 그 상황에 다른 방식으로 맞서는 연습을 했을 뿐이다.

"고통스러운 상황을 만나면 조금만 견뎌라. 반드시 지나간다."

이렇게 스스로 마인드 트레이닝을 하고 즐거운 놀이를 하듯 그것을 반복하면서 자기 성장을 해 목표를 이뤄냈다. 어릴 적 하늘을 날고 싶다는 꿈을 상상하면서.

자신에게도 선물을 하라

:

자신의 강점이나 좋아하는 일에 꿈의 기반을 두면 누가 간섭하지 않아도 지속적으로 그 일에 특별한 열정을 발휘할 수 있다는 장점이 있다. 일에 대한 재미와 소질은 가장 기본적인 동기부여 요소이고 그 다음은 적절한 보상이다. 사람은 누구나 남보다 흥미를 느끼고 잘할 수 있는 일에 열정의 눈빛을 반짝이기 때문이다.

더구나 그 일을 통해 스스로 성장하고 있다는 확신을 얻으면 그것은 매우 큰 동기부여가 된다. 그래서 개인의 경우 스스로 어떤 목표 수준에 도달했거나 성과를 달성한 경우 자신이 발휘한 노력에 대해서 보상이 필요하다. 그래야 노력과 열정을 더욱 강화시킬 수 있다.

자신의 모든 승리를 자축하라. 성공을 기억하고 성공한 경험을 상기하라. 그러기 위해서는 자신에게 스스로 선물할 수 있는 마인드가 필요하다. 실력을 성장시키기 위해 작은 보상을 동기부여로 활용하면 스스로 열정을 발휘하거나 자신감을 형성하는 데 매우 효과적이다. 이미 대부분의 프로 세계에서는 선수 육성과 프로 정신을 심어주기 위해 실력과 기여도를 최우선 기준으로 하는 보상 시스템을 널리 활용하고 있다.

예전 TV 방송에 미국 메이저리그에서 타자로 활약하는 추신수 선수가 출연한 적이 있다. 그는 방송 프로그램에서 미국 프로무대에 진출했던 초창기 무명 시절, 마이너리그에서 겪은 다양한 에피소드들을 털어놓았다. 미국 프로야구의 실력 차등에 따른 보상시스템은 일반인이 상상하기 힘들 정도다. 소소하게는 간식거리부터 크게는 연봉에 이르기까지 철저하게 실력 수준에 따른 처우를 한다.

물론 모든 대우 면에서 메이저리그와 마이너리그의 격차는 그야말로 하늘과 땅 차이라는 사실은 익히 알고 있는 얘기다. 그런데 눈길을 끈 대목은 같은 마이너리그 간에도 별것 아닌 사소한 것으로도 차등을 둔다는 점이었다. 추신수 선수가 지금은 당당히 메이저리그 팀의 중심 타자이자 스타급 선수지만 그도 실력을 인정받기 전까지 마이너리그에서 오랫동안 낮은 대우를 받았다고 한다.

에이, 더블에이, 트리플에이. 각각 마이너리그의 수준별로 점심식사와 간식거리조차도 보상으로 받아들일 수 있도록 세심하게 차이를 두고 제공하는 시스템이 바로 그것이다. 마이너리그의 수준에 따라 점심식사에 포함된 빵의 종류와 잼의 가짓수까지 달랐다는 얘기에 모두가 웃음을 터뜨렸다. 메이저리그의 중심타자로 활약하는 선수가 빵과 잼에 연연하는 모습이 무척 인간적으로 느껴졌기 때문이다.

가령 예를 들면 이런 식이다.

- 싱글 A 리그 : 빵 종류 2개, 잼 종류 1개
- 더블 A 리그 : 빵 종류 3개, 잼 종류 2개
- 트리플 A 리그 : 빵 종류 4개, 잼 종류 4개

하위 리그에서 상위 리그로 승격될 때마다 사소한 것에서도 '아 내가 승격됐구나!' 하는 은근한 기쁨을 느꼈다고 한다. 또한 그 작은 보상이 다시는 하위 리그로 내려가고 싶지 않다는 욕망을 강력하게 자극했다고 한다. 말 그대로 눈물 젖은 빵을 먹으며 '최고의 리그로 승격되면 대단한 처우가 기다리고 있겠구나' 하는 강렬한 기대감이 생긴 것이다.

작은 보상이 선수들로 하여금 실력을 키워 성장하겠다는 프로 정신과 각오를 갖추게 했다면 그것은 적은 비용으로 최고의 동기부여를 이끌어낸 훌륭한 훈련시스템이다.

이 세계는 실력에 따른 놀랄 만한 차등 구조가 형성되어 있다. 연장을 갈아라 Sharpening the saw! 부와 인기를 거머쥐는, 프로 선수로서의 꿈을 이루고 싶다면 실력을 갈고닦아라! 한 단계 높은 수준의 프로페셔널로 성장하고 싶다면 보이지 않는 곳에서도 자기능력을 계발하라!

차등과 보상의 메시지는 너무도 분명하다.

현재 하는 일이 무엇이건 성장을 꿈꾸는 프로페셔널이라면 '아 내가 성장했구나!' 하는 느낌을 자주 받아야 한다. 가급적 자주 실력이 늘고 있다는 느낌을 받아야 스스로 일에 의욕과 열정을 지속적으로 발휘할 수 있다. 그래서 프로페셔널은 스스로에게 동기부여를 하기 위한 시스템을 구축하는 일에 관심과 노력을 투자한다.

계획을 세울 때부터 '중요한 실천 항목을 언제까지 해내면 자신에게 작은 선물을 한다'라는 보상을 활용하는 방법이 효과적이다. 어떤 계획을 세울 때 수첩 다이어리 앞부분에 그것을 완수하면 자신에게 줄 선물 사진 이미지를 오려 붙이면 훌륭한 동기부여 시스템이 완성된다. 매일 저녁 무언가에 집중해 목표를 잊지 않도록 글로 적어 다짐하는 것만으로도 인간의 실행력은 몇 배 이상의 집중력을 발휘한다. 거기에 생생한 보상의 이미지를 통해 꿈 에너지를 자극한다면 자신이 지닌 실행 IQ를 극대화시킬 수 있다. 사실 이런 작은 보상으로 자신의 목표를 잃어버리지 않고 집중하는 것만으로도 큰 의미가 있다.

마음먹으면 그것이 무엇이건 반드시 해낼 수 있다는, 작은 선물을 획득하는 성취를 통해 강화되는 자신감. 그것은 엄청난 재산이다. 마치 비밀 에너지를 얻은 것처럼 실행력에 자신감이라는 날개가 생기면, 세상에 해내지 못할 것이 없는 실천가로서의 성공 자아 이미지를 갖게 된다.

자신이 아닌 타인에게는 정성껏 포장한 선물을 하지만 정작 가장 수고하고 박수 받아야 마땅한 자신에게는 소홀한 경우가 많다. 꿈에 대한 열정과 실행력을 높이려면 자신에게도 적절한 시기에 적절한 선물을 해라. 현재 자신이 가장 필요로 하고 갖고 싶은 물건에 대해 가장 잘 아는 사람은 자기 자신이다. 그것을 선물해라. 자신과의 약속을 지켜내고 도전한 것을 이뤄낸 대가로 받는 선물이기 때문에 목표 달성의 성취감으로 기쁨이 배가된다. 그래서 나는 나 자신과의 약속을 지켜내고 당당하게 받은 선물이 소중하고 기억에 더 오래도록 남는다.

한 해 동안 성공적인 매출 실적을 달성하고 스스로에게 선물한 몽블랑 만년필, 그것은 비즈니스맨으로서의 새로운 출발을 의미하는 선물이었다. 서른네 살에 HP에서 처음 억대 연봉을 받은 그해 겨울, 수첩 다이어리 앞부분에 붙여놓았던 흰색 그랜저를 현실에서 인도받아 시운전하던 그 생생한 느낌을 아직도 잊지 못한다.

스스로에게 보상을 함으로써 해냈다는 성취감이 더욱 강해지고 그
것은 뭐든지 할 수 있다는 자신감으로 이어지며, 실천가로서의 성공 자아
이미지를 더욱 확실하게 갖도록 해준다. 그러한 성공 자아 이미지는 삶을
변화시키는 큰 힘으로 작용한다. 작은 성취는 점점 더 큰 성취로 바뀌면서
'내가 성장했구나!' 하는 각성이 도약의 에너지가 되고 지속적으로 꿈꿀
수 있는 힘이 된다.

홀로 조용히 책을 읽거나 글을 쓸 수 있는 공간을 갖는 것은 학창 시
절부터 꿈꾸던 나의 로망이었다. 그래서 30대 초반 다이어리에 그림 같은
전원주택 사진 이미지를 오려붙였다. 시간은 생각보다 좀 더 걸렸지만 얼
마 전 천장이 높고 거실에서도 하늘을 볼 수 있도록 유리로 만든 구조의
집을 지었다. 그곳에서 첫 책『마법의 5년』에필로그를 쓰면서 작은 보상
을 선물하는 습관이 작은 꿈들을 조금씩 현실로 이끌어줬다는 생각이 들
었다.

꿈의 시각화 법칙에 대한 확신의 증거는 다이어리에 오려 붙였던 사
진 이미지들이 모두 보상처럼 다가와 현실에서 자주 마주친 것이다. 물론
강력한 실행이 뒷받침돼야 가능한 일이다. 하지만 자기 분야의 상위 1퍼
센트에 드는 프로페셔널들은 이미 실행을 통해 다양한 보상 체험을 추억
으로 간직하고 있다.

꿈을 담는 한 권의 노트는 자신을 위한 선물 리스트 모음집이다. 개
인의 비전과 사명서가 맨 앞 페이지에 붙어 있어야 하고 그 다음 페이지에
는 실천 항목과 함께 자신에게 선물할 사진 이미지가 붙어 있어야 한다.

그래야 강력한 실행이 이루어진다.

작은 보상을 활용하라. 갖고 싶은 것, 되고 싶은 모습, 살고 싶은 라이프스타일과 관련된 꿈의 사진 이미지들을 찾아내 오려 붙여라. 꿈도 좋고 성공도 좋지만 무엇보다 중요한 것은 자기 자신이다. 결국 자신을 사랑하는 사람이 자신과의 약속을 지켜내고 스스로에게 소중한 선물을 줄 수 있다.

금연 일기

본능을 유익한 방향으로 다스리는 훈련을 하면 보다 큰 성공을 꿈꿀 수 있다. 무슨 일을 하건 마인드와 자세가 중요하다. 오랜 시간 불가능하다고 믿었던 일이 별것 아니라고 느끼는 순간, 그것은 엄청난 동기부여가 된다. 세상에 이루지 못할 일이 없다는 자신감이 생기면 지금까지와 전혀 다른 세상이 눈에 들어오기 시작한다.

대부분의 불가능은 대개 자신의 사고방식이 만든 것이다. 스스로 한계를 긋고 포기하면 해낼 수 있는 것이 별로 없다. 불가능하다는 선입견을 버리지 않는 한 세상은 온통 불가능한 것 천지다. 꿈에 도전하거나 무언가를 이루고자 한다면 자기 안에 불가능이라 믿는 그것과 싸워서 크게 한번 이겨내는 승부를 걸어야 한다.

10여 년 전 내가 가장 불가능하다고 여겼던 인생의 장애물은 바로 담배를 끊는 일이었다. 나의 아침은 늘 상쾌하지 못했다. 꿈에 도전하는 가슴 떨리는 삶을 꿈꿨지만 실상은 숨 가쁘게 일정을 소화하느라 육체적 고통에 허덕이던 중이었다. 게다가 몸에 해로운 줄 알면서도 하루에 담배 한 갑을 피우는 습관이 성공 자아 이미지 형성에 걸림돌로 작용했다. 한마디로 내 의지력에 달린 의문부호를 스스로 지우지 못한 상황이 문제였다.

그해 여름 오촌 당숙의 급작스런 부고를 접한 나는 진해의 한 병원에 마련된 고인의 빈소를 찾았다. 자수성가로 진해에서 큰 사업을 이룬 사업가였고 아직은 현역으로 더 활동해야 할 나이였던 당숙의 사인은 폐암이었다. 평소 흡연을 즐기던 당숙의 모습이 기억 속에 어른거렸다.

나는 비가 추적추적 내리던 그날 밤 문상을 마치고 어두운 지하 주차장에서 담배를 물었다. 그 모습이 차 유리창을 통해 내 눈에 비쳤다. 성공을 꿈꾸는 야심만만한 젊은이는 온데간데없고 그날 밤 유리창에 비친 내 모습은 고민 많고 삶에 지친 직장인이었다. 더구나 폐암으로 유명을 달리한 분의 문상을 마치자마자 곧장 담배를 물다니, 마음 한구석에서 씁쓸한 자괴감이 밀려왔다. 이렇게 생각과 행동이 따로 놀면서 과연 무슨 일을 해낼 수 있을까 스스로에게 강한 의구심이 고개를 쳐들기 시작했다.

당시 여의도에 근무하던 시절, 내 바로 옆 자리엔 마침 금연에 성공한 동료가 있었다. 의욕과 결심은 솟구치는데 마땅한 방법을 찾지 못해 헤매던 중 금연 멘토가 곁에 있다는 것이 큰 행운처럼 느껴졌다. 모두가 불가능하다고 믿는 금연에 성공한 그에게 비법을 물었다. 진지한 표정으로 질문을 한 내게 그가 제시한 비결은 아주 간단했다.

"그냥 안 피면 돼!"

"그걸 누가 몰라? 어떻게 안 피냐고?"

"뭘 그렇게 어렵게 생각해? 그냥 담배 안 피면 그게 금연이야!"

서로 대화가 통하지 않았다. 아니, 정확하게 표현하자면 내가 금연에 성공한 사람의 마인드를 제대로 이해하지 못하고 있었다. 그리고 이해하려는 노력도 턱없이 부족했다. 그저 내가 편한 방식으로 이해하고 내 수준에서 사고하면서 어설프게 성공자의 비결만 캐내려 들었던 것이다.

일단 마땅한 비책은 없어 보이니 일단 한 발짝 물러나 먼저 담배의 폐해에 대해 공부를 해야겠다는 생각을 했다. 호랑이를 잡으려면 호랑이 굴에 들어가야 하듯이 뭘 제대로 알아야 대책을 마련할 수 있을 거라 생각했기 때문이다. 그런 식의 방향 전환은 지금도 무척 유용하다. 회사에서 성공하려면 일단 회사라는 조직의 생리와 운영 규칙에 대해서 잘 알아야 성공할 수 있듯이 말이다.

마침 그해 TV에서는 금연에 대한 주제로 5부작 다큐멘터리 프로그램을 방영하고 있었다. 비디오 예약 녹화를 해놓고 퇴근 후 잠자리에 들기 전에 졸린 눈을 비비며 매일 밤 조금씩 한 주의 방송 분량을 아껴가며 시청했다.

다큐멘터리 프로그램도 많은 금연 실패 사례를 소개하고 있었다. 실험 군으로 등장한 많은 사람들이 금연 보조제, 몸에 붙이는 금연 패치, 불을 붙이지 않는 전자 담배까지 사용하면서 절박하게 금연에 도전하고 있었다.

하지만 결과는 충격적이었다. 그들은 불과 몇 개월 만에 다시 흡연을 시작했고 예전보다 더 깊숙이 담배 연기를 들이마시고 있다는 점에서 금연 실패는 건강에 더 좋지 않은 결과로 작용했다. 실험 결과만 보면 금연은 애당초 불가능한 도전이었다. 하지만 희망적인 것은 실험 군에서 아주 극소수지만 금연 성공자가 있었다는 사실이다. 놀랍게도 그들의 성공 비결은 '의지력'이었다. 어떤 특별한 방법이나 금연 보조제가 아닌 순수한 본인의 의지력이 바로 성공의 비결이었던 것이다.

무언가 깨달음이 왔다. 다시 회사 금연에 성공한 동료와 대화를 나눴다.

"방송 보니 진짜 '그냥' 안 피우기로 한 사람들이 금여 확률이 제일 높던데?"

"그렇다니까. 비결은 없어. 어렵게 생각하면 절대 못 끊어!"

그는 이제야 내가 말귀를 좀 알아듣는다고 생각했는지 한층 강도 높은 발언을 이어갔다.

"세상에 어려운 일이 얼마나 많은데 자기 의지로 쉽게 실행할 수 있는 금연 하나 못하나? 그러면서 어떻게 감히 성공에 도전할 생각을 해? 왜 끊어야 하는지 본인에게 질문을 던지고 금연을 해야 할 이유와 답을 찾아봐."

무언가 내가 원하던 것이 만져지는 듯했다. 환한 빛이 어두운 복도로 쏟아지는 느낌이었다. 담배를 피우지 않아야 할 강력한 이유, 그것이 내게 절실하게 실행을 반복할 힘을 줄 것이라는 확신이 솟구쳐 올랐다. 순간 용

솟음치는 자신감에 실행을 결의했다.

혼잣말로 '다 죽었어!'를 외쳤다. 매일 아침 상쾌하게 잠자리를 털고 일어나 거울을 보고 박수치며 하루를 시작하는 활기찬 내 모습이 보이기 시작했다. 이제 생각을 조직화하고 실행하는 일만 남았다. 의지력을 강화하기 위한 보조 도구를 사용하기로 했다. 그것은 한 권의 노트, 금연 일기였다.

나는 마음을 다스리고 금연을 시작한 날부터 실행 결과를 스스로 돌아볼 수 있도록 매일 밤 금연 일기를 썼다. 그 노트엔 온통 담배와 관련된 내 생각과 이야기뿐이었다. 기특하게 위험한 순간을 잘 넘긴 그날의 에피소드나 충동을 이겨낸 스스로에 대한 격려와 칭찬들을 노트에 적었다. 그러나 가장 주된 기록의 핵심은 'Why', 왜 힘들게 금연을 선택했는가에 대한 질문에 나 스스로 답하는 것이었다.

날마다 마치 고해성사를 하는 것처럼 다이어리에 나 자신에게 부끄럽지 않은 답을 적으며 그날의 금연 성과를 확인했다. 우선 건강과 실행력에서 답을 찾았다. 계속 흡연을 하면서 훗날 마음을 졸이며 건강검진 결과에 애태우고 싶지 않다고 적었다. 건강에 좋지 않은 습관을 버리기로 한 이상, 이것을 실행해낼 수 없는 의지력이라면 과연 살면서 무엇을 해낼 수 있을 것인가. 나의 나약함이 두렵고 좀 더 강한 사람이 되어야겠다는 글을 노트에 남겼다.

하지만 이런 의지와 실행력에도 불구하고 금연은 단번에 성공하기 힘든 험난한 도전이다. 중독에는 인간의 반복적인 저항 의지를 무력

 쓰고 상상하고 실행하라

화시키는 본능적 유혹이 잠복해 있다. 절실하게 의지와 본능을 통제하고 다스릴 수 있는 심리적 보조 장치가 없다면 결코 금연에 성공하기 어렵다.

그래서 강력한 실행을 뒷받침해줄 장치로 금연 일기를 선택했다. 지금도 확신하는 것은 그때 막연히 머릿속으로 생각만 하고 구체적으로 오늘 금연을 실행해야 할 이유를 노트에 적지 않았다면 금연 도전은 분명 실패했으리라는 것이다. 그때 매일 밤 금연 일기를 쓰던 절실함이 없었다면 오늘의 내 모습도 상당히 달라졌을 것이다.

금연 일기를 쓰면서 내가 상상하는 나의 모습은 회사 건물 입구에서 동료들과 고민이 있는 표정으로 담배를 피우는 모습과는 부적 거리가 먼 이미지였다. 물론 나 역시 애연가였던 만큼 흡연자를 비하할 생각은 전혀 없다. 다만 예전에는 주변에서 담배 피우는 모습이 왠지 고민 있는 사람처럼 보인다는 말과 함께 담배를 안 피우는 이미지가 훨씬 잘 어울린다는 말을 듣곤 했다. 그래서 미래의 성공 자아 이미지를 미리 상상하며 다이어리에 두 번 다시 실패의 기록을 남기지 않겠노라 다짐하며 금연 일기를 적어나갔다.

담배를 끊은 날로부터 정확히 45일이 지났을 무렵, 금단 현상이 지나갔다. 심한 후유증을 견디고 난 후 깨달을 수 있었다. 더 이상 금연 일기를 쓰지 않아도 향후 내가 담배를 피우지 않을 것이라는 다짐을, 다시는 꿈을 훼방하는 어떤 중독에도 사로잡히지 않는다는 마음속 외침을 들을 수 있었다.

스스로 습관과 의지를 통제했다는 성취감은 예상보다 훨씬 큰 훈련 성과로 남았다. 그 훈련은 가치로 환산하기 어려울 만큼 값진 자신감을 선물해주었다. 그렇게 금연 일기를 통해 본능을 다스리는 훈련에 성공하고 나니 내가 목표로 하고 마음먹으면 해내지 못할 일이 없다는 강력한 에너지가 생겨났다. 그 에너지로 의미 있는 일들을 하나씩 성취하기 위한 도전을 시작했다. 그 후 서른네 살의 억대 연봉자, HP Asia Pacific High Achiever, 벤처기업의 CEO로 연이은 변신에 성공하게 된 첫 계기는 분명 본능을 다스렸던 그 훈련 덕분이었다고 믿는다.

금연 일기라는 독특한 방식의 실행 노트를 쓰면서 흡연 습관에서 벗어난 지 어느덧 13년의 시간이 흘렀다. 그리고 그때 다이어리에 기록한 'Why'에 대한 대답들은 현재의 내 모습을 형성하는 과정에 큰 영향을 미쳤다. 기록으로 나 스스로를 물들인 것이다. 단순히 담배를 피우지 않겠다는 다짐에 그치지 않고 내 안에 근본적인 힘을 찾기 위한 질문과 대답들이었기 때문이다.

자기계발
5개년 계획
:

모든 성장에는 과정이 있게 마련이다. 개인의 이력서도 크게 다르지 않다. 이리저리 눈앞의 조건만을 좇아 자주 옮겨 다닌 이력서에서 전문가로 성장하기 위해 고심한 흔적이나 실력을 키우기 위해 충분한 대가를 치른 인재라는 확신을 갖기 힘들다. 반면 직장생활을 통해 꾸준히 자신의 비전을 설정하고 그에 걸맞은 노력과 인내를 발휘한 사람은 어떤 상황이나 자리에서도 안정감과 신뢰감을 준다. 그래서 직장인에게 스스로 선택하고 만들어온 지난 과정은 본인이 어떤 사람인지를 알려주는 확실한 레퍼런스이자 이력서다.

전문가나 직장인에게 5년이라는 시간은 도약과 성장의 관점에서 중요한 시간적 의미가 담겨 있는 단위이다. 앞서 소개한 것처럼 말콤 글래드웰이 말한 비범한 천재로 가는 첫 관문인 '1만 시간의 훈련법칙'을 자기 일을 통해 자연스럽게 실천할 수 있는 기간이기에 직장인이나 전문가에게 5년은 의미 있는 성장을 이루어내기에 충분한 시간이다.

누구에게나 똑같이 주어지는 5년이라는 시간적 자산을 멋지게 활용해 자기 분야에서 영향력이 큰 사람이나 가치 있는 브랜드로 성장한 사람이 있는 반면 시간이 지나도 예나 지금이나 큰 차이가 없는 사람도 존재한다. 대한민국에서 최근 5년 동안 개인 브랜드를 가장 가치 있게 성장시킨 인물을 꼽자면 안철수 교수, 피겨스케이팅의 김연아 선수, 프리미어리거 박지성 선수가 아닐까 생각한다.

그들의 공통점을 살펴보면 한마디로 원칙에 충실하고 자기관리에 철저한 프로페셔널이라는 점이다. 자신이 수립한 원칙에 따라 미래의 방향과 일상을 선택하고 좀처럼 핵심 역량 이외의 분야에 눈길을 주지 않고 꾸준히 자기 길을 걸었던 결과이다.

2000년대 초반 벤처기업 활황기에 안철수 연구소보다 훨씬 시가총액도 크고 사회적으로 주목을 받았던 기업들이 많았다. 많은 스타 CEO들이 혜성처럼 나타나 엄청난 금액의 투자를 유치하고 언론의 스포트라이트를 받았다. 시가총액이나 창업자의 지명도 면에서 안철수 대표는 그리 큰 주목을 끌었던 인물이 아니었다. 하지만 그가 추구하는 원칙 중심의 태도와 자세는 대중들에게 큰 신뢰와 공감을 불러일으켰다. 오히려 시간이 지날수록 젊은 세대에게 신뢰할 수 있는 경영자로서의 롤 모델로 존경을 받고 또 사회적으로도 신드롬이 될 만큼 대중들에게 큰 공감과 기대를 불러일으키고 있다.

2002년 한일월드컵 이후 많은 스타급 선수들이 유럽으로 진출했지만 대부분 낯선 환경의 유럽리그에서 성공적으로 적응하지 못하고 국내로 돌아왔다. 당시 박지성 선수는 먼저 유럽에 진출한 다른 선수들에 비해 지명도도 떨어지고 공격수라는 포지션 때문에 성공 가능성도 낮은 편이라 평가받았다. 하지만 전문가들도 예상하지 못한 꾸준한 자기관리와 특유의 성실성으로 성장을 거듭했다. 결국 한국 축구의 기대주에서 2010년 월드컵에서 골을 기록하는 등 최근 국가대표팀 주장 완장을 반납하기 전까지 한국 축구의 대들보 역할을 확실하게 담당했다. 그리고 지난 5년간 특히 챔피언스리그와 같은 큰 경기에서 강한 면모를 보이며 세계적인 명문 클럽 맨체스터 유나이티드의 핵심 선수로 활동하고 있다.

김연아 선수도 동계올림픽 금메달 이후 진로에 대해 여러 가지 가능성을 두고 고민하는 행보를 보이고 있지만 지난 5년 동안 지속적으로 성장하고 국민적으로 큰 사랑을 받은 선수이다. 앳된 모습에서 점차 성숙한 기량을 선보이며 세계선수권 대회와 피겨 선수에게는 꿈의 무대인 동계올림픽에서 금메달을 획득하며 자신의 브랜드 가치를 극대화시키고 CF 여왕으로도 군림했다.

사실 시간의 힘은 사람의 역량을 키우고 성장시키는 데 필수적이며 매우 중요한 역할을 담당한다. 그런데 그 힘이 누구에게나 공평하게 발휘되는 것은 아니다. 시간의 힘은 기록을 통해 꿈의 에너지를 활용해 시간의 복리를 자신의 인생에 적용할 수 있는 사람들에게만 그 존재를 드러낸다.

직장인이나 전문직 종사자들에게 성장과 변화의 단위로 5년 단위 비전 수립과 실전 계획은 충분히 의미 있다. 5년이면 무엇을 하건 세계 무대로의 진출까지도 이뤄낼 수 있을 만큼 기회비용이 큰 시간적 단위이다. 그래서 직업인이라면 적어도 5년 후 자신의 성공 자아 이미지, 즉 개인적 비전의 이미지를 지니고 있어야 한다. 지금은 당장 불가능해 보이는 목표라도 단계적으로 도전하면 얼마든지 현실에서 이뤄낼 수 있는 가능성이 높기 때문이다.

이전에 출간한 『마법의 5년』은 그렇게 5년이라는 시간이 지닌 도약의 의미를 많은 성공자들의 실천에 관한 이야기와 나의 개인적 사례를 통해 소개한 책이다. 비교적 재미있는 에피소드 위주로 구성된 책이라 쉽게 읽었다는 독자들이 많았던 반면에 구체적으로 참조할 수 있는 5년 계획법이 궁금했다는 독자들도 있었다.

어느 인터뷰에서 이런 질문을 받았다.

"대표님이 최근 세운 5년 계획 중 올해가 몇 년 째에 해당되나요?"

이런 질문이 나왔던 것은 아마도 5년 단위의 도약을 계획하는 방법을 책에 구체적으로 소개하지 않았던 탓일 것이다. 그래서 과거 우리나라의 '경제개발 5개년 계획'처럼 어느 기점에서 목표를 수립하는 5년 단위 장기 계획으로 이해하고 있었다. 하지만 내가 5년 후 밑그림을 그리는 방식은 그런 일정 시점에서 출발하는 정적인 개념이 아니라 매년 5년 후의 성공 이미지를 꿈꾸고 세부 계획을 수립하는 역동적 방식이다.

하루가 다르게 산업별 트렌드가 변화하고 지구가 하나의 거대한 글로벌 경제권으로 상호 영향을 미치는 시대에 5년 전의 꿈과 계획쯤은 단숨에 골동품이 돼버리기 십상이다. 그래서 5년 후의 중장기적인 꿈의 설계도를 그리되, 당해 연도의 목표만큼은 성과지표로 분명하게 측정할 수 있는 구체적인 계획이라야 한다. 또 매분기별, 월별 점검이나 매일 하루의 성과를 기반으로 진도를 점검하는 일을 매우 중요시하는 방식이다.

먼저 1단계로 매년 새해에 맞춰 반드시 5년 후의 바람직한 성공 자아 이미지를 그려본다. 그것은 중장기적인 방향과 진로에 큰 영향을 미친다. 그래서 자아 욕구나 가치관을 기반으로 진정 원하는 스스로의 모습을 발견하기 위해 내면적 성찰이 요구된다. 스스로 균형과 안정을 느끼는 자아 이미지라야 중장기적인 꿈의 이미지로 추구할 수 있기 때문이다.

직업인으로서 내가 도달할 수 있는 5년 후 최고의 모습을 미리 상상

 쓰고 상상하고 실행하라

하는 것은 쉽지 않겠지만 어렴풋하게라도 꿈의 이미지를 미리 상상해보는 것과 그렇지 않은 것에는 큰 차이가 있다. 꿈을 미리 만져보는 경험은 실행에 대한 동기부여를 한다는 면에서 큰 효과를 발휘하기 때문이다. 5년 후 자신의 최고 모습을 머릿속으로 그리는 훈련은 구체적인 사진 이미지를 활용하거나 글로 쓸 때 그 효과가 더욱 크게 작용한다. 중장기적인 밑그림이 바로 머지 않은 자신의 비전에 해당한다.

2단계로 올해의 목표는 매우 구체적이고 세부적인 실행 계획의 관점에서 수립한다. 반드시 연말에 달성 여부를 쉽게 파악할 수 있도록 측정 가능해야 하고 구체적인 기한이 있어야 한다. 가령 '올 가을에 책 출간하기'니 '매출목표 직년 대비 30퍼센트 성상'저럼 구체적 달성 기한과 성과 달성 여부를 쉽게 측정할 수 있는 목표여야 한다. 또 이런 목표도 동기부여를 위해 매일 보는 다이어리 앞부분에 사진 이미지나 글로 시각화하는 것이 효과적이다. 또 당해 목표만을 별도로 파워포인트 파일로 만들어 자주 들여다보는 것도 목표에 집중하는 데 도움이 된다.

3단계로 자신만의 전략회의 시간을 추천한다. 하버드 비즈니스 리뷰 HBR에서는 운영회의와 전략회의를 구분할 것을 권고하고 있다. 아무래도 일상적 운영에 쫓기다 보면 정말 중요한 중장기적 계획이나 전략적인 측면을 점검하는 데 소홀해지기 쉽기 때문이다. 이것은 개인의 꿈과 목표 달성에 있어서도 상당히 의미 있는 조언이다.

주기적으로 일상적인 운영에서 벗어나 중장기적인 비전과 올해의 달성 목표를 숫자에 근거해 분기별 혹은 월별로 성과와 전략을 점검하는 일은 목표를 달성하는 데 필수적인 과정이다. 이런 중간 점검 과정 없이 일을 진행한다면 상당 부분 목표를 상실하거나 완벽한 실패로 예정된 결과를 그저 기다리는 입장에 처할 가능성이 크다. 중간 점검 과정을 갖기 위해 일상의 테두리에서 벗어나, 홀가분하게 스스로를 성찰할 수 있는 시간과 공간을 마련해 주기적으로 꿈과 목표를 들여다보는 기회를 가져야 한다. 홀로 여행지로 떠나거나 커피 전문점에서 자신만의 시간을 마련해 보는 것도 좋은 실천 방법이다.

마지막 4단계는 중장기적 비전을 바탕으로 올해의 목표를 달성하기 위한 매일의 실천 과정을 하루의 일지에 꾸준히 기록하는 일이다. 이것은 매일 스톱워치로 기록을 점검하고 자신의 꿈을 콘텐츠로 차곡차곡 쌓는 일에 해당한다. 사소한 것 같지만 무엇이건 반복적으로 지속하는 일에서 모든 위대함이 싹튼다는 사실을 잊으면 안 된다.

전문가를 꿈꾸는 사람에게 자기 분야에서 하루의 콘텐츠를 쌓는 것은 자신의 몸값을 높이는 일이다. 나의 브랜드 가치를 상승시키는 최고의 훈련이자 비결이기 때문이다. 사실 5년 후의 성공 자아 이미지도 하루하루의 실행과 몰입의 콘텐츠를 만들어가는 과정에서 예상되는 최종 아웃풋output 이미지에 지나지 않는다. 지금 당장 불가능해 보이는 수준도 단계별 전략과 실행 과정을 거치면 결국 껍질이 깨져나가고 어느덧 우뚝 선 현실이 되기 때문이다.

한마디로 요약하면 5년 후 꿈과 비전을 염두에 두고 자신만의 콘텐츠를 축적하는 노력이 뒤따라야 직업인으로서의 새로운 자신의 브랜드 가치를 만들 수 있다. 장기적인 꿈과 비전을 원대한 성공 자아 이미지로 상상하고 떠올릴 수 있어야 하며, 동시에 올해의 목표는 반드시 성과를 구체적으로 측정할 수 있는 종료일과 숫자 목표가 있는 실천 항목이거나 프로젝트로 진행해야 한다.

세계 정복을 꿈꾸는 사람이라면 적어도 언제까지는 국내를 제패하겠다는 비전과 구체적인 자기 목표와 스케줄이 있어야 한다. 매일 챔피언다운 콘텐츠를 쌓기 위해 노력해야만 세계 챔피언에게 도전할 수 있는 도전자 자격을 갖추게 되는 것처럼 말이다. 꿈을 향한 자신만의 콘텐츠를 축적하지 못한다면 새로운 브랜드 가치도, 미래의 성공 이미지와 비전도 결국 허황된 구호로 변실되는 것이다.

아름다운 프로페셔널로
살고 싶다면

:

내가 가는 곳이 길이 된다는 신념으로 평생 현역의 길을 걷는 사람들이 있다. 고령에도 세계적인 수준의 조직이나 팀을 이끄는 리더들, 거의 반평생을 자신이 맡은 팀과 운명을 함께하는 스포츠 팀의 노老감독들과 각 분야의 전문 직업인들이 그런 사람들이다.

그들에게 부러움을 느끼는 부분은 은퇴 시점을 바로 자신들이 결정한다는 점이다. 이미 기존 한계 따위에는 아랑곳하지 않는 듯 주어진 오늘 하루에 그저 최선을 다한다는 데 그들의 프로페셔널 마인드의 특징이 있다. 하지만 무엇보다 그들의 오늘을 가능하도록 뒷받침한 원동력은 건강과 체력을 바탕으로 한 철저한 자기관리이다.

평생 아름다운 현역이기를 갈망했던 여인이 있었다. 그녀의 이름은 에스티 로더Estee Lauder이다. 세계 최대의 화장품 그룹으로 꼽히는 에스티 로더 그룹의 창업자인 그녀는 화장품 업계에서 최초로 샘플 개념을 도입해 공격적인 마케팅을 시도한 여인이다. 그녀는 자신의 현역 활동에 한계를 두고 싶지 않아 나이를 철저하게 숨긴 것으로도 유명하다. 2004년 그녀가 사망하고 나서야 대중들은 그녀의 나이가 아흔을 훌쩍 넘었다는 사실을 알게 됐다.

고령에도 불구하고 자신의 미모를 아름답게 가꾸는 노력을 지속했던 에스티 로더에게서는 항상 생기가 흘러 넘쳐 아무도 나이를 짐작할 수 없었던 것이다. 아름다움의 비결을 묻는 기자에게 그녀는 다음과 같이 대답했다.

아름다움은 태도에서 비롯된다. 왜 신부들은 하나같이 모두 아름다운지 생각해 보라. 결혼식 날을 위해 자기 외모를 최상으로 가꾸기 때문이다.

평생 아름다운 현역으로 활동하려면 스스로 오늘 하루를 최상으로 가꾸려는 자기관리 마인드가 필수적이다. 내가 운영하는 온라인 광고마케팅 대행업체인 (주)아이파트너즈에도 자신의 하루를 최상으로 가꾸려는 여성들이 많은 편이다. 온라인 업계의 특성상 크리에이티브를 담당하는 여성 웹디자이너들이 많이 근무하고 있다. 또 미혼으로 입사해서 결혼을 하고 육아를 병행하며 계속 직장에 다니는 슈퍼맘들도 꽤 많다.

미혼 시절 우아하게 살던 그녀들도 결혼 후 다양한 호칭을 갖는다. 솔로일 때는 세상 누구보다 자유로운 듯 홀로 여행도 다니고 우아한 취미 생활을 즐기던 그녀들이 결혼 후 며느리, 아이의 엄마, 아내 등 여러 가지 역할이 늘어나면서 인생의 큰 변화를 맞게 돼 돌연 직장을 그만두는 일도 발생하곤 한다. 이렇게 가정과 직장을 오가며 바쁜 숨을 몰아쉬는 그녀들에게 오늘 하루를 최상으로 가꾸는 자기관리가 필요하다고 말하면 너무 가혹한 것일지도 모른다.

하지만 그렇게 감당해야 할 역할이 늘어날수록, 여러 가지 병행하고 관리해야 할 짐이 무거울수록 오늘 하루를 최상으로 가꾸는 자기관리력이 더욱 필수적이다. 그래야 자신의 직업의 라이프사이클을 긴 호흡으로 가져갈 수 있다. 남녀노소 불문하고 자신의 인생에서 가장 빛나는 순간은 건강하고 아름다운 현역으로 자신의 직업에 몰두할 때가 아닐까.

1년 만에 한 여직원이 복귀했다. 여러 가지 어려웠던 상황들을 모두 정리한 듯 그녀는 예전보다 훨씬 의욕적이고 활기차 보였다. 다시 회사에 출근한 소감을 묻는 내게 그녀는 씩씩하게 대답한다.

"너무 좋아요, 사장님! 1년 동안 집에서 답답해서 아주 죽는 줄 알았어요. 하루 종일 세탁소나 슈퍼에서 일하는 아저씨들 얼굴만 보다 저녁에 TV에서 현빈 얼굴을 보면 그렇게 잘생겨 보일 수가 없어요. 회사에 나오면 교육도 받고, 외부 초청 강연도 듣고, 그리고 동료들도 있잖아요. 다시 직장 생활을 하니까 너무 행복해요!"

나는 그녀의 말이 오랜만에 안부를 묻는 사장에게 던지는 립 서비스가 아니라는 것을 안다. 회사에서 마주치는 그녀는 그 후로도 정말로 예전보다 훨씬 행복해 보였다. 오히려 미혼 때보다 더욱 적극적으로 회사 교육에 참여하고 사내 북 리뷰 행사에도 누구보다 열심히 활동하고 있다.

그런 그녀에게 노트 한 권을 선물했다. 오래도록 아름다운 프로페셔널로 활동하려면 기록부터 시작해야 한다. 기록을 사랑하는 사람치고 자기관리력이 부족한 사람을 보지 못했다. 시간과 건강, 아름다움과 전문성, 이런 것들을 열정적으로 유지하려면 결코 상황에 쫓겨서는 안 된다. 기록하는 습관은 수동적인reactive 자세가 아닌 주도적proactive 자세로 언제나 남보다 한 발 앞서게 만들어준다.

삶의 속도가 바쁘고 무거워질수록 기록에 더 많은 노력을 쏟고 성찰하는 시간을 늘려야 정신적으로 더 많은 여유가 생긴다. 기록으로 체계화하는 과정을 거치면 직접 챙겨야 할 일이 많아져도 예전보다 큰 어려움을 느끼지 않는다. 전체적으로 해야 할 일task들이 한 눈에 들어오고 우선순위에 따라 실행하면 심적 여유가 생겨나기 때문이다.

그래서 나는 그녀들의 이름이 기록으로 남는 그런 삶을 살기를 희망한다. 그러려면 항상 직업인으로서 자신의 이름 석 자를 잊지 않도록 노트에 직접 적어야 한다. 아내, 며느리, 혹은 딸, 누군가에게는 언니와 누나, 또 처제나 엄마, 다양한 이름을 지닌 그녀들이지만 온라인 광고대행사의

 쓰고 상상하고 실행하라

기획자 혹은 웹디자이너라는 자신의 직업과 이름을 당당한 기록으로 남겨야 한다. 자신의 이름 석 자로 자기 분야에 흔적을 남기는 그런 사람, 그래서 직업인으로서의 자기 이름 석 자가 그녀 인생의 가장 중심이 되고 행복한 이름이었으면 좋겠다.

자기관리력이 뛰어난 직업인으로 롱런한다면 언젠가 엄청나게 능력 있는 여성들이 우리 사회의 중요한 부분의 리더가 되지 않을까.

Chapter Four

자기경영의 시크릿

"How to start your success diary"

Success Diary Success Diary Success Diary Success Diary Success Diary Success Diary Success Diary

가치와 의미 중심의 사고방식은 오랜 연마의 시간과 과정들을
지혜롭게 헤쳐 나갈 수 있는 원동력을 제공해준다.
특히 글로 쓴 가치 있는 삶의 목표와 꿈을 위한 계획들,
그 뜨거운 열정의 기록들은 오랜 시간이 지나도 결코 꺼지지 않는다.
기록은 긴 시간을 살아남아서 언젠가 우리들의 인생에
성공화력발전소로 활활 타올라 잠재된 에너지를 마음껏 발산할 수 있도록,
가슴속 빛나는 불꽃을 늘 지켜주기 때문이다.

이미지 트레이닝,
이렇게 시작하라

지금까지 기록의 가치와 중요성에 대해 얘기해 왔다. 어느 분야를 막론하고 최고의 리더들과 성공자들의 공통점이 '기록'이라는 사실에서 꿈과 목표를 이루기 위해 폭넓고 다양한 관점과 전문적 깊이가 공존하는 기록을 지속적으로 해야 함을 강조했다. 기록에는 시각화 법칙, 즉 머릿속의 꿈에 대한 이미지를 그리는 것도 포함해야 기록의 가치가 극대화된다.

자신의 꿈을 생생한 이미지로 떠올리는 행동이 지니는 효과와 가치는 우리가 생각하는 것보다 훨씬 크고 효과적이다.

앞에서도 이미지트레이닝을 위한 여러 가지 실행법을 언급했지만 이미지트레이닝의 중요성을 강조하고, 이미지트레이닝을 하고자 하는 독자들에게 도움을 주는 의미에서 이미지트레이닝 방법 중 중요한 몇 가지를 얘기해보고자 한다.

마음부터 준비하라

본격적으로 이미지트레이닝을 시작하기 위해서는 가장 먼저 자신의 마음 상태부터 준비해야 한다.

먼저 마음을 보자. 마음이 긴장하지 않고 이완돼 있으며 순수하게 열려 있어야 한다. 그러기 위해서 가장 먼저 할 일은 스스로의 감정 상태를 좋게 만들고 유지하는 것이다. 어떻게 하면 자신의 감정 상태가, 기분이 좋아질까?

연기자들이 눈물 연기를 하기 위해 슬펐던 기억을 떠올리는 것처럼 자신의 감정 상태가 좋았던, 기분이 좋았던 일들이나 이미지들을 떠올리면 가능하다. 별것 아닌 것처럼 보이는 이 단계는 이미지트레이닝을 위해 무척 중요하다. 기분이 편안하고 좋은 상태여야 마음이 열리고 깊이 잠들어 있는 잠재의식에 닿기가 쉽기 때문이다.

행복했고 좋았던 장면들을 떠올려보자. 자신의 마음 상태를 평온하게 하고 부드럽게 이완시키는 풍경을 떠올려보자. 크리스마스 선물로 갖고 싶었던 장난감을 받고 행복했던 어린 시절의 한 장면, 열심히 공부해서 목표한 숫자들로 수놓았던 성적표, 첫 월급을 받아 선물을 해드렸을 때 기뻐하시던 어머니의 웃음, 처음 갖게 된 자동차로 사랑하는 연인을 옆에 앉히고 북한강 강변을 달리던 순간의 느낌 등을 실감나게 회상해보자.

답답하고 힘들 때 찾아가던 동해 바다, 그 끝없는 수평선과 햇빛에 반사되는 눈부신 물결들, 부서지던 흰색의 파도, 에메랄드빛 하늘, 남쪽 땅끝 마을에서 본 잔잔한 바다 위의 작은 섬들과 꿈을 싣고 나르는 듯한 선박들, 그리고 그 앞에 서있을 때의 느낌들, 그 오감의 섬세한 합주곡을 회상하고 생생하게 떠올려 보자.

이렇게 떠올리면 마음이 편안해지고 기분이 좋아지는 장면들을 기억 속에서 데려오는 것이 이미지트레이닝의 출발점이다.

그 장면들과 이미지 속에서의 오감을 생생하게 떠올리고 현실인 것처럼 그 속의 존재들과 대화를 나누는 훈련을 지속적으로 반복하면 자신도 모르게 켜켜이 쌓여 있던 스트레스가 조금씩 기체화되어 사라지고 그 무게가 가벼워짐을 느끼게 된다.

그렇게 마음의 무게가 줄어들고 유연성을 갖게 되면 그 다음엔 모든 존재들이 갖고 있는 자연치유력을 가동해라. 그 방법 중 하나가 자기 자신이 사막 한가운데 홀로 버려진 존재가 아니라는 사실을 인지하는 것이다. 즉 스스로 자기 자신을 사랑할 때 자연치유력의 가동이 가능해진다. 스스로를 사랑하고, 자신이 누군가에게 소중한 사람이며 사랑받는 존재라는 것을 깨달을 때 자연치유력이 움직이기 시작한다. 사람은 누구나 어떤 사람에게 필요하고 사랑받고, 또한 사랑하고 싶은 존재이기 때문에 자신이 혼자가 아니라는 느낌은 행복감과 사랑의 에너지를 갖게 한다. 이러한 행복감과 사랑의 에너지는 긍정적 에너지로 이어져서 자연치유력을 높이는 데 무척이나 효과적이다.

이미지트레이닝의 효과를 의학적으로 증명한 한 예인 홀리스틱의학의 목표가 잠재의식을 이용한 자연치유력을 높이는 것임을 상기하면, 이미지트레이닝의 출발점이 마음 상태를 가볍게 하고 열려 있게 하는 것임

 쓰고 상상하고 실행하라

을 다시 한번 확인할 수 있다.

효과적인 이미지트레이닝을 위한 또 하나의 방법은 자신이 소망하는 미래의 마인드를 미리 갖는 것이다. 꿈을 실현한 미래의 자신의 모습을 실감나게 떠올리고 그 감정까지 느껴야 이미지트레이닝의 효과를 가져올 수 있다. 하지만 사실 그게 말처럼 쉽진 않다. 그 이유는 꿈을 이룬 후의 자신의 마인드가 아니라 현재의 자신의 입장과 상황에서 미래를 떠올리기 때문이다. 현재의 마인드와 시각에서 보는 미래는 지금까지 지나온 과거의 모습과 다를 수 없다. 경험에 근거해 만들어낸 이미지이기 때문이다.

꿈을 이루기 위해서는 꿈을 이룬 후의 시각과 사고, 가치관으로 미래의 모습을 생생하게 그려야 한다.

또한 이미지트레이닝의 효과를 높이기 위해서는 어떤 상황에서도 희망의 끈과 삶의 의미를 놓지 않는 마음을 만드는 일도 꼭 필요하다.

아무리 절박하고 절망적인 상황이어도 희망을 잃지 않고 밝은 미래를 신뢰하는, 긍정적인 마음의 힘을 강하게 느끼게 해주는 책으로 『죽음의 수용소에서』를 꼽고 싶다. 이 책은 오스트리아의 신경학자이자 정신과 의사인 빅토르 프랑클Viktor Frankl 박사가 나치의 강제수용소에서 직접 겪은 내용을 쓴 자전적인 체험 수기이다.

제2차 세계대전 당시 나치 수용소의 수용자들은 관리자의 손가락이 오른쪽을 가리키면 막사, 왼쪽을 가리키면 가스 처형실로 끌려갔다. 단지 유태인이라는 이유만으로 말이다. 빅토르 프랑클 박사 역시 이러한 일이 매일같이 벌어지는 죽음의 수용소를 4곳이나 경험했는데, 그는 어제까지만 해도 옆에서 숨 쉬고 말하던 사람이 한순간에 사라지는 지옥 같은 고통의 시기를 견뎌 그곳에서 살아남았다. 그는 그때 겪은 수용소에서의 경험을 바탕으로 '로고테라피logotherapy'라는 새로운 정신치료법을 개발해 전쟁으로 고통 받는 주위 사람들을 도왔다. 로고테라피는 과거에 집착하지 말고 삶의 의미를 찾아 미래를 바라보며 삶을 충실하게 살라고 격려하는 심리치료법이다. 로고테라피가 탄생하는 근거와 과정을 『죽음의 수용소에서』에서 찾아볼 수 있다.

『죽음의 수용소에서』는 손가락 하나로 생과 사가 결정되는 그 절망적인 상황 속에서도 삶의 의미를 잃지 않고 승리하는 인간 존엄성에 대해 말하고 있다. 프랑클 박사가 이 책에서 우리들에게 전하고자 하는 메시지는 어떤 열악한 상황에서도 인간의 삶에 의미를 부여해야 한다는 것이다.

책 내용을 보면 수용소에 갇힌, 모두 같은 두려움과 공포를 느끼며 매일매일 생과 사를 오가는 고통스러운 상황에서 빅토르 프랑클 박사 자신을 비롯해 살아남은 자들을 이끈 것은 바로 삶에 대한 의지였다는 사실을 알 수 있다. 자신의 삶과 죽음이 헛된 것이 아니라 의미 있고 가치 있다는 믿음, 그것이 그들로 하여금 살아남게 한 것이다.

빅토르 프랑클 박사는 『죽음의 수용소에서』에서 인간은 의미를 추구하는 존재가 될 때 살아갈 가치를 갖게 된다고 말한다.

많은 부분에서 발전한 현대사회이지만, 그와 비례해 자살자의 수도 늘어나는 아이러니가 존재하는 게 현실이다. 스스로 목숨을 버리는 최악의 선택을 하는 이유는, 빅토르 프랑클 박사의 이론처럼 삶에서 찾아야 하는 의미를 잃어버렸기 때문일 것이다. 현재 자신이 처한 상황과 자신의 모습이 자신이 원하는 것과 180도 다르고 절망스러울지도 모른다. 하지만 그렇다 할지라도 자신의 삶이 의미 있다고 믿고, 발전된 미래를 위해 스스로를 바꾸겠다는 긍정적인 마음을 가진다면 분명 미래는 스스로 만족할 수 없었던 과거, 그리고 현재와는 다를 것이다. 그것이 이미지트레이닝을 해야 하는 이유이고 효과이다.

그러기 위해서는 자신의 마음속을 잘 들여다봐야 한다. 매일 겪는 일들이나 만남에 최선을 다하지 않고 덤덤한 상태로 넘겨버리는 것은 아닌지, 아침과 저녁을 불평불만으로 열고 닫는 것은 아닌지, 상대방에게 책임을 떠넘기고 미워하고 비판하기만 하는 것은 아닌지, 자기계발을 위해 버려야 하는 습관이나 사고방식을 떨쳐내지 못하는 건 아닌지, 진정으로 변화하기를 바라는지, 그럴 용기가 있는지 살펴보고 진단해야 하는 것이다. 그러는 과정을 거치면서 우리는 긍정적인 시각으로 현실의 삶과 미래를 보게 되고, 마침내는 현실의 자신과는 다른, 간절히 소망하는 미래의 모습을 갖출 수 있는 것이다.

미래에 대해 긍정적인 시각을 갖기 위해 가장 먼저 해야 할 일은 스스로 자신에 대해 긍정적으로 생각하는 것이다. 스스로에 대해 부정적인 이미지가 많은 사람의 미래는 부정적으로 변해가고 긍정적인 이미지가 많은 사람의 미래는 긍정적으로 발전해 나간다는 것을 잊지 말아야 하고, 강하게 믿어야 한다.

이미지트레이닝의 효과를 최대한 끌어내기 위해 마음부터 준비해 스스로의 이미지를 긍정적인 모습으로 그리는 일에서부터 시작해야 하는 것이다.

긍정화법을 사용하라

성공적인 이미지트레이닝을 위해 긍정적인 마음 상태부터 준비되어 있어야 함을 앞에서 말했다. 물론 긍정적 사고, 긍정의 힘이 가지는 영향력과 그 범위가 우리 삶 전체임을 인정하지 않는 사람은 없을 것이다. 머리로는 이해해도 가슴으로 받아들이지 못하는 사람은 있을지 모르지만 말이다.

긍정적인 마음, 긍정적인 사고는 우리가 꿈을 이루기 위해 기본적으로 갖춰야 할 소양이다. 긍정적인 마음과 긍정적인 사고를 머리로만 인정하는 게 아니라 스스로도 직접 긍정적인 마음과 사고를 갖고 살아가기 위해 긍정적으로 말하는 것을 습관화해야 한다. 즉 긍정화법을 사용하라는 것이다. 말은 그 사람의 생각과 감정을 표현하는 것이기도 하고, 거꾸로 좋은 말과 긍정적인 말을 자꾸 함으로써 좋은 생각과 좋은 감정으로 바꿀 수도 있다. '가는 말이 고와야 오는 말도 곱다'라는 속담도 있지 않은가? 말이 단순히 의견을 전달하기 위한 기계적 수단이라면 그런 인과관계가 성립되지 않을 수도 있다. 하지만 좋은 말을 들음으로써 그 사람의 마음과 기분이 좋아져서 다시 상대에게 좋은 말을 해주게 되는 것이다.

업무상 많은 회사를 방문하는데, 그 회사 사람들이 자주 사용하는 어휘들을 보면 그 회사의 분위기와 더 나아가 미래를 볼 수 있다. 어떤 회사 사람들은 사소한 대화든 회의에서의 의견이든 긍정적인 어휘들을 많이 쓰고 미래를 향해 힘차게 나아가는 변화를 상징하는 어휘를 많이 사용한다. 그런 회사의 미래는 밝을 것이라고 나는 믿어 의심치 않고, 또 그 결과를 보기도 했다. 회사뿐이겠는가? 당연히 그 회사 구성원들의 미래도 밝고 발전적이다.

반면 어떤 회사에 가보면 사람들이 부정적인 의미를 품은 어휘들을 많이 사용하는데, 그런 회사치고 성장하는 회사를 보지 못했다. 아예 사라지는 회사도 있었다. 당연히 그 회사의 사람들도 성공과는 좀 더 거리가 멀어졌을 것이다.

너 나은 내일을 위해, 자신의 꿈을 이루기 위해 긍정화법을 사용하자. 자꾸 부정적인 내용과 단어들로 말하다 보면 자신도 모르는 사이 언어의 지배를 받아 생각하고 행동하게 되므로 그 결과 역시 부정적일 수밖에 없다. 반대로 긍정적인 내용과 단어들로 말하는 것을 일상화한다면 그 언어들의 긍정적 에너지를 흡수해 긍정적인 생각을 하고 행동하게 된다. 이렇게 된다면 어느 날, 목표로 한 지점에 가 있는 자신을 발견할 수 있다.

사회생활을 하다 보면 정말 온갖 사람들을 만난다. 도저히 상식으로는 이해할 수 없는 사고와 행동을 하는 사람들도 적잖이 만난다. 개인적인 관계일 때도 스트레스를 받기 때문에 문제이지만 공적인 관계의 사람이 그럴 경우 더욱 곤란하다. 스트레스뿐만 아니라 당장 업무에 지장이 있고 나의 발전에 걸림돌이 되기도 하기 때문이다. 그렇다고 그 사람 때문에 회사를 그만 두거나, 다른 회사의 사람일 경우 함께 진행하고 있던 일을 도

중에 포기할 수도 없다.

다른 사람을 바꾼다는 것은 참으로 힘들다. 하지만 자기 자신을 바꾸는 것은 의지와 신념만 있으면 가능하다. 그러니 누군가 때문에 스트레스를 받고 업무에 지장을 받는다면 그 상대방을 바꿀 생각을 하기보다 자신의 태도를 변화시키도록 하자. 이것은 상대를 위해서가 아니라 스스로의 미래를 위해서이다. 나 자신이 말과 행동을 긍정적으로 바꿈으로써 상대가 수동적이지만 따라와 변할 수밖에 없도록 하는 것이다. 그러기 위해 우선적으로 해야 할 것이 긍정적인 화법을 사용하는 것이다.

긍정화법은 긍정 에너지를 자신의 내부에 순환하게 만들고 나아가 주변 사람들에게도 그것을 전달한다.

가장 먼저 자기 자신을 믿는 긍정화법을 사용하자. "나는 이 일을 해낼 수 있다." "나는 발전하고 있다." "어제는 비록 실패했지만 오늘은 할 수 있다." 이렇게 스스로를 믿는 말을 속으로든 입 밖으로든 자주 한다면 분명 말처럼 된다.

자신을 향한 긍정화법을 위해 '어퍼메이션affirmation'을 이용하자. 어퍼메이션은 자신에게 하는 긍정적인 선언을 뜻한다. 어퍼메이션은 스스로에 대해 의식적으로 좋은 말을 지속적으로 함으로써 자신이 원하는 대로 자신을 변화시켜 나가는 방법이다. 바로 앞에서 예를 들었듯이 "나는 (   )이다"라는 문장의 괄호 속에 긍정적인 내용의 말들을 넣어 긍정문을 만드는 것이다.

예를 들어 "나는 실패를 극복하는 힘이 있다." "지금은 부족하지만

 쓰고 상상하고 실행하라

노력하고 있으니 성장할 것이다."　"나는 이 정도의 병은 충분히 이겨낼 수 있다." 식의 긍정문을 스스로에게 반복해서 선언하는 것이 어퍼메이션이다. 어퍼메이션을 반복함으로써 잠재의식 속에 똬리를 틀고 있던 부정적인 생각들을 밀어내어 자신의 꿈을 이루는 데 방해가 되는 한계를 무너뜨릴 수 있다.

어퍼메이션은 마음속으로 읊어도 좋고 소리 내어 말해도 좋다. 거기에다 펜을 들어 노트에 몇 번씩 적고 소리 내어 읽는다면 더 큰 효과를 얻을 수 있다. 어퍼메이션을 사용함으로써 우리는 어떤 일이든 해낼 수 있다는 자신감과 지혜를 얻고 결국 안고 있는 문제를 해결하고 소망하는 것을 이루게 된다. 긍정적인 말을 하면 긍정의 에너지가 내면에서 생겨나며 긍정의 에너지는 우리가 무슨 일을 하든 가능하도록 도와주기 때문이다

경영 컨설턴트, 주식회사 사피엔스 매니지먼트의 대표이사 겸 사장인 일본인 나카이 다카요시中井隆吉는 자신의 책『잠자기 전 5분』에서 다음과 같이 밝히며 어퍼메이션의 효과에 대해 설파했다.

어퍼메이션이란 당신의 꿈과 목표를 실현하기 위해 의식적으로 행하는 긍정적인 자기 설득의 화술을 말한다. 낯설고 어려운 일에 도전할 때, 먼저 그 일이 성공했을 때의 모습을 머릿속으로 상상하면서 과거완료형으로 '○○가 되었다'며 실제 행동에 앞서 소리 내어 말하면 소망하고 목표하는 일이 쉽게 실현된다는 것이다 (중략) 꽤 오래 전 일이지만, 나는 한때 내가 만든 셀프이미지의 어퍼메이션을 내 목소리로 CD에 녹음한 다음, 오디오의 타이머를 이용해서

매일 아침 자명종 대신 사용했다.

자아 암시문을 본인의 목소리로 녹음해 매일 아침 자명종 소리 대신 듣다니, 좋은 방법이라는 생각이 들었다.

어퍼메이션은 자기암시로서 최면의 연장선으로 볼 수 있는데, 최면의 개척자 중 한 명인 프랑스 의사 에밀 쿠에Emil Coue는 자기암시를 통해 자연치유력을 발견했다. 즉 환자들에게 긍정적인 말을 반복적으로 하게 해서 갖가지 병을 치유하고 완화시킨 것이다.

에밀 쿠에는 환자에게 "나는 모든 면에서 나날이 좋아지고 있다"는 말을 반복하게 했는데, 놀랍게도 대부분의 환자의 병이 호전됐다. 긍정화법이 스스로에게 긍정의 힘의 씨앗을 뿌려 그 씨앗이 몸에 좋은 기운으로 피어나 병을 극복하거나 호전되게 한 것이다.

또한 어퍼메이션은 앞에서 말한 잠재의식의 숨겨진 거대한 힘을 깨우는 데 아주 효과적이다. 중요한 것은, 어퍼메이션은 매일 습관적으로 해야 한다는 점이다. 이제부터 스스로에게 필요한 긍정적 자기 암시문을 몇 가지 만들어 아침저녁으로, 혹은 평소 생활을 하는 짬짬이 속으로 말하거나 소리 내어 말해보자. 놀라운 변화를 경험할 것이다.

어퍼메이션의 연장으로 칭찬에 인색하지 말아야 한다. 스스로에게나 다른 사람에게나 칭찬을 많이 하자. 그 칭찬은 막연한 내용이 아니라 구체적인 내용을 담고 있어야 힘을 발휘한다.

"이면지를 활용하기 위해 모든 팀들이 한 곳에 이면지를 모으자는 의견, 정말 좋았습니다. 별것 아닌 것 같지만 각자 이면지를 모으는 것보다 훨씬 활용도가 높을 것 같아요." 이런 식으로 구체적으로 꼭 집어서 칭찬을 해야 상대가 믿고 긍정 에너지를 받는 것이다. 스스로에게도 마찬가지다. 하루를 마감하기 전에 그날의 업무나 느낀 점 등을 기록할 때 자신이 어떤 일에서 어떻게 잘 해냈는지, 크고 작은 부분을 가리지 말고 구체적으로 칭찬해야 칭찬의 힘으로 춤추게 된다.

말은 단순히 의사소통의 도구가 아니다. 말은 파동을 가진 하나의 에너지이다. 자석이 그러하듯 에너지도 서로 같은 것끼리 끌어당기는 힘이 있다. 내가 먼저 좋은 내용의 말을 하면 다른 사람으로부터 좋은 말을 끌어당길 수 있다.

각 분야의 탁월한 리더나 성공자들의 공통점 중 하나가 기록하는 습관이듯이, 그들의 또 다른 공통점이 바로 긍정화법을 구사한다는 점이다. 『1%만 바꿔도 인생이 달라진다』는 책 제목처럼 사소한 듯 보이는 차이가 상위 1퍼센트의 사람을 만든다.

나는 긍정의 힘이 강조되는 만큼 긍정화법도 가치를 지닌다고 믿는다. 학자들의 연구 결과에 따르면 우리 뇌세포의 99퍼센트는 우리가 사용하는 말에서 영향을 받는다고 한다. 그러니 우리는 계획된 회의나 미팅 시간만이 아니라 일상생활을 하면서 늘 긍정적인 말을 할 때 긍정적인 사람으로 변화하고 그것은 성공의 돋움대가 된다.

고 정주영 현대그룹 회장이 즐겨 부르던 18번이 송대관의 '해뜰날'이라는 사실은 널리 알려져 있다. 그렇게 희망을 믿고 쫓는 노랫말의 노래를 부르다 보니 원대한 꿈을 이루고 성공할 수 있었다고 한다면 지나친 비약일까?

어릴 때 "에이, 오늘 시험 망칠 거 같아"라고 말하면 어머니께서 "입살이 보살이다. 그런 말 하지 마라"라고 하셨다. '입살이 보살이다'라는 말을 한자로 표현하면, '구업(즉)보살口業(卽)菩薩' 혹은 '구업성보살口業成菩薩'로, 입으로 염원하는 그 자체가 보살 역할을 한다'는 뜻이다. 불교적인 관점에서 나온 말로 같은 말을 자꾸 반복하면 말대로 이뤄진다는 의미에서 긍정화법의 가치를 말하고 있다고 할 수 있다.

옛날 사람들과 우리 어머니는 부정적인 말이 부정적인 결과를 가져올 수 있다는 것을 삶 속에서 터득한 것이다. '입살이 보살이다'라는 말과 비슷한 말로 '입이 화근이다' '말이 씨가 된다'는 말이 있는데, 모두 우리가 아무 생각 없이 내뱉는 말 한 마디에 우리의 현실과 미래를 좌우할 수 있는 에너지가 들어 있음을 깨닫게 하는 말이다. 그러므로 일상생활을 하면서 늘 긍정적인 말을 사용하려고 의식적으로 노력해야 할 것이다.

진정 하고 싶은 게 무엇인지부터 찾아라

많은 사람들이 꿈이 없다고, 자신이 뭘 하고 싶은지 모른다고 말한다. 나는 그런 말을 들을 때마다 이렇게 생각한다. '혹시 저들은 자신이 하고 싶은 일이 무엇인지 진지하게 고민해보는 대신 자신이 할 수 있는 일을 찾은 것은 아닐까?' 하고.

자주 만나는 사이는 아니지만 가끔 만나는 동창이 있다. 그 친구는 늘 무표정하거나 조금 찌푸린 표정이고 항상 지쳐보인다. 그리고 만날 때마다 술을 마시고 싶어 하고 많이 마신다. 그리고 결국 똑같은 애기로 마무리된다. "사는 게 힘들고 재미없다. 회사는 할 수 없이 억지로 다니고, 삶에 미련도 없다." 꽤 오랜 시간 동안 그는 왜 똑같은 현실 인식을 하고 똑같은 감정을 느끼면서도 변화하려고 하지 않을까? 노력은 해보는 걸까?

"만날 살기 힘들다고 하지 말고 왜 그런지 생각은 해봤어? 그리고 원인을 찾아 해결하려고 해봐. 일상의 사소한 부분들을 조금 바꾸기만 해도 가능성이 보일 수 있어. 내가 보기에 상황에 끌려 다니면서 우는 소리만 하고 있는 것처럼 보여."

강연 등과 같은 공식적인 자리가 아닌데 다른 사람에게 사는 법에 대해 훈수를 두는 것은 신중해야 할 일이지만, 답답한 마음에 몇 번 그렇게 이야기했다. 그때마다 그 친구의 답은 역시 똑같았다.

"네 입장에선 그렇게 생각할 수 있겠지. 넌 뭐든 할 수 있는 상황이니까. 넌 몰라. 그저 매일 연명하기도 벅찬 사람들의 심정을. 꿈? 그런 게 어디 있어?"

"그러니까 더 그런 상황에서 빠져나오려고 해야지. 왜 해보지도 않고 포기하는 거야?"

"그게 다 여러 가지 면에서 여유가 있는 사람들이 하는 말이라니까. 내가 뭘 할 수 있겠어? 매달 만만찮게 병원비가 들어가는 어머니에, 애가 둘이야. 마누라까지 일을 해도 살아가는 데 급급하다고. 그런 내가 뭘 할 수 있다고 그래? 넌 몰라."

안타깝게도 현재까진 그 친구를 변화시키지 못했다. 옆에서 아무리 좋은 이야기를 해주고, 혹은 본인이 노력하는 차원에서 좋은 책을 읽어도 그 내용을 스스로 믿고 인정하고 자신을 변화시키려는 의지를 가지고 실행하지 않으면 그 어떤 명약도 그림의 떡이다.

나는 많은 사람들이 자신의 현실을 못마땅해 하면서도 꿈과 비전을 갖지 않고 똑같은 날을 반복하는 이유가 그 친구처럼 '나는 할 수 없다' '나의 상황에선 할 수 없는 일이다'라고 생각하기 때문이라고 생각한다. 그렇기 때문에 자신이 진정 무엇을 하고 싶은지 알아내지 못하고, 당연히 꿈을 품고 멋진 미래를 그릴 수도 없다고 생각한다. 스스로 희망의 싹을 잘라내는데 어떻게 더 나은 미래를 꿈꿀 수 있겠는가? 긍정적이고 유연한 열린 마음으로 자기 속에 숨은 희망과 가능성의 싹을 찾아 물을 주고 정성껏 키워야 한다.

꿈이 없으면 갖고 싶은 것, 입고 싶은 것, 따라하고 싶은 라이프스타일의 이미지를 잡지에서 오려 붙이는 일부터라도 해야 한다. 그렇게 함으로써 현실이 아니라 미래의 시각으로 살아야 오늘보다 더 나은 내일을 맞이할 수 있는 것이다.

자신의 몸과 마음을 미래지향적으로 작동하기 위해서는 '진정으로 하고 싶은 게 무엇인가' 하는 것부터 스스로에게 물어 답을 얻어내야 한다. 자신이 현재 하고 있는 일이 무엇이든, 처해 있는 상황이 어떠하든 그것은 '내가 진정으로 하고 싶은 것은 무엇인가'라는 질문에 영향을 끼치면 안 된다. 순수하게 자신이 하고 싶은 것을 찾아내서 그것을 하기 위해 현실의 시간을 사용해야 한다.

물론 자신이 진정 하고 싶은 일이 무엇인지 찾아내는 것은 쉬운 일이 아니다. 사실 많은 사람들이 평생 그것을 알지 못한 채 생을 마감한다.

자신이 진정으로 하고 싶은 것을 찾아내기 위해서는 겉으로 드러난 자신이 아니라 내부에 숨어 있는 또 다른 자신에게 질문해야 한다. 즉 '자아1'이 아니라 '자아2'에게 물어야 자신의 진짜 목소리를 들을 수 있다.

자아1과 자아2는 심리학에서 사용하는 말로, 현실인식과 잠재의식의 또 다른 이름이다. 평소에 우리가 느끼고 인식하고 있는 나 자신은 겉으로 드러난 자아, 의식적인 자아로 자아1이다. 자아2는 우리가 평소에는 인식하지 못하는, 우리 내면 속에 깊이 숨어 있는 마음, 즉 부의식(잠재)적인 자아이다. 모든 사람들은 이렇게 두 개의 자아를 가지고 있다.

평소에 의식할 수 있는 자아인 자아1은 지금까지의 경험과 사유를 판단 근거로 삼아 모든 일과 사태에 임한다. 그렇기 때문에 긍정적이고 희망적이기 보다는 부정적이고 비판적일 확률이 높다. 반면 자아2는 본능이고 직감이며 감성으로, 어떤 고정적인 생각이나 잣대가 관여하지 못한다. 그러므로 자아2를 잘 이용하면 자신의 참모습을 알 수 있고 무한한 가능성을 발견해 활용할 수도 있다. 자아2를 잘 활용하기 위해서 우선 자신감과 가능한 한 하고 있는 일에 확신을 가지며, 자신이 바라는 미래를 이미지로 떠올려야 한다. 또한 미래를 향한 걸음을 걷더라도 현실에서 일어나는 일들을 무심코 지나치지 말고 잘 살펴서 그 속에서 자신에게 필요한 것을 걸러내야 한다. 그리고 일상에서 어떤 일이나 상황에 맞닥뜨렸을 때 지금까지의 사고방식이나 상식 등으로 섣불리 판단하지 않고, 그 대신 충분히 느끼도록 노력해야 한다.

의식적으로 자아2, 즉 잠재의식을 깨우는 훈련을 하고 자아2가 활동하는데 자아1이 끼어들어 방해하지 않도록 주의를 기울인다면 자아2는 우리가 예상하는 것보다 훨씬 깊고 넓은 범위에서 활발하게 움직일 것이다. 그렇게 되면 우리는 자아2로부터 많은 것을 끌어내어 현실을 바꾸고 원하는 미래를 만들어나갈 수 있다. 원하는 미래의 모습, 꿈을 이룬 자신의 모습을 생생하게 이미지로 떠올리고 그 이미지에 대한 확신을 가지려고 노력하면 자아2가 우리가 미처 의식하지 못했던 능력을 발휘해 꿈을 이루기 위해 필요한 방법을 실행하게 도와준다. 마침내 진정 하고 싶었던 일을 하고 있는 자신을 발견하게 되는 것이다.

소망을 현실처럼 그림으로써, 소망을 실제 일어난 일처럼 여김으로써 자아2는 생동감 넘치는 활동을 하게 된다. 소망이 이루어질 것이라 믿기 위해 앵커링anchoring이라는 기법을 사용하는 것도 효과적이다.

앵커링은 NLP 기법에서 나온 단어이다. 여러 영역에서 활용할 수 있고 그 효과가 좋아 최면, 행동치료, 인지치료 등에서 다양하게 사용되고 있다. 앵커anchor란 배가 항구에 정박할 때 사용하는 닻을 뜻하는 단어이며, 암벽타기를 할 때 줄과 사람을 연결하는 고리 역시 앵커라 부른다.

앵커링 기법이란 배가 항구에 닻을 내리는 것처럼 하나의 심리 상태를 어떠한 특정한 심리 상태로 닻을 내려 주는 것을 의미한다. 단어는 생소하지만 앵커링은 독특한 실행법이 따로 있는 특별한 기법이 아니다. 일

 쓰고 상상하고 실행하라

상생활에서 흔하게 접할 수 있는 심리 상태의 하나이다.

예를 들어 배가 고플 때 자신이 좋아하는 음식, 김이 모락모락 피어오르는 설렁탕이나 갈비 굽는 냄새를 떠올리면 군침이 돌거나 석류를 떠올리면 입 안에 침이 고인다면 그것은 설렁탕의 이미지와 석류의 이미지가 그것들을 먹었던 심리 상태와 앵커링됐기 때문이다. 어떤 음악을 들었을 때 마음이 편안해지거나 슬픈 감정이 드는 것도 마찬가지다. 그 노래에 우리의 심리가 앵커링되는 것이다.

이렇기 때문에 앵커링 기법을 사용하는 것은 사실 크게 어렵지 않다. 우리가 이미 경험해왔던 것이기 때문이다. 예를 들어 아직 언어로 소통이 잘 안 되는 아이가 울 때 "뚝!"이라는 말을 한다든지, 더러운 것을 만지려고 할 때 "지지"라고 말함으로써 아이의 행동을 저지하는 것도 앵커링 상태를 유도해내는 것이다.

평소에는 말을 잘하는데, 공식적인 자리에서 여러 사람 앞에서 발표를 할 때는 긴장해서 제대로 말을 하지 못하는 경우라면 자신만의 앵커링 기법을 만들어보자. 예를 들어 기분이 편안하고 자신감 넘쳤던 순간들이나 기쁜 소식을 들었을 때의 감정을 떠올리는데, 그때 자신만 알고 있는 어떤 육체적 암호를 정하는 것이다. 엄지손가락을 안으로 말아 쥔다든지, 발뒤꿈치를 들어 까치발을 한다든지 말이다. 그렇게 해서 불안한 현재의 심리 상태를 편안하고 좋았던 심리 상태로 앵커링한다면 자신이 원하는 모습을 만들어나갈 수 있다.

그들은 노트에
무엇을 기록했을까

:

1828년 파리에서 가게를 연 이후 향수 하나로 5대째 가업을 이어오고 있는 겔랑은 천재적 감각의 향수 전문가를 배출하는 가문이다. 현재 겔랑의 조향사 장 폴 겔랑Jean Paul Guerlain은 무려 3000여 개의 원료를 후각으로 구분할 수 있는 천재인 것으로 유명하다. 이렇게 겔랑 가문이 천재적인 감각을 지닌 후손을 배출할 수 있었던 비결은 과연 무엇일까? 바로 향수 노트, 일명 '겔랑 노트'에 그 비밀이 숨겨져 있다.

1대 프랑수아 파스칼 겔랑Pascal Guerlain이 처음 쓰기 시작해서 5대에 걸쳐 내려온, 가문의 보물 1호인 '겔랑 노트'에는 온갖 종류의 향수를 만들기 위한 제조 비법, 아이디어, 제조 과정에서 실패했던 사례까지 향수의 역사에 대한 모든 기록들을 담고 있다고 한다. 그 노트를 통해 겔랑가의 후손들은 150년 전 만들었던 왕비의 향수 '임페리얼Imperial'을 비롯해 생텍쥐페리의 소설 이름에서 유래된 '야간비행Voi de Nuit' 등의 향수를 오늘날의 시장에서 완벽하게 재현해낼 수 있었다.

향기로 세상을 매혹시키고자 했던 겔랑 가문의 꿈은 150년 이상 지속적으로 축적된 노하우로 오늘날까지 전해져 세계인의 사랑을 받는 명품이 됐다. 마찬가지로 오늘 하루 세상에 어떤 흔적과 향기를 남겼는가에 따라 훗날 개인의 미래도 각기 다른 브랜드 가치를 지닌다.

자기 분야에서 최고봉의 자리에 우뚝 선 사람들에게는 어김없이 특별한 마인드 컨트롤러가 작동하고 있는데, 그것은 그들의 공통분모인 비밀 노트, '석세스 다이어리'에서 비롯된 것이다.

꿈 전용 노트라 부를 수 있는 석세스 다이어리는 그들에게 마인드 트레이닝 도구이기도 했고 기술적 세부 내용을 요약해놓은 전문 훈련 일지이기도 했다. 하지만 더 중요한 것은 그 비밀 노트를 통해 자신의 꿈을 인생의 주요 테마로 정하고 모든 포커스를 '꿈'에 집중시켰다는 점, 즉 일상생활의 모든 나머지 활동을 꿈을 위해 정리하고 통합했다는 점이다. 때때로 꿈은 매우 이기적이다. 엄청난 짝사랑을 요구하기도 한다. 꿈을 이루기 위해 다른 많은 즐거움을 희생하거나 일반적인 방식을 포기하는 결단이 뒤따르기도 한다.

나는 나의 꿈을 이루기 위해 집중되고 열정적인 노력을 함과 동시에 성공한 그들의 비밀 노트를 벤치마킹하고자 마음먹었다. 언론에 자주 등장한 그룹은 아무래도 대중적 관심을 받는 스포츠 스타들이었다. 앞에서도 언급했지만, 박지성과 여민지의 노트는 그날의 훈련 내용, 세부적인 전문 기술, 마음을 다스리는 경구 등 훈련 매뉴얼과 함께 마인드 컨트롤 성격이 강했다는 점이 나에게 핵심 메시지를 주었다.

박지성 선수가 쓴 『더 큰 나를 위해 나를 버리다』는 단순히 한 유명 축구 선수의 자서전이 아니라 사실 자기계발서에 더 가깝다. 성공적인 유럽 진출의 모델을 잘 보여줄 뿐 아니라 단계적으로 잠재력과 개인 브랜드를 성장시켜온 노하우가 담긴 훌륭한 자기계발 교본이다. 철저한 프로페셔널 마인드와 이미지 트레이닝도 모두 어릴 적 훈련 일지를 쓰던 습관에서부터 출발해 형성된 것이다. 미국 LPGA에서 활동하는 최나연 선수도 스트레스를 다스리기 위해 매일 밤 잠들기 전에 일기를 썼고 덕분에 마음을 안정시켜 경기력 향상에 큰 도움을 받았다고 한다.

또한 비즈니스 분야의 리더나 경영자들, 각 분야별로 탁월한 업적을 나타낸 셀프 리더들도 어김없이 비밀 노트를 작성하고 있었는데, 그들은 대개 정보 습득과 시대의 흐름을 읽기 위해 메모와 스크랩을 활용하고 있었다. 세상을 보는 안목과 관점을 키우려면 별도의 노트에 신문과 잡지 스크랩을 하는 것이 가장 효과적이라는 점을 그들은 일찌감치 제대로 파악하고 있었다.

미국의 위대한 리더로 손꼽히는 케네디 대통령도 청소년 시절에 신문 읽기를 즐기는 학생이었다. 일찌감치 신문을 스크랩하고 자기 관점을 키우는 훈련을 습관화했다. 특히 「뉴욕타임스」를 정기 구독했는데 그 덕분에 다른 학생들에 비해 일찍 시사에 정통한 학생이 됐고 자신의 진로를 선택하는 데 큰 영향을 받았다고 한다.

명문가의 자제였던 케네디는 처칠처럼 중고등학교 시절에 부모의 속을 썩였던 학생이었지만 시간이 지날수록 자신만의 독자적인 관점을 기지 넘치게 표현해냈다. 사립 명문학교인 초트스쿨의 교장은 케네디를 '세상사에 관한 소식통으로는 자기 학년에서 둘째가라면 서러워할 학생'으로 기억한다. 또 하버드대에서 정치학을 강의하던 체스터 핸퍼드 교수는 케네디가 누구의 관점에도 기대지 않은, 그야말로 견해가 독창적인 학생이라 신문기자가 될 것을 권할 생각이었다고 한다.

 쓰고 상상하고 실행하라

이처럼 성공한 리더들의 메모와 스크랩 습관은 단순히 정보를 모아두는 것에 그치지 않고 자신만의 독자적인 관점과 견해를 기록하는 형태로 발전해간다. 기록하는 습관은 새로운 관점의 지적 생산을 위해 전문성이 담긴 업무 일지를 쓰거나 경영 노하우를 별도로 기록하는 노트나 책을 집필하는 방향으로 진화한다. 그렇게 기록하고 스크랩하는 습관이 또 다른 기록을 낳는 일종의 기록의 부익부 현상으로 나타나는 것이다.

보통사람들이 대부분 마우스를 쥐고 시간을 소진하고 있을 때 조용히 펜을 들어 자기성찰의 기록을 남기는 사람들은 대개 리더나 자기경영자들이다. 그들의 노트에는 다양한 콘텐츠가 살아 숨 쉬고 있다. 자신의 하루를 담은 훈련 내용, 메모와 스크랩, 마인드 트레이닝을 위한 사진 이미지, 마음을 다스리는 경구, 책에서 발견한 마음에 드는 내용, 자신의 꿈과 목표, 향후 계획, 실천 항목 리스트 등이 포함돼 있다.

하지만 무엇보다 그들을 특별한 사람으로 성장시킨 것은 자신의 꿈을 담은 몰입의 콘텐츠였다. 꿈이 가리키는 방향을 따라 기록으로 남기고 싶은 것들을 차곡차곡 써내려간 것이다. 꿈이 주요 테마였기에 처음부터 특별한 형식이나 틀에 얽매이지 않고 그저 꿈에 유익한 콘텐츠들을 모으고 정리하는 마음가짐으로 노트를 펼쳤다. 그런 기록들이 지속적으로 쌓여 석세스 다이어리 혹은 꿈 전용 노트의 형태를 갖추게 됐다. 그들의 노트는 긴 시간에 걸쳐 자신의 일과 관련된 노하우로 축적되고 동시에 한 분야의 깊이 있는 콘텐츠로 완성된다. 그렇게 각 분야의 거장이나 대가들은 공통적으로 석세스 다이어리 작성을 통해 자신만의 풍부한 콘텐츠를 만들어내고 보관한다.

그렇다면 그들은 노트에 과연 무엇을 기록했을까?

나는 그들의 성공 열쇠인 석세스 다이어리를 벤치마킹하기 위해 그들이 기록한 내용의 유형을 살펴보고 노트에 담긴 비밀을 파헤쳐 요약 정리하는 과정이 필요하다는 판단이 들었고, 실행했다. 그리고 실행을 통해 자연스럽게 그들을 벤치마킹하게 됐고 내 나름의 독특한 성공 노하우를 축적해나갈 수 있었다. 그 과정에서 이미지트레이닝이 포함된 기록의 힘을 실제적으로 확인했다. 석세스 다이어리의 양과 질의 향상과 비례해 나의 꿈은 현실이 되어갔다.

성공한 사람들처럼 노트에 꾸준히 기록하는 습관을 적용해 실천한다면 평범한 사람도 자신의 하루를 매우 특별한 날로 변화시킬 수 있다. 더 나아가 한 달, 일 년, 평생을 가치 있고 특별한 날로 만들어갈 수 있고 때에 맞춰 꿈과 목표를 성취해낼 수 있다. 그리하여 마침내 꿈꾸던 이미지 그대로 다른 사람과 사회에 도움이 되는 가치를 제공하며 스스로 소망했던 삶을 살게 되는 것이다.

이제 역경을 이겨내고 꿈을 성취한 사람들의 석세스 다이어리에 공통적으로 기록된 내용들을 토대로 성공의 비밀 열쇠, 석세스 다이어리의 비밀을 정리해보자.

시크릿 1 삶의 목표와 가슴 뜨거운 꿈

우리는 매일 이별하며 살고 있다. 과거의 시간 속으로 어제의 나를 떠나보내고 아침에 눈을 뜨면 어느새 거울 앞에 서 있는 새로운 나를 마주한다. 스스로 인식하고 있는가의 여부와 상관없이 우리 내면에는 어떤 정신적인 청사진과 비주얼 이미지가 존재하고 있다. 또 그것은 잠재의식의 세계에서 눈에 보이지 않는 에너지로 우리의 현실을 강력하게 지배하고 있다.

가령 오늘 마이너스가 찍힌 자신의 통장 잔고를 확인하고 한숨짓는 젊은이를 발견했다고 하자. 무엇으로 이 젊은 친구의 미래를 예측할 수 있을까? 마이너스 통장으로? 아니다. 몇 년 후 그의 미래에 결정적인 영향을 미치는 것은 당장 손에 들고 있는 통장의 부채가 아니라 그가 정신적으로 어떤 꿈의 이미지를 지니고 있는가이다. 때론 변화를 거부하는 낡은 사고와 마인드야말로 그 사람이 지닌 가장 크고 심각한 부채다.

이웃나라 일본에는 오늘날까지 존경받는 기업가의 롤 모델들이 여럿 존재한다. 경영의 신이라 일컬어지는, 마쓰시타의 창업자 마쓰시타 고노스케松下幸之助와 소니를 창업한 모리타 아키오盛田昭夫, 혼다를 창업한 혼다 소이치로本田宗一郎 와 같은 기업인들은 지금도 일본 사회에서 널리 존경받고 있다.

반면 대한민국에는 일본 기업가들보다 훨씬 불리한 조건에서 출발해 뛰어난 성과를 이룬 기업가들이 존재하지만 사회적으로 경영의 신이라 불릴 만큼 존경을 받지는 못하는 분위기이다. 하지만 나는 우리나라 기업인들도 존경받을 만한 부분을 충분히 지니고 있다고 생각한다. 삼성그룹의 창업자인 이병철 회장이나 현대그룹의 창업자 정주영 회장과 같은 기업가들은 경영 성과, 도전 정신, 미래 지향성 등 모든 측면에서 세계적 수준의 능력자들이다. 그들은 단순히 한 산업 분야에서 업을 일으켜 본인 스스로 먹고 살만한 수준의 안락함에 만족하거나 현상 유지를 하기 위해 스스로 도전을 멈추는 법이 없었다.

성공자들이 지닌 삶의 목표나 꿈의 이미지는 언제나 현재 진행형으로 움직인다. 과거의 목표를 달성했다는 사실이 잠시 동안은 성취의 기쁨을 느끼게 해주지만 근본적으로 자신의 행복과 존재 의미를 달성했음을 의미하지는 않는다. 진정한 행복은 미래의 성공 자아 이미지를 추구하는 지금 이 순간에 존재하기 때문에 그들이 지닌 꿈의 이미지는 언제나 현재 진행형이다.

그들은 한국전쟁 직후 설탕을 생산하거나 다리를 만드는 일만으로도 충분히 자녀를 잘 키우고 편하게 살기에 부족함이 없었을 것이다. 만약 이병철 회장이나 정주영 회장이 목표했던 삶의 목표나 꿈, 성공 자아 이미지가 그저 현상 유지에 머물렀다면 과연 오늘날 대한민국의 모습이 가능했을까?

하지만 그들은 자신들이 과거에 이룬 전 재산 모두를 담보로 걸고 자신의 목표와 꿈이 가리키는 방향으로 주저 없이 도전했다. 덕분에 기적이라 표현할 만큼 믿기지 않는 성공을 일구어낼 수 있었다. 이들은 가전, 반도체, 건설, 조선, 자동차 등 전혀 생소한 업종에 도전해 각 산업 분야에서 세계적 경쟁력을 지닌 기업들을 줄줄이 태동시키며 대한민국 산업의 근간을 이루는 업의 개념을 이 땅에 심어 놓았다.

 쓰고 상상하고 실행하라

인간은 꿈의 이미지를 쫓는다. 특히 무의식 상태에서 더 본능적으로 간절히 원하고 바라는 이미지를 쫓는다. 그래서 남녀노소를 막론하고 깨어 있는 동안 아무 일도 하지 않고 멍하니 있는 순간이 중요하다. 평소 그런 순간에 무엇을 공상하는지를 알면 그 사람의 미래를 예측할 수 있다. 무의식이 어떤 꿈을 쫓아가고 있는가에 따라 혹은 스스로 자신은 어떤 부류의 사람이라는 생각과 믿음을 갖고 있는가에 따라 사람의 사고방식, 말과 행동이 규정되기 때문이다.

각 분야에서 탁월한 성과를 올린 사람들의 비밀 노트에 기록된 꿈의 이미지는 결코 과거에 안주하는 법이 없다. 그들의 목표는 항상 현재 진행형으로 미래지향적인 특징이 있다. 그 덕분에 그들이 추구하는 삶의 목표와 꿈은 언제나 역동적이라 날마다 기록해야 할 것들로 넘쳐난다. 꿈의 빈익빈 부익부 현상이 가장 먼저 적나라하게 드러나는 곳이 바로 꿈을 적는 노트다.

오늘 당장 꿈이 없다고 부끄러워하거나 초조해할 것 없다. 평생 꿈을 갖지 못한 채로 사는 것이 훨씬 절망적이고 무서운 일이다. 새로운 시작을 꿈꾸는 사람에게 낡은 사고와 마인드는 미래에 더 큰 부채로 작용한다. 그래서 꿈을 이루기 위해서는 무엇보다 먼저 꿈을 갖기 위한 태도, 자세, 마인드를 갖추는 것이 훨씬 더 중요하다. 스포츠 선수들이 경기에 임하기 전에 최상의 컨디션을 유지하기 위해 몸과 마음을 풀고 준비하는 것과 같다.

맨 먼저 표지가 견고한 노트와 펜, 가위와 잡지를 준비하라. 경험상 딱딱하고 견고한 표지의 노트여야 오래도록 간직할 수 있다. 그다음 노트를 펼쳐 맨 앞부분에 꿈을 자극하는 사진 이미지를 오려 붙이고 삶의 목표가 되는 비전과 사명을 적으며 찬찬히 자신의 미래 성공 자아 이미지를 떠올려보자. 모든 자기 혁명의 첫걸음은 이렇게 자신의 본질―삶의 목표와 꿈―을 이해하고 그것을 기록하는 일로부터 출발한다.

이것이 바로 꿈의 시각화 작업이고 이미 수많은 강연과 자기계발서에서 공통적으로 인용하고 실천을 권장해온 일이다. 자신의 꿈을 이루고 성공자의 대열에 합류한 사람들이 가장 먼저 한 일은 먼저 자신을 정확하게 이해하는 것이었으며, 그런 다음 그들은 꿈을 찾아 목표로 삼고 그러한 꿈의 시각화 작업을 통해 자신의 성공 자아 이미지를 안정적으로 균형 있게 받아들이는 훈련을 했다. 덕분에 그들은 자신이 진정으로 원하고 바라는 분야에서 전문성을 추구할 수 있었다. 긴 시간을 이겨내고 상당한 콘텐츠를 쌓아 자신에게 진정한 의미와 가치가 있는 맞춤형 성공을 거둘 수 있었다.

자신이 원하는 것이 무엇인지 정확하게 알고 있는가? 만약 그것을 제대로 알지 못한다면 애석하게도 그 목표를 이룰 가능성은 사실상 제로에 가깝다. 더군다나 개인의 행복도 물 건너가기 십상이다. 목표는 곧 희망이기도 하다. 희망이 없는 곳엔 활기도 없고 성공도 존재하지 않는다.

시크릿 2 전문 콘텐츠와 노하우를 축적하라

매일 한 장의 글을 쓰는 것, 시시하고 조잡하지만 매우 중요한 의식이다.

―마이클 루이스Michael Lewis

성공은 그날 배운 것을 잊지 않고 일목요연하게 정리해 노트에 기록하는 사소한 습관에서 시작한다. 그날 배우고 익힌 내용의 핵심을 요약하고 노하우를 일목요연하게 정리하는 습관을 가진 사람이 자신의 분야에서 뛰어난 성과를 거둘 수 있고 평생 현역에서 일할 수 있으며 꿈을 진행형으로 유지할 수 있다.

진정 성공을 꿈꾸는 사람이라면 누구든 자신만의 분야에서 꽃밭을 일구는 노력이 필요하다. 자기 자신을 이해하고 그것을 바탕으로 삶의 목표와 비전을 세웠다면 자기 분야에서 최고가 되기 위한 전문성을 갖춰야 한다. 어느 분야이건 거장들은 자신의 브랜드나 이름값에 걸맞은 뛰어난 전문성과 디테일이 있다. 그런 거장들의 디테일은 결코 하루아침에 하늘에서 뚝 떨어진 것이 아니다. 어릴 적부터 그날 배운 것을 일목요연하게 정리하고 몸소 체득한 노하우를 꾸준히 기록으로 쌓아왔기에 가능한 것이다.

전문가의 하루는 훈련이다. 매일 체득한 핵심 내용을 일목요연하게 기록으로 정리하고 반복적으로 숙지하는 학습 과정을 거쳐야 하나의 기술을 익히더라도 세심하고도 완벽하게 자기 것으로 만들 수 있다. 다시 한 번 강조하지만, 매일의 업무나 훈련 내용을 그림과 글로 입체적으로 요약하고 정리하는 일은 모든 프로페셔널에게 공통적으로 적용되는 전공필수 과정이다. 그렇게 절실하게 축적된 콘텐츠는 결국 자신을 설명하는 스토리가 된다.

나는 가끔 내 기록과 요약의 결과물을 직원들에게 직접 공개할 때가 있다. 사내 외부 초청 강연이 열린 다음 날이면 야머Yammer(기업용 SNS)를 통해 노트에 정리 요약한 내용을 직접 스마트폰으로 찍어서 올리곤 한다. 애써 요약한 내용을 직원들에게 사진 이미지로 공개하는 것은 실천을 독려하는 한마디의 말보다 한 장의 사진 이미지가 더 강렬한 여운을 남겨주기 때문이다.

시크릿 3 스스로에게 질문을 던져라

일기를 쓰는 목적은 자신의 하루를 성찰하기 위함이다. 조직의 리더나 경영자들은 주로 자신을 돌아보고 성찰하기 위해 일기를 쓴다. 그는 일기를 통해 자주, 그리고 규칙적으로 자신에게 질문을 던진다. 당신은 스스로에게 근본적인 방향과 본질에 관련된 질문을 얼마나 자주 하는가? 자신에게 스스로 질문을 던지고 스스로 답을 구하는 문답식 사고는 뛰어난 리더들에게서 공통적으로 발견할 수 있는 특징이다.

독창적 사고를 키우고 스스로 존재 의미를 발견하고 싶다면 스스로에게 좋은 질문을 던져라! 일기는 그런 위대한 문답식 사고를 키우기에 가장 적합한 공간이다. 위대한 경영도 자기경영에서부터 출발한다. 최종 의사 결정을 내리는 위치는 본질적으로 외롭고 고독한 자리이기에 그 자리에 숨어 있는 절대 고독은 경험해본 사람만이 안다.

아무리 충분한 정보와 상황을 검토하고 많은 사람들의 의견을 들었을지라도 중요한 사항에 최종 결정을 내려야 하는 순간에는 솔직히 세상 끝에 홀로 선 기분이 든다. 특히 자신의 의사 결정에 조직의 운명과 많은 사람들의 미래가 걸려 있는 경우라면 그 압박감과 중압감은 말로 표현하기 힘들다. 혹시 미처 예측하지 못한 다른 리스크나 변수는 없는지, 본인의 최종 결정으로 인해 향후 발생할 이해의 득실 등에 대해 이리저리 고민하면서 시나리오를 그려보는 것은 리더들에겐 매우 익숙하면서도 언제나 어려운 일이다.

그렇게 늘 고독한 결정을 내리고 최종 결과에 책임지는 환경 속에서 지내는 리더들이 평소 업무 처리에 매우 유용하게 활용할 수 있는 방식이 바로 문답식 사고이다. 아무리 주위에서 많은 지식과 참고자료를 제공해도 결국 최종 의사 결정은 스스로 내리고 책임지는 구조이기 때문에 결국 본인에게 질문하고 스스로 만족할 만한 답을 내릴 수 있어야 후회 없는 선택이 가능하다.

왜 책을 읽는가? 이런 기본적인 질문을 자신에게 던지고 진지하게 답을 내려본 사람만이 자신에게 맞는 생산적인 독서를 할 수 있지 않을까. 질문에 어떤 답을 하는가에 따라 어떤 책을 선택할지, 어떻게 읽을지, 독서 기록을 어떻게 남길 것인지 등 다양한 실행 전략이 펼쳐지기 때문이다.

'리치 보이'라는 필명으로 활동하고 있는 김은섭 씨, 그는 일반 독자들에게 영향력을 미치는 전문 북 리뷰어이자 많은 출판사에서 주목하는 독서 분야의 파워 블로거이다. 그는 얼마 전『질문을 던져라, 책이 답한다!』를 펴냈다. 그는 평균 하루에 한 권의 북 리뷰를 자신의 블로그에 올리는 엄청난 독서 실천가이다.

그는 저자 강연에서 책을 읽는 이유를 '스스로 부족함을 느끼기 때문'이라고 정의했다. 그는 스스로 부족함을 느껴 주로 실용 도서를 선택해 읽기 시작했고 단지 읽는 것에 그치지 않고 삶에 실천하고자 리뷰를 쓰는 습관을 갖게 됐다. 그런 리뷰들이 쌓이면서 그것을 보다 많은 사람들과 공유하고자 블로그를 개설해 리뷰를 올리기 시작했고 그것이 그의 삶에 큰 영향을 미친 계기가 됐다. 책을 내고 저자가 된 후 그의 삶에는 많은 변화가 찾아왔다. 여러 신문과 잡지사에서 북 리뷰 전문 칼럼니스트로 그를 원했고 현재 고정 칼럼과 강연을 진행하고 있다.

남들은 아무 생각 없이 막연하게 하는 일에 대해 스스로 질문을 던지고 그것에 답을 하는 과정에서 이전에 없던 새로운 가치를 발견한다. 그래서 스스로에게 자신이 하는 일과 방향, 존재의 의미에 근본적인 질문을 던지는 일은 매우 의미 있는 일이다. 자신의 분야에서 뛰어난 성과를 이룬 많은 사람들은 업무나 자신의 능력을 성장시키는 데 문답식 사고의 틀을 활용하고 있다.

당신은 지금 자신의 꿈에 헌신하는 일을 하고 있는가? 꿈을 이루기 위한 공간에 머물고 그 꿈에 힘을 실어줄 친구들과 시간을 보내고 있는가? 스스로에게 질문을 던져라. 그 질문에 대한 답을 구하고 실천하는 과정에서 꿈이 성장할 것이다!

시크릿 4 자성적 예언의 힘

자성적 예언은 심리학 용어로 '스스로 자신에게 기대나 암시를 통해 목표를 성취하도록 하는 것'을 의미한다. 한마디로 자기 예언이다.

 쓰고 상상하고 실행하라

"나는 멋지고 좋은 사람이다." "나는 다른 사람의 말을 들어주는 사람이다." "나는 말한 것을 꼭 지키는 사람이다." 이와 같은 긍정적인 자기 암시를 반복적으로 예언처럼 말하고 표현하면 정말로 말과 행동에서 어떤 변화가 일어난다.

어떤 상황에도 좌절하거나 포기하지 않고 긍정적인 사고를 하는 사람들이 있다. 세상의 모든 중요한 자리는 결국 할 수 있다는 신념을 가진 사람의 몫이다. 끝까지 해내고야 말겠노라고 스스로를 다독이며 가능성을 찾는 사람이 그 일의 진정한 주인이기 때문이다.

그들이 가진 차별화된 노하우는 바로 자성적 예언의 힘을 믿고 자주 말이나 글로 표현하는 것이다. 때론 많은 사람들 앞에서 자신의 목표와 각오를 발표함으로써 자신의 미래를 공식 선언하는 길을 선택하기도 한다. 그렇게 목표를 설정하는 순간부터 공에서 눈을 떼지 않겠다고 다짐한 홈런 타자처럼 볼 카운트가 불리한 순간에도 승부를 포기하지 않는다. 감당하기 어려운 시련과 불리한 환경을 탓하지 않고 끝내 아름다운 승리를 거둔 사람들, 그들의 노트에서 자성적 예언의 문구를 찾아보는 것은 그리 어려운 일이 아니다.

그들의 자성적 예언이 단지 '할 수 있다'라고 외치는 말과 구별되는 점은 비슷한 어려운 상황에도 '구체적인 데이터와 콘텐츠를 기반으로 목표를 바라보는 냉철함이 있는가?'라는 것이다. 말이 아닌 행동으로 목표를 이루어내려면 뜨거운 열정과 냉철하게 현실을 분석해내는 냉정이 서로 균형을 이루어야 한다. 자성적 예언은 열정이고 그것을 노트에 기록하는 것은 냉정이다. 고로 노트에 자성적 예언을 쓴다는 의미는 냉정과 열정의 조화를 마쳤다는 것이다.

오랜 시간 노트의 맨 앞부분에 삶의 목표와 가슴 뜨거운 꿈의 이미지를 입체적으로 업데이트하며 기록해왔는가? 또 그런 삶의 목표와 꿈을 기반으로 자기 분야의 전문 콘텐츠들을 일정 수준 이상 축적해왔는가? 평소 노트에 문답식 사고의 틀을 적용하고자 스스로에게 본질적인 질문을 던져 답을 구하는 훈련을 지속해왔는가?

그렇게 자신만의 데이터와 콘텐츠를 기반으로 한 자신감은 말뿐인 열정과는 엄청날 정도로 차별화된 경쟁력을 갖는다. 좋은 책이나 강연을 통해 가슴이 뜨거워지는 열정을 경험했더라도 막상 책을 덮거나 강연장을 떠난 후에 무엇을 어찌할지 모르겠다고 막막함을 호소하는 사람들이 의외로 많다.

냉정하게 기록해두지 않으면 열정의 불꽃을 오래도록 지켜내기 어렵다. 불의 힘과 물의 힘을 어떻게 적절하게 활용하는가에 따라 미래의 모습도 확연히 다른 모습으로 나타난다. 불과 몇 년 만에 깜짝 놀랄 만한 성장을 이루어낸 사람들을 보면 꿈과 목표를 이루기 위한 기본 데이터와 콘텐츠들이 냉철하게 기록되어 있는 석세스 다이어리를 갖고 있으며, 그 노트에는 열정이 넘치는 자성적 예언의 문구들이 가득함을 찾아볼 수 있다.

그들에게 자성적 예언은 곧 단기적 목표에 대한 일종의 확신_{committment}과 같은 역할로 작용한다. 작은 성취를 통해 더 큰 삶의 목표나 꿈을 바라보기 때문에 자신의 성과를 지나치게 만족하지도, 과소평가하지도 않는다. 어려운 현실에 대한 냉철한 인식이나 문제의식을 가지고 고민을 할지 언정 장기적으로 꿈을 이루거나 결국 잘되고야 말 것이라는 확신에 의심을 품지는 않는다. 그리고 노트에 바로 그런 자신감을 긍정의 언어로 표출하며 눈앞에 닥친 스트레스를 극복하고 마음을 다스리는 프로페셔널 마인드를 발휘한다.

그들의 자성적 예언이 그저 구호에 그치거나 허무맹랑한 자신감의 표현으로 들리지 않는 것은 열정과 냉정함이 공존하는 '기록'을 기반으로 차근차근 단계를 밟아왔기 때문이다. 자신의 석세스 다이어리에 자성적 예언을 포함한 단기적 목표를 자주 기록하고 선언하는 것이 바람직하다. 목표의 실현 가능성이 매우 클 뿐더러 자주 삭은 성공을 성취하는 경험이 결국 큰 성공을 이루는 원동력이 되기 때문이다.

자신의 꿈을 특별하게 대접하려면 노트에 자성적 예언의 문구를 적어라. 현실의 어려운 상황을 매의 눈으로 파악하되 항상 열정과 자신감을 잃지 마라. 지속적인 기록의 냉철함과 잘될 수 있다는 확신과 열정이 있다면 세상에 해내지 못할 일이 무엇이겠는가. 글로 적은 목표가 있다면 두려울 것 또한 없다. 그저 무소의 뿔로 전진하면 된다. 모두 다 잘될 것이다.

우리가 살면서 무언가가 미치도록 간절했던 순간은 언제였을까? 그 절박한 순간을 떠나보내고 과연 무엇을 얻었나? 모든 것을 다 바쳐서라도 반드시 이기고 싶었던 그 순간, 피가 마르는 심정으로 숨조차 제대로 쉴 수 없었던 그 절박함을 임순례 감독은 영화 「우리 생애 최고의 순간」에서 표현하고자 했다.

2004년 아테네올림픽 최고의 명승부로 일컬어지던 대한민국 여자 핸드볼대표팀과 덴마크 대표팀의 결승전을 소재로 만든 이 영화는 금메달 획득에 실패한 결과보다 모두가 함께 분투했던 그 과정에 숨겨진 무언가를 찾고자 했다. 전·후반 피를 말리는 동점 무승부를 기록해 두 번의 연장전이라는 올림픽 초유의 사투를 벌였지만 끝내 승부를 가리지 못해 승부 던지기로 메달을 가렸던 그 경기는 여자 핸드볼 올림픽 역사에 영원히 기억될 불멸의 명승부로 남았다.

개인의 삶에도 저마다 영원히 기억할 만한 영광의 순간들이 존재할 것이다. 시간의 점유율이라는 관점으로 삶을 바라보도록 하자. 사람이 일생을 사는 동안 경험하는 즐겁고 행복했던 기억, 그 영광의 순간들만을 한데 모아 시간의 양으로 계산한다면 과연 얼마나 될까?

가령 어릴 적 처음 학교에서 상장을 받았을 때 기뻐하던 부모님의 모습, 선생님에게 칭찬을 받았던 순간들, 학급 대표로 운동회에 나가 1등을 했거나, 어느 봄날 사생대회에서 예상치 못한 입상을 한 일, 열심히 준비한 시험에서 좋은 성적을 거두었던 일, 교회 입구에서 이성 친구에게 뜻밖의 선물을 받거나, 대학 합격을 확인한 순간과 오리엔테이션에서의 설렘, 첫 월급을 받고 선물을 고르던 날, 사랑하는 사람에게 청혼을 하거나 승낙을 받던 날까지……. 이런 모든 기억 속에 잔영처럼 남겨진 순간들을 한데 모아 시간의 양으로 계산한다면 과연 얼마나 될까? 하루, 1주, 1개월, 1년……, 많게는 5년쯤?

아마 사람마다 처한 환경이나 행복의 체감 온도가 달라 개인차가 있겠지만 애석하게도 행복을 느낀 시간의 양은 높은 비율을 차지하지 못한다. 결국 승지의 영광도 빛나는 훤희의 순간도 아침에 잠시 맺히는 작은 이슬과 같은 것. 그렇게 우리가 기억하는 생애 최고의 순간도 그저 봄날의 먼지처럼 찰나에 불과한 것일까? 그렇다면 우리 인생이 너무 허무하고 우리의 열정과 치열함이 아깝지 않은가. 어떻게 하면 좋을까.

이 지점에서 우리에게 필요한 것은 삶에 대한, 지금과는 조금 다른 접근법이 필요하다는 생각이다. 영화 「우리 생애 최고의 순간」이 말하고자 한 것처럼 과정을 즐길 수 있는 마음가짐에 대해 성찰하고 공부하는 것은 곧 행복과도 직결된다. 사람마다 세상을 보는 창, 즉 자신만의 프레임frame이 있다. 프레임의 원뜻은 창문이나 액자의 틀을 의미하지만 심리학적으로는 세상을 바라보는 마음의 창을 의미한다.

지혜로운 사람은 어떤 일을 하고자 할 때 의미 중심의 상위 수준으로 프레임한다. 이렇게 상위 수준의 프레임을 하는 사람은 절차상 발생하는 어려움이나 한계를 당연히 치러야 할 과정으로 받아들이고 이겨내려는 경향이 강하다.

반면 구체적인 절차 중심의 하위 수준으로 프레임하는 사람은 막상 어떤 일을 하려 할 때 절차상 당장 눈앞에 보이는 번거로움과 한계에 큰 어려움을 느껴서 중도에 포기하기 쉽다. 구체적인 절차의 번거로움으로 인해 그 일이 지닌 본연의 의미를 상실해버린다. 절차상의 어려움과 애로사항이 실행의 진정한 의미와 가치를 퇴색시키고 전체적인 목표 달성의 효율성과 실천력을 떨어뜨리는 것이다.

의미 중심으로 프레임해야 일상적인 행위 하나하나를 감사와 행복으로 받아들일 수 있다. 또한 고난과 역경조차도 당연히 극복해야 할, 미래를 위한 일이라 여기게 된다. 이 평범하고 아름다운 진실을 직접 체험하는 과정에서 보람과 즐거움을 발견하고 더 나아가 그 이상의 무언가를 만나야 한다.

결국 진정한 승자는 자신이 꿈꾸는 목표를 향해 나아가는 과정에서 더 큰 의미와 행복을 찾고 그것을 경험하는 사람이다. 그런 사람은 자신이 목표로 한 '무엇'을 위해 매일 계획을 수립하고 실행으로 옮겨서 꿈을 미리 만져보고 느끼는 행복으로 하루를 채운다. 그래서 눈앞에 나타난 작은 성과에도 기뻐하지만 실은 그것을 추구하는 과정, 그 자체에서 더 큰 행복감을 느낀다.

하버드대 출신의 수재로 알려진 김훈정 씨는 상위 10퍼센트에 드는 우수한 성적으로 하버드대를 졸업하고 하버드 법대 대학원으로 진학했다.

 쓰고 상상하고 실행하라

게다가 그녀는 뛰어난 피아니스트이며 동시에 바이올리니스트이기도 해서 오리건 주의 유명 오케스트라와 협연을 하기도 했다. 또 학교 신문의 칼럼니스트이고 프랑스어 클럽 회장을 맡는 등 어린 나이에 다방면에서 눈부신 활동들을 해내고 있다.

그가 이렇게 다방면에서 뛰어난 활동을 할 수 있는 비결은 무엇일까? 김훈정 씨가 오랜 생활 습관으로 자연스럽게 익힌 비법 중 하나가 '작은 노트'에 삶의 목표를 기록하는 것이다. 삶의 목표는 결코 정적인 스톡stock 개념이 아니라 동적인 플로우flow 개념에 가까운 것이다. 매일 변화하는 삶 속에서 하루하루 목표를 업데이트하고 재조정하는 과정을 거쳐야 신성 원하는 곳으로 나갈 수 있다.

김훈정 씨는 한 권의 노트에 그녀 자신이 꿈꾸는 삶의 목표와 해마다 도전했던 일들, 한 달과 하루를 어떻게 살아왔는지에 대해서 고스란히 기록해왔다. 그것은 비전과 꿈의 스케줄이 담긴 전형적인 석세스 다이어리의 형태이다.

1개월, 1주, 하루의 계획을 다 짤 수 있는 노트. 이런 노트가 학교 생활에서 가장 중요해요. 그리고 저는 새학기가 시작될 때 항상 이 노트부터 삽니다. 계획표를 짤 수 있는 노트부터. 이것이 제게 제일 중요한 노트입니다. 말하자면 '일기장'이 가장 중요한 노트인 셈이죠.

그녀의 석세스 다이어리 작성 습관은 아주 어린 시절의 일기장에서

부터 시작했다. 일기의 맨 첫 장에 자신이 이루고 싶은 장래 희망을 적고 꿈을 이루기 위해 해야 할 일들을 꾸준히 계획하고 기록했다. 꿈을 이루기 위해 1년, 1개월, 하루, 1시간 안에 할 수 있는 크고 작은 목표들을 설정하고 그것들을 실천하는 과정을 통해 바로 오늘의 하버드 수재 김훈정이 탄생한 것이다.

예전 한 경제신문 주간 특집 기사에 소개된 각 학교 전교 1등 학생들의 다이어리 활용법 또한 일맥상통한다. 그들의 기록도 김훈정 씨의 일기처럼 단순한 학습 일기에 그치지 않았다. 그것은 미래지향적인 비전과 목표, 자신을 향한 지속적인 동기부여, 치밀한 시간 단위의 목표 설정 등 총체적인 꿈 전용 관리 노트이자 실행 일지였다.

꿈을 이뤄 목적지에 깃발을 꽂는 사람들은 세상을 바라보는 창에서도 보통 사람의 프레임과 확연한 차이가 존재한다. 의미 중심의 상위 수준으로 프레임한 덕분에 자신이 선택한 일이나 업무에 쉽게 지치지 않고 단계적 목표들을 꾸준하게 달성해나갈 수 있었던 것이다.

시간의 힘을 지렛대로 활용하면서 불과 몇 년 만에 보통 사람들이 불가능하다고 믿고 있던 목표들을 중도에 포기하는 법 없이, 스스로의 힘으로 성취해내는 사람들은 프로페셔널이 되며 자신의 분야에서 상위 1퍼센트에 속한다.

프로페셔널의 비전과 목표는 중장기적으로 동적인dynamic 성향을 보인다. 시장의 트렌드나 정보통신 기술의 급속한 발전으로 비전이나 목표역시 정적인 개념으로 머물러 있다가는 몇 년 후엔 시대적 상황과 맞지 않는 고리타분한 것으로 변질되기 쉽다. 그래서 5년 후의 중장기적 목표를 세우되, 매년 새로운 노트에 한 해의 목표와 계획들을 업데이트하고 변화를 관리하는 작업이 필요한 것이다. 그렇게 매년 그해의 새로운 노트가 생애 최고의 노트가 돼야 한다.

또한 과정의 어려움을 '의미 있는 목표를 이루기 위한 필수 상황'으로 받아들이는 상위의 프레임으로 자신의 인생을 바라봐야한다. 꿈을 이루기 위한 크고 작은 목표들을 일기장에 기록하며 하루, 1개월, 1년을 생활하는 과정들은 사실 생의 가장 행복한 순간이어야 한다. 하루하루 꿈으로 다가가는 과정이 행복하지 않다면 과연 마지막 결과만으로 보상을 받았다고 웃을 수 있을까.

성공한 프로페셔널들은 결국 과정이 행복한 사람들이다. 그들처럼 긴 호흡으로, 자신의 삶을 꿈꾸는 시간들로 더 많이 채우고 싶다면 석세스 다이어리를 써라. 그렇게 긴 세월 속에서 꿈을 꾸는 시간들, 바로 꿈을 이룬 성취감의 점유율을 높이는 과정이 우리의 행복과 직결되기 때문이다. 행복의 관점에서 인생은 꿈을 향한 점유율 게임이다. 결과만이 아닌 아름다운 과정이 있어 어느 봄날 새로운 출발을 하는 그 순간부터 이미 감사한 여행이다.

이 아름다운 여정에 있어 매우 특별하고 중요한 기록을 담는 자신만의 노트야말로 진정한 동반자이다. 그래서 우리 삶에 꿈으로 채워지는 시간들, 행복을 찾아가는 마법과 같은 꿈의 점유율을 높일 수 있다면 우리 생애 최고의 노트라 불러도 결코 지나치지 않을 것이다.

콘텐츠
독서법

:

어설픈 기록이 탁월한 기억력을 이긴다. 빛나는 청춘기에는 누구나 종종 자신의 암기력에 대해 과신하는 경향이 있다. 인간의 기억력에는 망각이라는 복병이 잠복해 있다는 사실을 실감하지 못해 대부분 메모나 기록은 수업 시간에나 하는 것으로 여기고 지내기 쉽다.

하지만 결국 시간이 지나면 경험을 통해 알게 된다. '둔필승총', 둔한 필기가 총명함을 이긴다는 사실을 말이다. 사소한 것도 오래도록 지속적인 기록으로 쌓아두면 훗날 귀중한 정보나 콘텐츠로 변할 수 있다는 것을 깨닫게 된다. 그렇게 콘텐츠를 축적하는 기록장을 갖고 있는 사람과 그렇지 못한 사람과의 차이는 처음에는 미미하지만 나중에는 큰 격차가 나게 마련이다.

세계적인 IT 다국적 기업인 오라클의 한국 지사장인 유원식 사장은 과거 HP 근무 시절에도 당시 직원들에게 한 설문조사에서 '성공하는 사람의 7가지 습관'을 회사 내에서 가장 충실하게 실천하는 경영자로 꼽혔을 만큼 덕망이 높았다. 몇 년 전 EBS CEO 특강에 출연했던 그는 대학생들을 대상으로 강연을 하는 자리에서 오늘날의 자신을 만든 결정적 요인을 꾸준한 독서라고 소개했다. 취업난에 시달리며 남보다 돋보이는 스펙에 몰두하던 대학생들에게 '독서'가 성공의 요인이라는 얘기가 얼마나 구체적이고 현실감 있게 전달됐을지는 모르겠다. 하지만 유원식 사장은 그 자

 쓰고 상상하고 실행하라

리에서 독서에 접근하는 보다 구체적인 자신의 경험과 방법론을 소개했다.

그것은 기록과 관련된 것이었다. 대학 시절부터 여러 방면에 호기심이 많았던 그는 도서관에서 독서를 하며 많은 시간을 보냈다. 사고력이 뛰어나고 지적 호기심이 풍부한 대부분의 경영자들에게서 공통적으로 들을 수 있는 학창 시절의 추억은 독서와 관련된 것이 많다. 하지만 유원식 사장의 독서에는 기록이 함께했다는 점에서 일반적인 다독가들과 차이가 있다.

유원식 사장은 단순히 많은 책을 읽는 데 만족하지 않고 항상 읽은 책의 제목, 저자 이름, 읽은 날짜와 간략한 소감을 기록으로 남겼다. 무려 30년 이상 지속된 남다른 독서의 기록에서 차별화가 시작됐다. 그는 같은 시간 똑같은 책을 읽었던 동시대의 다른 어떤 사람보다 독창적인 사고와 생각의 깊이를 담은 콘텐츠를 보유할 수 있었던 것이다.

요즘처럼 지하철에서 책을 읽는 사람을 만나보기 힘든 시대가 있었을까. 지인의 페이스북에 이런 글이 올라왔다.

"퇴근길 마지막 지하철 열차를 탔다. 드문드문 스마트 좀비들이 보인다. 무표정한 얼굴로 휴대전화만 뚫어지게 들여다보며 만지고 있다. 휴대전화의 불빛에 얼굴이 번쩍거리는 모습이 영락없는 좀비다."

스마트 좀비라는 표현은 조금 장난기 어린 비약이지만 스마트폰이 우리 주변의 사람들과 풍경까지도 디지털화시켜버린 현실은 부정하기 어렵다. 언제부턴가 지하철에서 책을 읽는 사람들을 만나기가 하늘의 별 따기만큼이나 어려운 일이 되어버렸다. 특히 젊은 세대일수록 책은커녕 스마트폰으로 동영상을 들여다보거나 채팅에 열중하는 모습을 쉽게 볼 수 있다.

이런 시절에 다른 사람보다 많은 책을 읽는다는 사실은 그 자체만으로도 경쟁력을 키우는 좋은 습관이 된다. 하지만 독서를 통한 남다른 삶의 접근 방식을 선택했다면 무언가 얻을 수 있는 생산적인 독서를 해야 진짜 경쟁력을 갖출 수 있지 않을까? 이미 각 분야별 리더들은 독서를 통해 삶의 생산성을 높이기 위해 독서 메모를 실천해왔다. 책을 읽고 난 후의 느낌이나 깨달음뿐만 아니라 중요한 핵심 인용구나 주옥같은 문장들을 독서 메모장에 기록해두면 영원히 간직할 수 있는 평생의 콘텐츠가 되고 훗날 그것은 엄청난 자산이 된다는 것을 깨달았기 때문이다.

옛사람들은 책을 읽다가 요긴한 대목을 만나면 곁에 쌓아둔 종이를 꺼내 옮겨 적었다. 이렇게 적은 쪽지들이 상자에 잔뜩 쌓인다. 그러다가 어느 날 계기를 마련하여 상자를 열고 그 안의 내용을 하나하나 검토한다. 초록할 당시에 이미 주견이 서 있었으므로 갈래별로 분류하는 것은 그다지 어려운 일이 아니었다.

정민 교수의 『다산선생 지식경영법』에 나오는 대목이다. 실학파의 거장답게 다산 정약용은 3세기 전에 이미 독서를 하면서 좋은 내용은 옮겨 적고 필요한 내용을 갈래별로 분류하는 방법을 활용한 것이다. 그 독서 기록 덕분에 500권에 달하는 방대한 분량의 저술 활동을 할 수 있었고, 또한 18년간의 유배 생활 동안 두 자녀에게 100여 통의 편지를 보낼 수 있었던 것이다.

뿐만 아니라 명문장을 노트에 옮겨 적는 과정은 자연스럽게 필력을 키우는 최고의 훈련이 된다. 독서광으로 잘 알려진 윈스턴 처칠도 어릴 적부터 책을 읽으면 노트에 반드시 기록하고 마음에 드는 구절을 필사했다. 특히 아버지의 애독서이기도 했던 에드워드 기번Edward Gibbon의 『로마제국 쇠망사』를 반복해서 읽으면서 마음속에 새길만한 글이 나오면 노트에 옮겨 적고 암송을 했다. 그는 마음에 드는 명문장들을 노트에 옮겨 적는 일을 즐겼고 그 내용을 필사하고 암송하는 과정을 통해 문장력과 사고력을 키운 것으로 유명하다. 그런 기록들이 쌓여 훗날 명연설문이나 노벨 문학상 수상의 밑거름이 됐음은 자명한 사실이다.

이렇듯 독서를 생활화하고 책의 핵심 내용을 뽑아내 노트에 적는 습관이 쌓이면 그것은 언젠가 위대한 콘텐츠 탄생의 기초가 된다. 영국에서 독립한 뒤 인도의 초대 총리에 오른 자와할랄 네루Jawaharlal Nehru는 독립 운동으로 1945년까지 8차례 체포되고 9년간 감옥 생활을 했다. 네루는 감옥에 투옥된 후 홀로 남겨진 딸을 위해 200통에 달하는 편지를 썼다. 그 편지는 인도 역사부터 세계사를 들려주는 내용으로 딸이 13세 때부터 16세에 이르는 동안 사회와 국가를 위한 리더의 처신, 행동 양식, 정신 자세 등에 대한 메시지를 담고 있다. 그 편지들은 훗날 『세계사 편력』이라는 제목으로 출간되어 세계적인 베스트셀러가 됐다.

네루가 감옥에서 딸에게 수천 년의 세계사에 대한 글을 쓸 수 있었던 데는 어릴 적부터 오랫동안 독서를 하면서 해온 독서 메모 노트가 유용했다. 인도 명문가의 자제였던 그는 아버지로부터 책을 읽을 때 중요 부분을 발췌해 메모하는 습관을 일찌감치 물려받을 수 있었다.

그 덕분에 한 권의 책을 읽더라도 책 내용을 온전히 이해하고 핵심을 꿰뚫어 자신의 관점으로 가다듬을 수 있었다. 또 단지 책을 읽는 것에 그치는 것이 아니라 콘텐츠를 계속 쌓고 축적했던 네루는 기온이 44도까지 오르는 감옥에서도 무려 7년에 걸쳐 아무런 자료 없이 인도와 세계사에 대한 편지를 쓸 수 있었다.

또 책을 읽는 동안 채집한 핵심 문구나 내용들은 더할 나위 없는 사색의 재료가 된다. 그래서 광고계의 카피라이터들도 평소 책을 읽다가 마음에 드는 구절을 만나면 독서 노트에 기록하는 것을 일상화한다. 번뜩이는 아이디어와 촌철살인의 한 줄 문구도 평소 독서 기록장에 글을 쓰고 감동을 채집한 오랜 노력의 소산이다.

크리에이티브 디렉터이자 『인문학으로 광고하다』의 저자이기도 한 광고인 박웅현 씨가 실천해온 독서 메모는 업계에 널리 알려져 있다. 한 방송사의 창의력 관련 특집 프로그램에 등장한 그의 사무실에는 평소 책을 읽으며 독서 메모로 뽑아낸 기록의 흔적들로 벽면과 책상이 가득 차 있었다.

그는 인터뷰에서 "평소 자두에 대해 관심을 갖고, 자두에 대한 내용을 책에서 뽑아내 그것에 대한 감명을 느껴본 사람만이 자두와 관련된 감동적인 카피를 쓸 수 있다"고 말했다. 독서 메모에서 뽑아낸 핵심 내용에 대해 사색하는 과정을 통해 사물에 대한 주의력을 높이고 사고력을 키운 것이 창의성의 원천이 된 것이다.

기록을 하면 기억의 유통기한도 당연 길어진다. 책을 통해 얻은 생생한 감동과 각성의 체험도 시간이 지나면 먼지가 쌓이고 퇴색하기 마련이다. 오랜 세월 서재에 꽂아둔 책들을 펼쳐보라. 만약 제목은 분명 읽은 것 같은데 내용이 도통 생각나지 않거나 핵심 메시지가 정리되지 않는다면 독서의 의미는 퇴색되고 만다.

독서를 통해 마음에 와 닿는 문구나 주요 내용을 독서 전용 노트에 옮겨 적고, 책을 다 읽은 후에도 그것을 사색과 토론의 재료로 활용하는 것. 그리하여 훗날 자신만의 독창적 콘텐츠를 생성하는 기반으로 삼을 수 있는 독서라야 지적 생산성이 높은 콘텐츠 독서법이다. 인간의 기억은 한 계가 너무도 분명하기 때문이다. 책을 덮으면 많은 내용이 함께 덮인다. 그래서 흔적을 남기는 노력이 필요하다. 그나마 인상 깊은 내용이라 접어 눈 페이지나 밑줄을 그은 흔적이라도 발견하면 이내 바다 밑에서 보물선 이라도 인양한 듯 느낌이 되살아나곤 한다. 인상 깊었던 페이지를 접는 것 이나 밑줄을 긋는 것도 일종의 기록 행위이기 때문이다. 하지만 독서를 통 한 지적 생산성의 효율을 높이려면 발췌 내용을 뽑아 자신의 손으로 직접 옮겨 적는 행동을 병행해야 독서의 가치가 빛을 발한다.

우리 주변의 내로라하는 독서가들과 얘기를 나눠보면 책에 대한 독특 한 습관이나 의식, 즉 자신만의 리추얼ritual을 하나쯤 지니고 있는 경우를 볼 수 있다. 예를 들면 서점에서 책을 구입할 때는 절대 진열대 맨 위의 책 을 집어 들지 않는다든지 다 읽은 책에는 특별 제작한 책 인장을 찍어서 보 관하거나 혹은 주기적으로 책을 주변 사람들에게 나눠주는 사람도 보았다.

독서하는 사람들, 특히 실용적 책 읽기를 통해 미래의 변화를 추구하 는 사람들에게 있어 최고의 리추얼은 독서 메모를 하거나 간략한 독서 소감을 기록으로 남기는 일이다. 1만 권의 실용 도서를 읽고도 실천이 없다면 우리의 삶은 아무것도 바뀌지 않는다. 그래서 독서의 리추얼은 가급적 실천을 이끌어내는 방향이 바람직하다.

그런 점에서 책을 읽다가 마음에 드는 문구를 따로 옮겨 적어두는 독서 메모야말로 콘텐츠 독서법을 실천하는 첫걸음이다. 머리만 사용해서 읽은 책은 금방 기억에서 사라지지만 손을 사용해 기록을 하며 읽은 책은 오래도록 남는다. 책에서 발견한 좋은 내용을 정성껏 적어 옮기면 그것이 신념으로 각인되는 효과가 있다. 그래서 둔필승총의 의미처럼 둔한 필기가 총명한 머리보다 낫다는 것이다. 막연했던 생각이나 감정도 직접 글로 적어보면 상황이 명확해지고 신념으로 구체화되는 힘이 있다.

그렇게 기록을 하면서 책을 읽다 보면 유독 양적으로 기록할 것이 많이 뽑히는 책이 있는 반면 그다지 기록할 것이 별로 없는 책도 있다. 내 경우엔 기록할 구절이나 기록으로 뽑아낼 내용이 많은 책이 감명 깊고 도움이 되는 책이었다. 뽑아낼 내용이 별로 없는 책은 애석하게도 그만큼 내게 인상적이지 않았거나 큰 도움이 되지 않았다는 반증이기도 하다. 책을 읽는 사람은 스스로 부족함을 느끼는 사람이다. 더 많은 내용을 뽑아낼수록 스스로의 부족함과 지적 갈증을 메울 수 있고 실행의 길을 찾아낼 수 있다.

우리 회사는 매달 사내 북 리뷰 활동을 진행해오고 있다. 그 활동에서 나는 발표 내용을 딱 두 가지로 요약할 것을 권한다. 북 리뷰 활동 자체가 자칫 부담스러워진다면 오히려 역효과를 낼 수 있기 때문이다. 내가 권하는 가이드라인은 첫째, 책을 읽고서 감명 깊었던 내용이나 구절은 무엇

 쓰고 상상하고 실행하라

이었는가. 둘째, 자신의 삶에 적용할 부분은 무엇인가이다. 물론 필독서로 지정된 책을 읽다 보면 자기 취향이나 생각과 잘 맞지 않는 책을 만나는 경우도 있다. 그럼에도 불구하고 잘 살펴보면 자기 인생에 도움이 되는 구절을 하나 이상은 발견할 수 있다.

중요한 것은 책을 대하는 사람의 시선과 마음가짐이다. 무엇을 접하건 항상 삐딱하게 비평하려는 관점보다 하나라도 자신의 인생에 도움이 되는 유익한 구절을 찾겠다는 마음가짐과 자세를 갖는 것이 중요하다. 비평이 생명인 한겨레신문사에서도 대안 없이 비평만 일삼는 사람은 조직 내에서 환영받지 못한다고 한다. 세상을 보는 창을 항상 상위 프레임에 두는 훈련을 하기 위해서이다.

그렇게 두 가지 질문에 대해 파워포인트로 작성해서 매달 발표하는 북 리뷰를 몇 년째 회사에서 진행해오면서 여러 가지 느낀 점이 있다. 그 중 하나가 소통의 장이 마련되면서 자신의 꿈과 계획을 동료들에게 공식적으로 말할 수 있는 기회를 제공한다는 점이다. 가령 북 리뷰 활동 이전에는 등산 애호가인줄 전혀 몰랐던 한 여직원이 자신이 현재 추진하고 있는 '대한민국의 10대 명산 오르기 프로젝트'를 직원들 앞에서 발표했다. 벌써 8번째 산을 정복한 에피소드를 들은 직원들은 그 후 마주칠 때마다 다음 등반 계획을 묻곤 한다. 그렇게 책을 통해 콘텐츠를 공유하면 자연스럽게 서로의 관심사나 가치관에 대해 이해할 수 있고 책을 매개로 소통이 원활하게 이루어진다는 것을 확인할 수 있었다.

독서를 통해 서로의 상황과 처지에 대한 정보를 자연스럽게 알고 이해하면서 대화도 늘어나고 예전보다 훨씬 친밀감이 생겨나기 시작했다. 휴게실에서 커피를 마시다가 마주쳐도 예전에는 눈인사만 나누고 지나치기 일쑤였는데 자연스럽게 서로 공통의 관심사나 주제가 생기면서 대화가 늘어난 것이다. 콘텐츠 독서법을 통한 공유와 소통이 회사에 가져다준 가슴 뿌듯한 풍경이다.

또 머릿속에서 생각으로만 읽어 넘기는 책과, 동료들 앞에서 발표하는 과제를 남겨두고 대하는 책은 같은 책이라도 책을 마주하고 읽는 사람의 문제의식과 집중도에서 큰 몰입의 차이가 발생한다. 그리고 그 몰입의 차이가 남다른 콘텐츠를 만들어낸다. 결국 똑같은 책을 읽어도 머릿속으로만 휙휙 읽어 넘기면 손에 쥐어지는 것이 없다. 이내 망각의 방향으로 바람 속의 먼지처럼 흩어져버린다.

반면 머리와 손끝을 함께 움직여 독서 전용 노트에 적으면 시간이 흘러도 처음 책을 읽으며 신선한 느낌으로 채집했던 문구들을 재활용하기 쉽다. 대개 기록도 여기저기 아무 데나 적어두면 나중에 찾기 어렵고 시간이 지나면 쉽게 흩어져버린다. 반면 따로 독서 전용 노트에 옮겨 적거나 석세스 다이어리와 같은 목적 노트에 내용을 적어두면 자주 들여다볼 수 있는 장점이 있다.

더불어 자신의 삶에 적용할 점을 꾸준히 기록으로 남겨두면 그것이 모여 변화의 원동력으로 작용한다. 성공은 평소 관심을 어디에 두느냐에 달려 있다. 똑같은 책을 읽더라도 삶을 변화시키거나 미래를 꿈꾸는 일에 도움이 되는 좋은 아이디어를 얻고자 책 내용을 메모하며 독서하는 사람은 지속적으로 성장하게 마련이다. 책을 좋아해서 독서를 취미로 삼는 사람은 많아도 책을 통해 구체적인 행동 목표를 뽑아내고 실천하는 사람들, 즉 실행 효율이 높은 독서를 추구하는 사람들은 그리 많지 않다.

회사 사내 북 리뷰 발표 활동을 처음 시작했을 때는 과연 사원들이 이런 취지를 이해하고 따라와 줄지 걱정도 많았다. 하지만 직원들 모두가 북 리뷰 활동에 참여하면서 느낀 공통적 소감은 책을 읽으며 발굴한 자신의 목표를 기록하고 그것을 다른 사람들에게 발표하는 일, 그 약속을 지키고자 실천하는 과정에서 차츰 실용 독서의 즐거움을 발견하게 됐다고 입을 모으고 있다.

몇 번을 강조해도 부족할 만큼, 독서를 하긴 자신의 일을 하건 기록이 뒤따라야 되돌아볼 수 있고 그것에서 콘텐츠를 끌어내면서 창의성을 발휘할 수 있다. 이렇게 재활용 콘텐츠가 풍부한 사람이 결국 자신의 일에서 창의성을 발휘하고 다른 사람들에게도 영향을 미치기 마련이다. 그래서 오늘보다 더 나은 내일을 꿈꾸는 사람이라면 단순히 '책을 읽는 것'에만 그쳐서는 생산적인 독서 효과를 보기 어렵다.

만약 당신이 남들이 TV를 시청하거나 잡담을 나누는 시간에도 꾸준히 책을 읽고 지냈음에도 오늘날까지 별다른 성과가 없다면 아마 당신의 독서 방법과 선택에 문제가 있을 가능성이 크다. 당신의 미래를 오늘보다 개선시켜줄 책을 읽었는가? 그런 책을 선택했다면 펜과 노트를 가지고 몸도 함께 움직이며 읽었는가? 그리고 책을 다 읽은 후 시간이 흘러도 그 책에서 뽑아낸 핵심 내용을 잊지 않고 실천하며 인생의 현명한 선택들을 지속하고 있는가?

우리는 결국 책을 읽고 뽑아낸 내용과 그것을 실천한 만큼 성장할 수 있다. 어쩌면 성장도 하나의 선택이다. 선택이 좋은 사람이라야 남다른 성장도 가능하다. 독서와 메모를 병행해 콘텐츠를 계속 쌓고 그것을 사색과 토론의 재료로 재활용하는 콘텐츠 독서를 권하고 싶은 이유이다.

석세스 다이어리
둔필승총 작성법
:

둔필승총 1 입체적으로 간절하게 꿈꿔라

아동 문학가 강소천의 단편소설 「꿈을 찍는 사진관」에 등장하는 주인공은 따스한 봄볕의 유혹을 이기지 못해 뒷산을 오르다 꿈을 찍는 사진관으로 가는 간판을 발견한다. 어렵사리 그곳에 도착한 주인공은 벽과 천장까지 모두 새하얀 방에서 매우 특별한 꿈을 찍어주겠다는 하늘빛 글씨의 안내문을 읽는다.

자, 그럼 당신도 곧 그리운 이를 만나는 꿈을 꾸십시오. 그리운 이의 꿈을 사진으로 찍어 드릴 테니. 그 방법은 다음과 같습니다. 당신이 있는 방 한 구석에 종이 한 장과 만년필 한 개가 놓여 있습니다. 당신은 그 종이에 파란 잉크로 당신이 만나고 싶은 이와의 지난날의 추억 한 토막을 써서, 그걸 가슴속에 넣고

 쓰고 상상하고 실행하라

오늘 밤을 주무십시오. 내일 날이 밝으면, 당신은 지난밤에 본 꿈과 꼭 같은 사진을 가지고 집으로 돌아갈 수가 있을 것입니다. 꿈을 찍는 사진관 아룀

소학교 5학년 때 헤어진 소꿉친구 순이. 어릴 적 그녀의 노랑 저고리를 기억하며 잠이 든 주인공은 다음날 사진 한 장을 받아들고 깜짝 놀란다. 바로 나이 차이 때문이었다. 주인공은 스무 살인데 꿈에 나타난 그녀는 열두 살, 소학교 시절의 모습 그대로였다. 사진을 가슴에 품은 채 주인에게 감사 인사를 드리고 그곳을 나와 다시 뒷동산에 올라 사진을 꺼냈을 때 그것은 사진이 아니라 좋아하는 동화집 갈피에 끼여 있던 노란 민들레 꽃 카드였다.

자시의 꿈을 입체적으로 간절하게 꿈꾸는 방법을 '꿈을 꾸는 사진관'의 하늘빛 글씨 안내문만큼 생생하게 묘사한 글이 또 있을까. 석세스 다이어리는 꿈꾸는 사진관이다. 간절히 원하면 미래의 모습을 찍어준다. 그 새하얀 방에서 매일 밤 자신의 꿈을 적고, 이루고 싶은 꿈을 꿔라.

하늘빛 글씨 안내문의 지시대로 생생한 꿈의 이미지를 잠들기 전 가슴에 품는다면 사진이 아닌 현실에서 간절히 원하는 꿈을 만나게 될 것이다. '새하얀 방에서 홀로 잠들기 전, 파란 잉크의 만년필로 그리운 이를 만나는 꿈을 꾸듯이' 다이어리에 자신의 꿈을 간절하게 적어 생생하게 떠올리면 된다.

삶의 목표나 꿈을 입체적인 이미지로 떠올리고 글이나 그림 혹은 사진 이미지로 표현하는 시각화 훈련을 하기 가장 적합한 공간이 바로 다이

어리다. 그런 다이어리에 꿈을 적을 때는 무엇보다 최대한 '정성체'로 글씨를 써야 한다. 간절한 마음을 담아 자신이 쓸 수 있는 최대한 정성껏 쓰는 글씨체가 바로 '정성체'이다.

날마다 반복적으로 꿈의 이야기를 한 토막이라도 정성껏 쓰고 들여다보고 상상하면 그 이미지가 꿈의 에너지를 자극해 인식의 세계뿐 아니라 무의식에도 그 영향을 미친다. 그래서 현실에서 자신도 모르게 꿈을 향한 본능적인 실천을 반복할 수 있도록 힘을 제공해준다. 명확한 이미지의 목표는 인간을 집중시키는 힘이 있다. 또 선택의 순간이 왔을 때 망설임을 줄여주고 신념을 갖도록 도와준다.

그래서일까. 어릴 적 그림 그리기를 좋아했거나 시, 소설, 시나리오와 같은 글쓰기에 많은 시간을 투자했던 사람들이 훗날 비즈니스 분야에서 일할 때 엄청난 집중력을 발휘하는, 목표지향적인 사람이 되는 경우가 많다. 그래서 석세스 다이어리에 삶의 목표와 꿈을 기록할 때는 글뿐 아니라 그림이나 사진과 같은 이미지를 활용해 입체적으로 표현하는 노력을 아끼지 말아야 한다. 그것이 강력한 실천의 밑그림이 되기 때문이다.

그래서 자기계발 전문가들이 책이나 강연을 통해 가급적 생생하게 꿈을 꿀 것을 주문하는 것이다. 생생하고 간절한 꿈을 가진 사람이 끝까지 실행을 멈추지 않는다. 그래서 작더라도 의미 있는 결과를 거두고 그런 성공들이 모여 결국 오랜 시간이 지났을 때 더 큰 꿈을 키우며 크게 성장한다는 사실 때문이다.

 쓰고 상상하고 실행하라

둔필승총 2 통합 콘텐츠로 활용하라

바야흐로 통합의 시대이다. 직장생활을 하다 보면 다양한 형태의 기록이 필요하다. 그래서 사회생활 초기엔 목적별·기능별로 필요에 따라 다양한 종류의 노트와 수첩을 만드는 것이 중요하다. 일찌감치 기록하는 습관을 만들어 시간과의 긴 승부에서 남들과 차별화된 경쟁력을 확보하기 위함이다.

하지만 일정 시간이 지나면 나중엔 검색과 재활용에 더 큰 관심을 갖는다. 여기저기 열심히 기록에만 열중하다 보면 보관하는 일에 애를 먹기 십상이다. 당시는 분명히 필요해서 노트나 수첩을 따로 만들었지만 시간이 지나면서 자신의 위치와 처한 상황이 섬섬 변화하면서 자연스레 사용하지 않는 노트나 수첩들을 방치하기 때문이다.

그래서 특별한 통찰이나 정신적인 각성의 체험을 준 콘텐츠들, 특히 꿈을 키워주고 다음 단계에 무엇을 할 것인지 명확한 방향을 제시해준 문구나 강연의 핵심 내용들을 석세스 다이어리에 통합하는 작업이 필요하다. 메모나 수첩에 따로 기록을 했더라도 오랜 시간이 지난 후에도 삶의 목표와 꿈에 자양분이 될 콘텐츠라고 판단하면 다이어리에 정성껏 일목요연하게 옮겨 적어둬라. 그것은 훗날 자신의 삶을 변화시키는 굉장한 콘텐츠 자산이 된다.

특히 CEO나 조직의 리더 위치에 있는 사람들이라면 여기저기 크고 작은 발표 자리에 서야 하는 경우가 자주 발생한다. 그럴 때 자기 전문 분야뿐 아니라 다양한 주제를 뒷받침할 수 있는 축적된 콘텐츠 자산이 준비돼 있으면 유용하게 활용할 수 있다. 또 간단한 기고나 칼럼 등 원고 요청을 받았을 때도 글쓰기 재료가 풍부하게 준비돼 있으면 큰 시간적 부담 없이 좋은 글을 쓰는 원천이 된다.

미국의 국무장관 힐러리 클린턴의 강연은 청중을 감동의 도가니로 몰아넣는 것으로 유명하다. 그녀의 강연이 최고인 이유는 최고의 원고로 진행하기 때문이다. 힐러리는 최고의 원고를 비교적 수월하게 써내는 것으로 정평이 나 있다. 그녀에게도 역시 무언가 특별한 것이 있다.

그것은 바로 자신의 손때가 묻은 글쓰기 자료 노트들이다. 그 노트에는 그녀가 독서를 하다 발견한 마음에 드는 구절이나 영감을 준 문구들이 빼곡하게 기록돼 있다. 자신이 좋아하는 성경 구절이나 감동적인 강연의 핵심들을 손수 노트에 적어가며 정리한 것들이다. 강연 의뢰를 받거나 피할 수 없는 중요한 원고를 직접 작성해야 하는 순간, 그녀의 통합 콘텐츠는 대단한 위력을 발휘한다. 그때그때 중요한 것들을 머릿속에만 담아두고 만약 손수 기록하지 않고 지나쳤다면 망각의 바람 속으로 모두 흩어졌을 것이 분명하다.

그녀 역시 젊은 시절, 자신이 미국의 퍼스트레이디나 미국의 국무성 장관이 될 것이라 미처 상상하지 못했을 것이다. 하지만 기회의 여신은 콘텐츠를 쌓으며 저력을 키우고 미리 준비된 자에게 손을 내민다. 손을 내미는 것은 신의 영역이지만 그것을 잡을 수 있는 능력은 인간에게 있다. 힐러리에겐 자신을 감동시킨 글귀나 강연의 문구를 스크랩하고 기록하는 습관이 있었다. 그 기록들이 모여 오늘날 세계를 움직이는 강력한 콘텐츠 저

 쓰고 상상하고 실행하라

장소 역할을 담당하는 것이다.

노트나 수첩 등 다양한 기록 형태에 관심을 갖고 실천하는 사람만이 다양한 주제를 아우르는 통합 콘텐츠의 필요성을 쉽게 이해하고 그것을 기록으로 남겨 자신의 삶에 활용한다. 꿈에도 빈익빈 부익부가 존재하듯 기록에도 빈익빈 부익부 현상이 있다. 메모와 스크랩 등 다양한 기록이 다양한 분야에 호기심을 갖게 만들고 또 그런 새로운 분야에 대한 지적 호기심이 삶에 유용한 통합 콘텐츠를 만들게끔 다시 작용한다.

미국 펜실베이니아대의 총장인 에이미 거트만Amy Gutmann은 '세계를 뒤흔들 여성 150인'에 선정되기도 했다. 그녀는 다양한 학문적 주제 교육의 필요성을 역설하는 교육가이다. 현내사회는 어러 가지 복잡한 문제에 직면해 있기에 폭넓은 학문적 주제에 대한 교육이 필요하다는 것이다. 최근 전 세계적인 이슈로 떠오른 기후 변화 문제 역시 과학, 경제, 정치 등 다양한 관점에서 접근해야 실마리가 풀린다는 것이 그녀의 입장이다.

또한 그녀는 세계적인 명문 경영대인 와튼스쿨의 경쟁력도 이렇게 다양한 학문적 주제에 접근해서 나온 결과라고 생각한다. 특히 젊은 인재들의 경우, 가급적 넓은 지식에 노출되는 게 중요하다고 생각하는 그는 와튼스쿨의 1등 비결이 바로 통합 교육에 있다고 확신한다.

새로운 정보를 습득하고 세상을 보는 안목을 넓히기 위해 신문과 잡지 등에서 다양한 주제의 내용을 메모나 스크랩을 통해 성공의 통합 콘텐츠를 구축해나가는 사람, 그렇게 세상으로 향하는 창을 열고 시장의 움직임을 읽고 세상과 다른 사람들이 움직이는 방향을 관찰하고 기록하면서 자신만의 안목과 견해를 차별화된 경쟁력으로 키우는 사람이 꿈을 이루고 최고의 자리에 오른다. 정상에 서 있는 그들은 세상의 변화에 대처하고 자신만의 독자적 영역을 확고히 다지기 위해 자기 분야의 전문성만으로는 부족하다는 사실을 알기에 더 열심히 기록에 매진했던 것이다.

지금 무슨 일을 하건 성공을 원한다면 세상의 다양한 분야에 관심을 쏟아야 한다. 미래의 변화를 미리 준비하고 남이 보지 못하는 기회를 잡기 위해서는 성공의 통합 콘텐츠를 구축하며 평소 통찰력과 혜안을 키우는 현명한 실천이 필요하다. 시간이 흐를수록 다면적인 문제 인식과 통합적 리더십을 지닌 인재가 세상을 주도하게 될 것이기 때문이다.

둔필승총 3 성공자의 사고방식과 언어를 사용하라

자신의 눈앞에 놓인 한계나 난관 앞에서 '무엇 때문에 나는 할 수 없다'라는 말 대신에 '그것 덕분에 더욱 분발해 결국 해내고 말았다'고 말하는 것이 성공자의 사고방식이며 언어 습관이다. 남다른 사고방식과 언어 습관은 하루아침에 하늘에서 뚝 떨어지듯 생긴 것이 아니라 오랜 시간 갈고 닦아온 노력의 소산이다. 그것은 되고 싶은 롤 모델의 사고방식, 그가 책에 남긴 구절이나 인터뷰에서 했던 말들을 매일 적고 들여다보고 강렬한 확신으로 암송을 하듯 매일 주문을 외워 자기 것으로 체득하는 과정에서 얻을 수 있다.

마음속에 닮고 싶은 롤 모델을 간직하고 있다면 성공으로 안내해줄 멋진 내비게이션을 장착한 것과 같다. 그가 겪은 모든 난관과 애로사항,

 쓰고 상상하고 실행하라

시간을 사용한 방법을 집중 탐구하라.

꿈을 이루기 위해서는 조력자의 도움이 절실하다. 매일 밤 다이어리에 닮고 싶은 멘토와 롤 모델에게 초대장을 보내고 그들을 불러 모아보자. 그들이 사용하는 언어와 사고방식을 탐구하고 어떤 방식으로든 그들이 남긴 말들을 암송하듯 노트에 적는 일은 매우 구체적인 자기계발의 실천 방법이자 최고의 맞춤형 개인 레슨이다.

만약 그들을 직접 만난다면 당신은 어쩌면 예상치 못한 그들의 다른 면에 크게 실망할지도 모른다. 하지만 그들이 자신의 인생에서 확실한 가치로 증명한 사고방식이나 글로 표현된 생각들은 어떤 경우라도 결코 우리를 실망시키는 법이 없다. 오히려 그들이 증명하며 길어온 길을 통해 우리 자신의 꿈을 구체적으로 투영해볼 수 있는 좋은 기회가 될 것이다.

롤 모델이 들려준 몰입의 구절을 석세스 다이어리에 직접 적고 소리 내어 읽고 가슴으로 느끼는 일. 그것은 우리의 뇌세포에 포도당을 공급하는 일이다. 성공자의 사고방식과 생각에 자주 접속해 그들이 사용한 키워드로 말하고 행동하는 실천 없이, 보통사람이 탁월한 천재의 수준을 결코 단번에 쫓아갈 수는 없다.

세상에는 수많은 성공한 사람들의 책과 강연, 생애를 담은 위인전과 자서전이 차고 넘쳐난다. 하지만 그것들이 남이 아닌 나 자신의 삶에 영향을 미치고, 삶의 긍정적인 전환점이 되게끔 하려면 그들의 언어가 내 머리와 가슴속으로 흘러 들어와야 한다. 그들이 남긴 고귀한 생각이나 말의 씨앗이 민들레 홀씨로 날아와 내 삶에 뿌리를 내려야 무언가를 꽃피울 수 있기 때문이다.

성공하는 사람들의 표현방식을 통해 세상을 보는 그들의 관점을 경험할 수 있다. 가령 그들은 과거형 표현을 좀처럼 쓰지 않는다. '내가 예전에'와 같은 화법으로 과거의 업적에 자부심이나 성취감을 늘어놓는 대신에 늘 현재의 위치에서 최선의 길을 찾고자 미래형 화법을 사용하고 있음을 발견할 수 있다.

또한 현재 처한 어려움이나 환경적 요인을 탓하는 대신에 미래의 목표를 다짐하고 선언하는 자성적 예언을 즐겨 사용한다. 매사에 툴툴거리며 불평불만을 늘어놓는 언어 습관을 가진 리더나 성공자를 본 일이 없다. 그들의 관점은 항상 오늘보다 더 나은 내일을 만드는 일에 초점이 맞춰져 있기 때문에 오늘의 고난을 성장을 위한 하나의 과정으로 받아들인다.

위대한 리더들이 즐겨 사용하던 자성적 예언이나 닮고 싶었던 위인이 남긴 글 한 줄이 어떤 이에겐 평생을 지배하는 비전의 문구가 된다. 그래서 감동을 느낀 문장이나 글귀들을 직접 필사하는 수고는 미래를 위한 가장 효과적인 투자다. 직접 손으로 적은 그 한 줄이 자신의 운명을 바꾸는 스케치가 될지도 모르기 때문이다.

누구에게나 세상을 바라보는 자신만의 창이 있다. 그것을 패러다임이라고 표현하기도 한다. 사물을 보는 방식, 관점, 인식의 틀이나 신념을 의미한다. 개인의 패러다임은 대부분 불완전한 경우가 많다. 그것은 별것 아닌 듯 보이기도 하지만 때론 한 개인의 운명을 좌우한다. 사실 평생 자신의 불완전한 패러다임에서 벗어나지 못하고 보이지 않는 한계에 갇혀 지내는 경우가 적지 않다.

불완전한 개인의 패러다임을 매일 조금씩 깨뜨려 새로운 가능성을 인식하는 것, 그것이 곧 자기계발이며 개인에게는 진정한 의미의 혁명이다. 눈에 보이지 않지만 조금씩 자신의 사고방식이 지닌 한계를 깨고 나와 새로운 가치와 방향을 향해 나아가는 것, 그것이 성장이다.

그리고 성장을 위한 가장 확실한 선택은 성공자의 사고방식이 담긴 함축적 언어와 문장, 그들의 신념에 규칙적이고도 지속적으로 접속하는 일이다. 다음과 같은 애기들을 스쳐 보내지 않고 직접 '기록하기'를 실행하는 일은 자기계발에 매우 효과적인 실천 항목이 될 것이다. 그렇게 성공자들의 사고방식을 배우고 익혀서 자신의 기록으로 남기는 것, 직집 노드에 기록하고 좋은 생각들을 실천하고자 노력한 흔적을 남기는 것이 진정한 의미의 자기계발이다.

나는 미국에서 최고의 출연료를 받는 슈퍼스타가 되겠노라. 이 목표를 달성하기 위해 내가 맡은 역할에 최선을 다하고 최고의 무술을 관객들에게 선사하겠다.

－이소룡

내가 최고의 챔피언이 될 수 있었던 것은 반은 실력이고, 반은 내가 한 말의 힘이다.

－무하마드 알리

여러분의 시간은 제한되어 있습니다. 그러니 다른 누군가의 인생을 사는 것처럼 낭비하지 마세요. 다른 사람들의 생각으로 살아가는 도그마에 빠지지 마십시오. 내면의 소리를 방해하는 다른 사람들의 의견을 허락하지 마십시오. 1970년대 중반 저는 여러분의 나이였고 그때 이른 아침 시골길의 사진을 보았는데, 그 사진 아래에는 'Stay Hungry. Stay Foolish'라는 말이 쓰여 있었습니다. '배고픈 채로. 바보 같은 채로' 저는 항상 제 스스로가 그렇게 되길 바랐습니다. 그리고 지금, 졸업으로 새롭게 시작하는 여러분이 그렇게 되길 기원합니다. 배고픈 채로, 바보 같은 채로 살아가길…….

—스티브 잡스

우선 20대에 자신의 분야에서 이름을 얻고, 30대에는 최소한 현금 1000억 엔 정도를 모아, 40대에 정면 승부를 건 뒤, 50대에 사업을 완성한다. 60대에는 후계자에게 경영을 완전히 물려준다. 이것이 나의 인생 50년 계획이다.

—손정의

의과대학에서 매일 낮에는 의학 공부를 하고 지친 몸으로 밤늦게까지 컴퓨터 백신을 개발하고 새우잠을 잤다. 고생했던 그 시절의 '태도와 자세'가 지금의 나를 만든 것이다. 삶의 흔적을 남기는 것, 그것이 내 인생에서 성공의 정의이다. 내가 죽고 나도 내가 했던 이야기, 내가 만든 제도로 사회에 기여하는 것. 그것이 나에게는 성공이다.

—안철수

시련은 있어도 실패는 없다.

─정주영

둔필승총 4 절대고독의 시간을 마주하라

하루하루 일상의 틀에서 바쁘게 살다 보면 정작 중요한 것들을 놓치기 쉽다. 미리 우선순위를 매겨놓거나 계획을 가지고 에너지를 집중해야 할 시점을 준비해둬야 시간, 장소, 타이밍에 적합한 실행력을 발휘할 수 있다. '기록하기'는 실행의 설계도와 같은 역할을 한다. 똑같은 일을 하더라도 뛰어난 성과를 자주 만들어내는 사람들, 똑같은 시간 내에 다양한 일들을 처리해내는 사람들, 그들은 예외 없이 기록의 달인들이다.

기업도 마찬가지다. 똑같은 일을 해도 자주 뛰어난 성과를 만들어내는 회사, 똑같은 시간에 다양한 측면에서 성과를 거두고 성장을 거듭하는 회사가 있다. 남다른 전략을 조직적으로 실행하는 조직이다. 비전과 전략이야말로 차별화된 경쟁력의 원천이기 때문이다.

그래서 주기적으로 비전과 전략을 점검하는 시간은 도약을 꿈꾸는 개인과 조직에게 반드시 필요한 과정이다. 기업도 하루하루 일상적 운영 안건에만 얽매여서 회의를 진행하다 보면 정작 성장의 열쇠가 되는 전략이나 방향에 대해서는 소홀해지기 때문이다. 그래서 일상적 운영회의와 구분해서 전략적 관점과 의견을 공유하는 전략회의를 반드시 별도로 진행하는 것은 기업에게 매우 의미 있는 활동이다.

개인의 자기경영도 기업의 경영과 본질적 속성상 크게 다르지 않다.

때론 탁월한 통찰과 전략이 담긴 경영학 책이 개인에게 최고의 자기계발서가 된다. 명확한 목표와 비전을 세웠다면 그 다음에 할 일은 자신에게 적합한 실행 전략을 수립하는 일이다. 목적지에 대한 방향도 모른 채 무조건 열심히 달리는 것과 명확한 목표 방향을 확인하고 자신에게 맞는 보폭으로 한 발 한 발 내딛는 것은 성과 측면에서 큰 차이가 발생한다.

기업들이 왜 주기적으로 전략회의를 진행하는 걸까? 목표 달성에 탁월한 효과가 있기 때문이다. 마찬가지로 개인도 주기적으로 목표를 점검하고 성과를 돌아보는 일이 필요하다. 어두운 밤 사막을 건너는 사람들이 북극성을 보고 좌표와 방향을 확인하듯이 가끔 고개를 들어 자신의 여정을 살피는 일은 모든 여행자들에게 매우 유용한 일이다.

개인적으로 전략회의를 효과적으로 운영하는 방법은 각기 상황에 알맞은 방식이 있겠지만 무엇보다 애써 고독한 시간을 마련해볼 것을 권하고 싶다. 가급적 무리와 떨어져 홀로 사색하거나 책을 읽으며 미래를 상상하는 과정을 경험해보기 바란다.

가볍게는 평일 저녁이나 주말 오전에 몇 시간 카페에서 홀로 커피 한 잔의 여유를 즐기며 무언가를 구상하고 글이나 그림으로 적어보는 방법은 내가 종종 실행하는 방식이다. 그러다 좀 더 깊은 몰입이 필요한 상황에 부딪히면 아예 짐을 꾸려 도시를 떠난다. 대자연을 느끼며 절대고독의 시간을 갖기 위함이다. 물론 막상 실행을 해보면 가족과 떨어져 홀로 적막한 곳에서 하룻밤을 보내는 일은 결코 생각하는 것처럼 쉽지 않다. 금요일 저녁, 도시 생활에서의 간편한 일상을 잠시 포기하고 나 홀로 적막한 야생을

 쓰고 상상하고 실행하라

선택하는 일은 생각보다 큰 결심이 필요하다는 사실을 체험을 통해서 잘 알고 있다.

나는 몇 년 전부터 금요일 저녁 퇴근 후 혼자서 강원도 홍천에 있는 회사 연수원 HR 하우스를 찾곤 한다. 어쩌면 아무도 없는 그곳에서 홀로 하룻밤을 머물며 생각을 정리하는 일은 언뜻 낭만적으로 들릴 수도 있겠지만 막상 그것을 실행하려면 고독과 싸울 용기와 결단이 필요하다. 게다가 강원도의 밤은 칠흑처럼 어둡고 적막하다. 동트기 전 이른 새벽, 마치 세상이 정지된 듯 태초의 어둠과 고독만이 존재한다. 무소르그스키_{Modest Petrovich Mussorgsky}의 「민둥산에서의 하룻밤」이라는 클래식 선율이 너무도 잘 어울리는 곳이다.

함께 있는 사람도, 컴퓨터나 휴대전화 같은 문명적 기기도 없이 홀로 걸어오고 있던 길 가운데서 뒤 돌아보고 앞을 미리 예상해보는 절대고독의 시간은 우리에게 소중한 것을 깨닫게 한다. 바로 주변 사람들의 소중함이나 잊고 살기 쉬운 내 삶의 가치와 같은 것들을 말이다.

어둠을 벗 삼아 앉은 고독한 시간 중에 인생의 전략과 방향에 지침이 되는 책을 읽으며 핵심 가치를 지닌 문구를 노트에 적어보는 일은 어수선한 일상을 정리하고 자신에게 새로운 가능성을 발견하도록 인도해준다. 그곳에서 보냈던 절대고독의 시간들이 있었기에 내 이름으로 된 책들을 출간할 수 있었다고 생각한다. 그곳에서의 글쓰기를 통해 '나'라는 사람의 존재 의미를 고민했던 덕분에 인생의 방향을 점검하고 목표와 계획에 대해 정리할 수 있었던 것이다.

꿈을 성취하고자 석세스 다이어리 형태의 노트를 활용했던 수많은 성공자들은 주기적으로 절대고독의 시간을 만들어 존재의 의미와 계획을 점검했다. 꿈을 향해 매진하던 도중에 자주 고개를 들어 비전을 바라보고 자신들이 가고자 하는 길의 좌표와 방향을 확인했던 것이다. 절대고독의 시간, 꿈을 향해 가는 모든 여행자들이 만나야 할 위로와 안식의 시간이자 새로운 곳으로 나아가기 위한 인생의 전략회의 시간이다.

둔필승총 5 가치 중심의 사고방식과 선택 기준을 활용하라

메모나 스크랩을 하는 등 노트에 기록을 남기고, 계획을 수립하고 글을 쓰는 과정을 절차적 관점으로 보면 매우 번거로운 일이다.

하지만 '나를 키우는 일' '자신을 성장시키는 일'이라는 가치와 의미에 중심을 두는 사람은 과정상의 귀찮음이나 번거로움보다는 작은 성과에 행복한 감정을 더 즐긴다. 작은 성취 그 자체가 너무 재미있고 행복하기 때문에 장애물이나 한계보다는 자신의 일에 몰두하려는 집중력을 오래도록 발휘한다.

이렇게 스스로 행복감을 느낄 수 있도록 자신에게 재미와 의미가 있는 일을 발견하려면 무엇보다 진정한 가치에 대한 안목과 기준이 있어야 한다. 경영학의 재무관리에 화폐의 시간가치라는 개념이 있다. 경영학 책이나 수업을 통해 현재가치와 미래가치에 대한 계산 공식을 외웠어도 정작 자신의 인생에서 시간과 가치를 연계한 투자를 실행하지 못하면 그 공부는 자신을 위한 것이라 말하기 어렵다.

시간과 가치를 연계해 자신의 인생에서 실행할 수 있는 가장 멋진 투자가 어떤 것이 있을까? 지금은 사소하고 미약해 보여도 시간이 지날수록 그 가치가 심히 창대해져 눈덩이 효과로 보답해줄 그런 투자 말이다.

젊다는 것은 지금은 가진 것이 없더라도 결국 인생에서의 가능성, 즉 시간의 기댓값이 높다는 것을 의미한다. 그렇기에 가치 중심의 사고방식과 선택 기준을 가지고 자신의 인생에서 경영학적 투자 마인드를 발휘하여 출발하는 것이 중요하다.

당장은 확실한 효과를 체감하기 어렵겠지만 꾸준히 실행하면 반드시 큰 성과를 보장하는 일은 무엇일까? 일단 가장 확실한 것은 독서나 여행과 같이 사고의 폭과 체험의 감각을 키우는 활동은 훗날 무슨 일을 하건 도움이 되는 훌륭한 선택이라는 점이다. 또한 좋은 강연이나 롤 모델을 찾아 훌륭한 분들의 경험을 보고 듣고 배우는 것, 자신이 좋아하는 분야에서 실력을 연마하거나 건강과 활력을 위해 규칙적으로 운동을 실행하는 것들이 삶을 변화시키는 멋진 투자에 해당될 것이다. 하지만 기록은 그 어떤 것보다 이상의 모든 것들을 완성시켜주는 가치와 의미가 담긴 투자이다. 아무리 의미 있는 일이나 행동이라도 기록하지 않으면 모두 증발되어버리기 때문이다.

기록의 장점 중 하나는 의미와 가치가 있는 일들을 장기적인 관점에서 성찰하고 바라볼 수 있도록 해준다는 점이다. 지루한 반복이나 어려운 상황을 극복할 수 있는 비결은 자신이 가치가 있다고 생각하는 분야나 일에서 조금씩 성장하고 있다고 느끼는 것이다. 확연하게 눈에 띄는 정도는 아니더라도 조금씩 어느 단계에서 스스로 실력이 늘었다는 성과를 확인하게 될 때 그 과정은 단순히 고통스럽거나 지루한 반복이 아니라 세상에서 가장 재미있는 놀이가 된다. 과정을 즐기면 하루하루를 기록하는 것은 어려운 일이 아니다. 예정된 승리를 매일 조금씩 미리 확인하는 시간이 되기 때문이다.

가치와 의미 중심의 사고방식은 오랜 연마의 시간과 과정들을 지혜롭게 헤쳐 나갈 수 있는 원동력을 제공해준다. 특히 글로 쓴 가치 있는 삶의 목표와 꿈을 위한 계획들, 그 뜨거운 열정의 기록들은 오랜 시간이 지나도 결코 꺼지지 않는다. 기록은 긴 시간을 살아남아서 언젠가 우리들의 인생에 성공화력발전소로 활활 타올라 잠재된 에너지를 마음껏 발산할 수 있도록, 가슴속 빛나는 불꽃을 늘 지켜주기 때문이다.

 쓰고 상상하고 실행하라

석세스 다이어리 프로젝트

멀리 여행을 떠나기 전날 밤의 설렘과 흥분을 경험해본 사람이라면 알 것이다. 여행은 어디로 떠날 것인가 상상하는 그 순간 이미 시작된다는 사실을 말이다. 그렇기에 목적지에 도착하는 것에만 여행의 의미를 둔다면 여행은 그저 한낱 공간 이동에 불과하다. 떠날 것을 결심하고 상상하는 그 과정 덕분에 우리는 보다 아름다운 여행을 꿈꿀 수 있는 것이 아닐까.

긴 시간 글쓰기에 매달려 있는 동안 주변에서는 '왜 고생을 사서 하는가' 하는 질문을 많이 했다. 사람들은 사업하기도 바쁜 사람이 일에나 전념할 것이지 왜 책을 쓴다고 열병을 앓는지 의아해했다. 그래서 글을 쓰는 중간 중간 힘들 때마다 이런 질문에 대해 나 스스로가 납득할 만한 답을 구해야 했다.

부끄럽게도 나의 독서와 글쓰기는 실용적 해답을 얻고자 출발하는 수준에 머물러 있다. '나의 직업적 성장에 도움이 되는가?'라는 지극히 간단한 질문에서 출발한다. 무엇보다 직업인으로서 역량 계발에 대한 관심이 크다. 현 시점에서 내게 최우선적인 목표이기 때문이다.

그래서 경제경영서, 내가 일하는 분야의 전문 서적, 역경과 한계를 극복한 사람들의 이야기, 새로운 업무 방식과 사고의 틀에 관한 책들에 자연스럽게 큰 관심과 흥미를 가지고 있다. 한 회사의 대표이사라는 직책상 어쩌면 경제경영서는 내게 있어 최고의 자기계발서이다.

자기계발서는 마치 거울과 같다. 나 스스로를 비춰볼 수 있기 때문이다. 다른 사람들의 경험과 생각을 빌려 내가 처한 상황을 비춰봄으로써 비로소 나의 현재 위치와 내가 가야 할 길을 고민할 수 있다는 특징이 있다. 많은 책을 읽는 것 못지않게 한권의 책을 쓰는 과정이 좀 더 면밀하게 나를 비춰보는 과정이라는 확신을 갖게 됐다.

현대 경영학에서 '지속성장가능경영'이라는 용어가 자주 등장한다. 기업이 올해보다 내년에 더 잘하고 그 다음 해에 더 잘해서 실적을 키우는 일은 무척 중요하지만 동시에 매우 어려운 일이다. 시간 속에서 지속적인 성장을 거듭하는 일, 그것은 위대한 기업의 공통적 특징이다. 마찬가지로 개인에게도 지속적으로 성장 가능한 자기경영은 최고의 미덕이라고 생각한다.

책을 쓰는 일은 책을 읽는 것보다 백 배는 더 괴롭고 힘든 고통의 과정이다. 이것 또한 내겐 하나의 고마운 깨달음이 됐다. 힘들게 글을 쓰는 과정을 겪고 나니 새삼 책 한 권 부담 없이 읽는 것이 얼마나 간편하고 즐거운 일인가를 자연스레 알게 됐다. 덕분에 다른 각도에서 독서를 바라보게 되고 세상의 많은 저자들의 책 앞에서 예전보다 겸손한 마음을 갖게 됐다.

직업인에게 성공이란 무엇일까? 이 책을 쓰는 동안 특히 직업인의 관점에서 전문가적 성과를 쌓기 위해 무엇을 어떻게 준비하고 시작해야 하는가에 대한 호기심이 근본적 집필 동기로 크게 작용했다.

창업의 요람인 미국 실리콘밸리는 세상 사람들에게 성공의 요람으로 알려져 있지만 사실은 거대한 실패의 요람이다. 매년 벤처캐피털리스트들이 다양한 초기 스타트업 기업들을 발굴하고 새로운 사업 모델에 투자를 집행한다. 그들의 투자는 때때로 언론을 통해 세상에 널리 알려지는 경우처럼 대단한 성공을 거두기도 하지만, 실상 확률적으로 볼 때 원금도 건지지 못하고 실패로 귀결되는 경우가 다반사이다.

애써 선별하고 결정했던 야심찬 투자 결과가 실패라고 결론짓는 데는 그리 오랜 시간이 걸리지 않는다. 보통 1년 이내에 실패 여부를 판단할 수 있고 빠르면 6개월, 또는 2~3개월 이내에도 사실상 실패한 투자라는 사실을 알아차릴 수 있다고 한다.

반면 성공했다고 결론짓는 데는 평균적으로 훨씬 오랜 시간이 걸린다고 한다. 최소한 7년 이상이 지나야 그 기업에 투자를 결정한 것이 성공적이었다는 사실을 알 수 있다는 것이다.

즉 성공은 실패보다 훨씬 오랜 시간이 걸리고 또 합당한 대가를 치러야 한다는 것이다. 실패는 대개 중도 포기를 의미한다. 어려운 상황이나 한계에 부딪혀 더 이상 전진하지 못하고 새로운 기대를 하거나 꿈꾸기를 포기한 것을 의미한다.

직업인으로서 자기 분야에서 전문가적 성공을 거두는 일도 크게 다를 바 없다. 성공하는 것이 실패하는 것보다 훨씬 오랜 시간이 걸린다. 어쩌면 사업적 투자(평균 7년 이상)보다 훨씬 오랜 시일이 걸린다. 자기 인생을 걸고 시작한 투자이기에 스트레스도 훨씬 크다. 만약 구체적인 목표가 없다면 만족할 만한 성취감을 얻기 또한 쉽지 않을 것이다.

전문가를 꿈꾸는 사람들에게 가장 필요한 덕목은 어떤 상황이건 지치지 않는 것이라고 확신한다. 한마디로 'Never give up!' 정신이다. 시간과의 승부에서 승리하기 위해 가장 필요한 기본적 자질은 지치지 않도록 스스로를 동기부여하는 셀프 리더십이다. 그렇게 스스로 목표를 설정하고 남보다 우선 자신을 이끌 수 있는 셀프 리더십이 있어야 하루하루를 제대로 경영하는 것이 가능하다.

그래서인지 성공적인 프로페셔널들에겐 예외 없이 꿈의 기록이 함께한다. 그들의 성공 이면에는 대부분 꿈을 담은 다이어리, 그들만의 '석세스 다이어리'가 존재한다. 때론 그것은 운명을 송두리째 바꿔놓은 스케치였고 꿈을 쓰고 그리며 상상하는 전용노트였다.

꿈과 목표를 이루는 도구, 누군가에게는 그저 무심코 스쳐 보낼 이야기일 수도 있겠지만 절실하게 무언가를 얻고자 도움을 찾아 헤매던 이들에겐 환한 햇살처럼 소중한 깨달음일 것이다. 이런 환한 햇빛을 보다 많은 사람들과 함께 나눌 수 있다면 무척 행복할 것 같다. 특히 사랑하는 창영, 수빈, 시윤, 그리고 오랜 시간 출간을 기다려온 소중한 나의 동료들에게도 의미 있는 작업이었으면 한다. 또 내 글쓰기를 언제나 응원해주던 사내 독서클럽 멤버들에게도 감사를 전한다.

쓰고 상상하고 실행하는 사람들, 그들은 모두가 시간 여행자들이다. 지금은 비록 미미한 출발선에 서있을지라도 그들의 꿈은 이미 은빛 새벽을 향해

 쓰고 상상하고 실행하라

달리고 있다. 절실하게 이 법칙을 믿고 실행하고자 하는 사람들에게 이 책이 작은 확신을 주었으면 좋겠다.

새롭게 '석세스 다이어리' 프로젝트를 결심한 모든 시간 여행자들이 황금빛 야생마를 타고 은빛 새벽을 향해 나아가기를 기원하며 글을 마친다.

2011년 10월

(주)아이파트너즈 대표이사 문준호

참고 도서

『맥스웰 몰츠 성공의 법칙』 맥스웰 몰츠 | 비즈니스북스

『꿈꾸는 다락방』 이지성 | 국일미디어

『상상력에 엔진을 달아라』 임헌우 | 나남

『일기가 나를 키웠어요』 여민지 | 명진출판

『사장의 노트』 하세가와 가즈히로 | 서울문화사

『공부의 왕도』 성기선 | 이안북스

『과학자의 서재』 최재천 | 명진출판

『세계 명문가의 독서교육』 최효찬 | 바다출판사

『버킷리스트』 강창균, 유영만 | 한국경제신문사

『우유곽 대학을 빌려 드립니다』 강우현 외 | 21세기북스

『그들의 생각은 어떻게 실현됐을까』 스콧 벨스키 | 중앙북스

『칼리 피오리나』 조지 앤더슨 | 해냄

『데일 카네기 인간관계론』 데일 카네기 | 리베르

『생각만큼 어렵지 않다』 엘링 카게 | 라이온북스

『한국의 메모 달인들』 최효찬 | 위즈덤하우스

『다산선생 지식경영법』 정민 | 김영사

『리딩으로 리드하라』 이지성 | 문학동네

『여자라면 힐러리처럼』 이지성 | 다산라이프

『지구인 이야기』 EBS 대한민국 성공시대 엮음 | onYou

 쓰고 상상하고 실행하라

『소림사에서 쿵푸만 배우란 법은 없다』 삼성경제연구소 | 삼성경제연구소

『아웃라이어』 말콤 글래드웰 | 김영사

『꿈을 찍는 사진관』 소천아동문학상 운영위원회 | 교학사

『인문학으로 광고하다』 박웅현, 강창래 | 알마

『프레임』 최인철 | 21세기북스

KI신서 3608

쓰고 상상하고 실행하라

1판 1쇄 발행 2011년 10월 31일
1판 2쇄 발행 2011년 11월 14일

지은이 문준호
펴낸이 김영곤 **펴낸곳** (주)북이십일 21세기북스
출판콘텐츠사업부문장 정성진 **출판개발본부장** 김성수 **국내개발팀장** 정지은
책임편집 윤홍 **디자인** 김진디자인 **해외기획** 김준수 조민정
마케팅영업본부장 최창규 **마케팅** 김현섭 김현유 강서영 **영업** 이경희 박민형 정병철
국내기획실장 안현주 **기획** 김지환 박영미 유승재
출판등록 2000년 5월 6일 제10-1965호
주소 (우 413-756) 경기도 파주시 문발동 파주출판단지 518-3
대표전화 031-955-2100 **팩스** 031-955-2151 **이메일** book21@book21.co.kr
홈페이지 www.book21.com
21세기북스 · **트위터** @21cbook · **블로그** b.book21.com
ⓒ 문준호, 2011

ISBN 978-89-509-3364-7 03320
책값은 뒤표지에 있습니다.